中学③年間　復習ワーク５科

この本の特色と使い方

①学習したことがらが１０日間でしっかり身につくよう，くふうをこらしてつくった主要５科の復習ワークです。

学期末・学年末ごとに基礎学力の総点検をして，次の学期・学年に進むようにしよう。

②その学年・教科で学習しなければならない，基礎・基本となる最もたいせつな学習内容と考え方を取り入れ，確実に力がつくように考えてあります。

「合格点」が示してあります。問題を解いたあと，答え合わ…ょう。

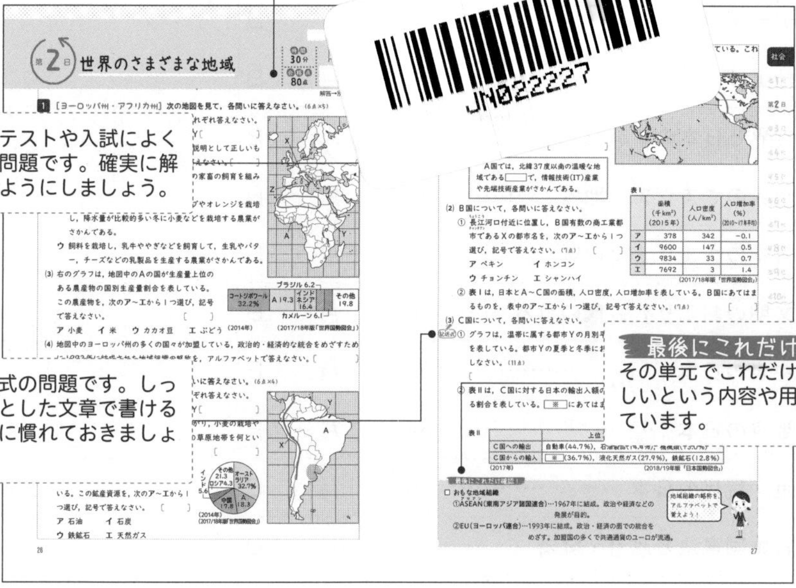
第2日　世界のさまざまな地域
時間 30分
合格点 80点
1 ［ヨーロッパ州・アフリカ州］次の地図を見て，各問いに答えなさい。(6点×5)
…れぞれ答えなさい。
Y〔　　〕
…説明として正しいも
…えなさい。〔　　〕
…の家畜の飼育を組み
…ブやオレンジを栽培し，降水量が比較的多い冬に小麦などを栽培する農業がさかんである。
ウ 飼料を栽培し，乳牛ややぎなどを飼育して，生乳やバター，チーズなどの乳製品を生産する農業がさかんである。
(3) 右のグラフは，地図中のAの国が生産量上位のある農産物の国別生産量割合を表している。この農産物を，次のア～エから１つ選び，記号で答えなさい。〔　　〕
ア 小麦　イ 米　ウ カカオ豆　エ ぶどう
コートジボワール 32.2%　A 19.3　インドネシア 16.4　ブラジル 6.2　カメルーン 6.1　その他 19.8
(2014年)　(2017/18年版「世界国勢図会」)
(4) 地図中のヨーロッパ州の多くの国々が加盟している，政治的・経済的な統合をめざすため…を，アルファベットで答えなさい。〔　　〕
…いに答えなさい。(6点×4)
…ぞれ答えなさい。
Y〔　　〕
…がり，小麦の栽培や
…の草原地帯を何とい
〔　　〕
オーストラリア 32.7%　A 18.3　中国 17.8　インド 5.6　ロシア 4.3　その他 21.3
(2014年)　(2017/18年版「世界国勢図会」)
いる。この鉱産資源を，次のア～エから１つ選び，記号で答えなさい。〔　　〕
ア 石油　イ 石炭
ウ 鉄鉱石　エ 天然ガス
26
…ている。これ
A国では，北緯37度以南の温暖な地域である□で，情報技術(IT)産業や先端技術産業がさかんである。
(2) B国について，各問いに答えなさい。
① 長江《ちょうこう》河口付近に位置し，B国有数の商工業都市であるXの都市名を，次のア～エから１つ選び，記号で答えなさい。(7点)〔　　〕
ア ペキン　イ ホンコン
ウ チョンチン　エ シャンハイ

表Ⅰ

	面積(千km²)(2015年)	人口密度(人/km²)	人口増加率(%)(2010～17年平均)
ア	378	342	−0.1
イ	9600	147	0.5
ウ	9834	33	0.7
エ	7692	3	1.4

(2017/18年版「世界国勢図会」)
② 表Ⅰは，日本とA～C国の面積，人口密度，人口増加率を表している。B国にあてはまるものを，表中のア～エから１つ選び，記号で答えなさい。(7点)〔　　〕
(3) C国について，各問いに答えなさい。
記述式 ① グラフは，温帯に属する都市Yの月別…を表している。都市Yの夏季と冬季に…しなさい。(11点)
② 表Ⅱは，C国に対する日本の輸出入額の…る割合を表している。※にあてはま…
表Ⅱ
C国への輸出　自動車(44.7%)，…
C国からの輸入　※(36.7%)，液化天然ガス(27.9%)，鉄鉱石(12.8%)
(2017年)　(2018/19年版「日本国勢図会」)
最後にこれだけ確認！
□ おもな地域組織
①ASEAN《アセアン》(東南アジア諸国連合)…1967年に結成。政治や経済などの発展が目的。
②EU(ヨーロッパ連合)…1993年に結成。政治・経済の面での統合をめざす。加盟国の多くで共通通貨のユーロが流通。
地域組織の略称を，アルファベットで覚えよう！
27
社会　第2日

よく出る　定期テストや入試によく出る問題です。確実に解けるようにしましょう。

記述式　記述式の問題です。しっかりとした文章で書けるように慣れておきましょう。

最後にこれだけ確認！　その単元でこれだけは覚えてほしいという内容や用語をまとめています。

●仕上げテスト…このページで各科目の知識がしっかりと定着しているかを確かめましょう。

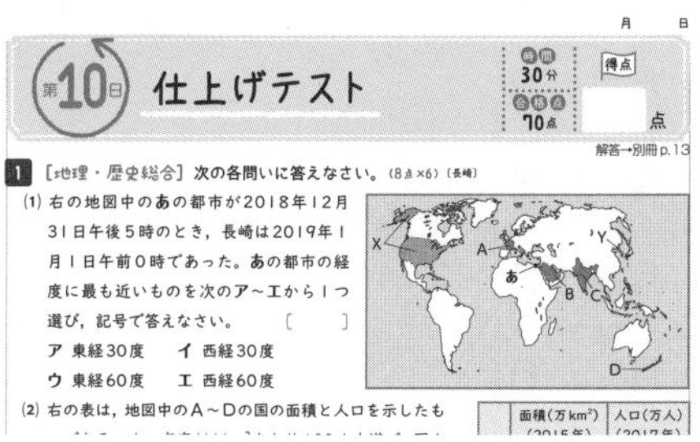
月　日
第10日　仕上げテスト
時間 30分
合格点 70点
得点　点
解答→別冊 p.13
1 ［地理・歴史総合］次の各問いに答えなさい。(8点×6)〔長崎〕
(1) 右の地図中のあの都市が2018年12月31日午後5時のとき，長崎は2019年1月1日午前0時であった。あの都市の経度に最も近いものを次のア～エから１つ選び，記号で答えなさい。〔　　〕
ア 東経30度　イ 西経30度
ウ 東経60度　エ 西経60度
(2) 右の表は，地図中のA～Dの国の面積と人口を示したも
面積(万km²)　人口(万人)

●解答編…解答編には解答と解説に加え，覚えておこう を入れています。まちがえたり解けなかったりしてつまずいたときの原因をさぐりやすくし，プラスαの知識が得られます。

解けなかった問題やまちがえた問題は，教科書や参考書を見て，もう一度復習するようにしよう。

本書に関する最新情報は，当社ホームページにある**本書の「サポート情報」**をご覧ください。（開設していない場合もございます。）

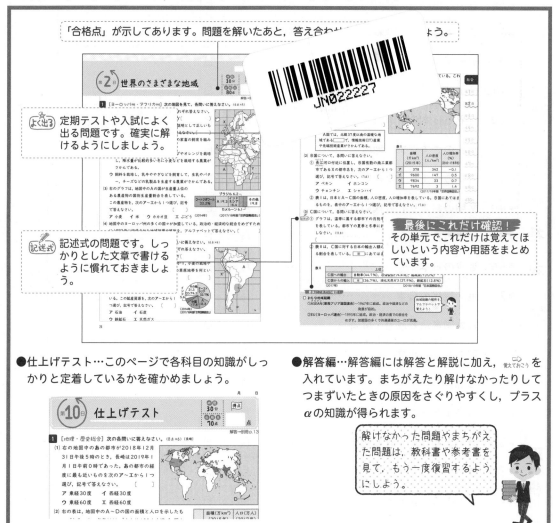

目次と学習記録表

中学3年間 復習ワーク5科

得点グラフを
有効に活用し
よう。

月　日

第1日 数の計算

時間 30分
合格点 80点
得点　点

解答→別冊 p.1

1 ［正負の数］次の計算をしなさい。（3点×2）

(1) $(-2)^3-5\times(-3^2)$　　(2) $\dfrac{1}{4}-3\times\left(\dfrac{7}{8}-\dfrac{1}{2}\right)$　〔大阪〕

2 ［平方根］次の数の平方根をいいなさい。（3点×4）

(1) 36　(2) 0.81　(3) 5　(4) $\dfrac{3}{7}$

3 ［根号］次の数を，根号を使わないで表しなさい。（3点×4）

(1) $\sqrt{16}$　(2) $\sqrt{\dfrac{9}{25}}$　(3) $(-\sqrt{10})^2$　(4) $\sqrt{(-4)^2}$

よく出る **4** ［平方根の大小］次の数の大小を，不等号を使って表しなさい。（3点×2）

(1) 8，$\sqrt{65}$　　(2) 4，$3\sqrt{2}$，$\sqrt{15}$　〔岡山〕

5 ［平方根の値］次の問いに答えなさい。（3点×3）

(1) $2<\sqrt{a}<4$ となる正の整数 a は何個あるか，求めなさい。

(2) $\sqrt{10}$ より大きく，$\sqrt{50}$ より小さい整数の個数を求めなさい。

(3) $\sqrt{45a}$ の値が自然数となるような a のうち，最も小さい自然数 a の値を求めなさい。

6 ［有理数と無理数］次のア～オの数について，下の問いに記号で答えなさい。（2点×2）

ア $\sqrt{0.49}$　イ $-\sqrt{7}$　ウ $\sqrt{3}$　エ $\dfrac{\sqrt{9}}{25}$　オ $1.3\dot{2}\dot{1}$

(1) 有理数はどれですか。　　(2) 無理数はどれですか。

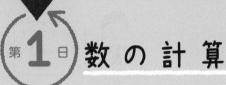

よく出る **7** **[根号を含む式の乗除]** 次の計算をしなさい。(3点×3)

(1) $2\sqrt{12}\times(-3\sqrt{2})$　　(2) $4\sqrt{3}\div\sqrt{8}$

(3) $9\sqrt{5}\div(-\sqrt{3})\times\sqrt{2}$

$\sqrt{}$ の中は，
$\sqrt{a^2b}=a\sqrt{b}\ (a>0)$
のように，できるだけ
簡単にしよう。

8 **[分母の有理化]** 次の数の分母を有理化しなさい。(2点×3)

(1) $\dfrac{1}{\sqrt{5}}$　　(2) $\dfrac{\sqrt{3}}{\sqrt{7}}$　　(3) $\dfrac{\sqrt{7}}{\sqrt{18}}$

よく出る **9** **[根号を含む式の計算①]** 次の計算をしなさい。(3点×6)

(1) $4\sqrt{3}+3\sqrt{3}$　　(2) $\sqrt{50}-\sqrt{8}$　　(3) $6\sqrt{5}-\sqrt{45}-\sqrt{20}$　〔岡山〕

(4) $\dfrac{6}{\sqrt{2}}-\sqrt{8}$　　(5) $\sqrt{28}+\dfrac{7}{\sqrt{7}}$　　(6) $\sqrt{50}+\dfrac{4}{\sqrt{2}}-\sqrt{18}$　〔佐賀〕

よく出る **10** **[根号を含む式の計算②]** 次の計算をしなさい。(3点×6)

(1) $\sqrt{2}\times\sqrt{6}+\dfrac{9}{\sqrt{3}}$　〔高知〕　(2) $(\sqrt{3}+1)(\sqrt{6}-\sqrt{2})$　　(3) $(\sqrt{6}-1)(\sqrt{6}+3)$　〔東京〕

(4) $(\sqrt{2}-\sqrt{6})^2$　　(5) $(3-\sqrt{7})(3+\sqrt{7})$　〔東京〕　(6) $(\sqrt{5}+2)^2-\dfrac{10}{\sqrt{5}}$　〔愛媛〕

最後にこれだけ確認！

確認チェック

□ **平方根の積**

$\sqrt{a}\times\sqrt{b}=\sqrt{ab}\ (a>0,\ b>0)$

□ **平方根の商**

$\dfrac{\sqrt{a}}{\sqrt{b}}=\sqrt{\dfrac{a}{b}}\ (a>0,\ b>0)$

□ **根号を含む式の加減**

同類項をまとめるのと同じようにして簡単にします。

$m\sqrt{a}+n\sqrt{a}=(m+n)\sqrt{a}$　　$m\sqrt{a}-n\sqrt{a}=(m-n)\sqrt{a}$

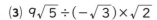

月　日

第2日 式の計算

時間 30分　合格点 80点　得点　点

解答→別冊 p.1

1 [式の加法と減法] 次の計算をしなさい。(5点×2)

(1) $6x+3+(5x-4)$

(2) $7x-4y-(9x-5y)$

2 [式の乗法と除法] 次の計算をしなさい。(5点×2)

(1) $(-6ab)^2\div(-3a)\div4ab$ 〔熊本〕

(2) $(3x-2y)(x-4y)$

よく出る **3** [いろいろな式の計算] 次の計算をしなさい。(5点×2)

(1) $-4(2a+3)-5(3a-5)$

(2) $\dfrac{2x+y}{3}-\dfrac{x-2y}{6}$ 〔香川〕

よく出る **4** [乗法公式を利用した展開] 次の式を展開しなさい。(5点×4)

(1) $(x+2)(x-3)$ 〔沖縄〕

(2) $(x-3y)(x-4y)$

(3) $(x-6)^2$

(4) $(5x+y)(5x-y)$ 〔広島〕

5 [式の展開を用いた計算] 次の計算をしなさい。(5点×2)

(1) $(x+2)^2-(x-3)(x+1)$

(2) $(2a-5)(2a+5)-3(a-4)^2$

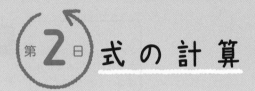

よく出る **6** [公式による因数分解] 次の式を因数分解しなさい。(5点×4)

(1) $49x^2 - 25$

(2) $4x^2 - 4xy + y^2$ 〔佐賀〕

(3) $x^2 - 12x + 35$

(4) $x^2 + x - 12$

7 [いろいろな因数分解] 次の式を因数分解しなさい。(5点×2)

(1) $3x^2 - 27$

(2) $-4x^2 + 20x - 24$ 〔千葉〕

よく出る **8** [式の値] $a = 3$, $b = -2$ のとき, $-3a^2 - 12ab - 12b^2$ の式の値を求めなさい。(5点)

よく出る **9** [数の性質と式の利用] 連続する3つの整数がある。最も大きい数と中央の数との積から, 中央の数と最も小さい数との積をひいた差は, 中央の数の2倍になる。このことを, 最も小さい数を n として, 式を用いて説明しなさい。(5点)

📝 **最後にこれだけ確認！**

☐ **乗法公式**

$(x+a)(x+b) = x^2 + (a+b)x + ab$ $\qquad (a-b)^2 = a^2 - 2ab + b^2$

$(a+b)^2 = a^2 + 2ab + b^2$ $\qquad (a+b)(a-b) = a^2 - b^2$

数学

第1日
第2日
第3日
第4日
第5日
第6日
第7日
第8日

月　日

第3日 方程式

時間 30分
合格点 80点
得点　点

解答→別冊 p.2

1 [1次方程式] 次の方程式を解きなさい。(4点×2)

(1) $-3x+24=5(x-4)$

(2) $\frac{1}{3}x-2=\frac{3}{4}x+\frac{1}{6}$

2 [連立方程式] 次の連立方程式を解きなさい。(4点×3)

(1) $\begin{cases} 8x-3y=6 \\ y=2x-4 \end{cases}$

(2) $\begin{cases} 0.2x+0.3y=1 \\ x-14=3y \end{cases}$ 〔沖縄〕

(3) $4x-3y=5x-2y-5=-1$

3 [$ax^2=b$ の解き方] 次の方程式を解きなさい。(4点×2)

(1) $x^2=25$

(2) $4x^2-5=0$

よく出る **4** [$(x+m)^2=n$ の解き方] 次の方程式を解きなさい。(4点×2)

(1) $(x+1)^2=4$ 〔東京〕

(2) $(x-3)^2-5=0$

5 [平方完成による解き方] 次の方程式を解きなさい。(4点×2)

(1) $x^2-4x-2=0$ 〔神奈川〕

(2) $x^2+8x+6=0$

6 [解の公式による解き方] 次の方程式を解きなさい。(4点×2)

(1) $3x^2-4x-2=0$

(2) $-2x^2+5x+3=0$

よく出る **7** **[因数分解による解き方]** 次の方程式を解きなさい。(5点×4)

(1) $x^2+9x+18=0$

(2) $x^2+10x-24=0$

(3) $2x^2=3x$

(4) $x^2+4x=21$ 〔茨城〕

8 **[複雑な2次方程式]** 次の方程式を解きなさい。(5点×2)

(1) $(x+2)(x+3)=2x^2$

(2) $(2x-3)^2-x^2=0$ 〔長野〕

9 **[2次方程式の解と係数]** 2次方程式 $x^2-ax+6=0$ の1つの解が $x=3$ であるとき，a の値と他の解を求めなさい。(6点)

よく出る **10** **[数に関する問題]** 大小2つの自然数がある。大きい数は小さい数より5大きく，この2つの数の積は，この2つの数の和を5倍した数より11小さい。大きい数と小さい数をそれぞれ求めなさい。(6点)

よく出る **11** **[図形に関する問題]** 縦8m，横12mの長方形の土地がある。右の図のように，縦に2本，横に1本の同じ幅の道をつくり，残りの部分を花だんにすることにした。花だんの面積と道の面積が同じになるようにするには，道の幅を何mにすればよいか，求めなさい。(6点)〔滋賀〕

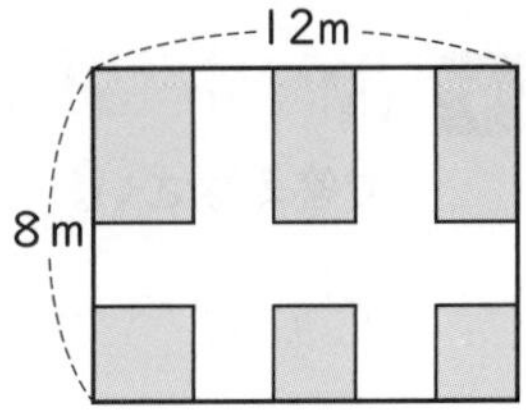

最後にこれだけ確認！

□ 2次方程式の解の公式

2次方程式 $ax^2+bx+c=0$ の解は，$x=\dfrac{-b\pm\sqrt{b^2-4ac}}{2a}$

月　日

第4日

関　数

時間 30分
合格点 75点
得点　点

解答→別冊p.3

1 ［比例と反比例］次の x，y の関係について，y を x の式で表しなさい。（5点×2）

比例は $y=ax$，
反比例は $y=\frac{a}{x}$
だったね。

(1) y は x に比例し，$x=6$ のとき $y=-3$ である。

(2) y は x に反比例し，$x=4$ のとき $y=7$ である。

2 ［1次関数］次の条件を満たす1次関数を求めなさい。（6点×2）

(1) グラフが2点 $(-4,\ 4)$，$(4,\ 9)$ を通る直線

(2) グラフが直線 $y=5x-2$ に平行で，点 $(-2,\ -3)$ を通る直線

3 ［関数 $y=ax^2$ の式］関数 $y=ax^2$ で，$x=2$ のとき $y=8$ である。次の問いに答えなさい。（6点×3）

(1) y を x の式で表しなさい。

(2) $y=32$ のときの x の値を求めなさい。

(3) x の値が $\frac{1}{2}$ 倍になると，y の値は何倍になりますか。

4 ［関数 $y=ax^2$ のグラフの特徴］次のア〜オの関数のグラフについて，下の問いに記号で答えなさい。（6点×3）

ア $y=x^2$　　イ $y=-\frac{1}{2}x^2$　　ウ $y=3x^2$　　エ $y=0.5x^2$　　オ $y=-\frac{1}{3}x^2$

(1) グラフが上に開くものはどれですか。

(2) グラフの開き方が最も大きいものはどれですか。

(3) x 軸について対称であるものは，どれとどれですか。

よく出る **5** **［変域］** 次の問いに答えなさい。（6点×2）

(1) 関数 $y=-2x^2$ について，x の変域が $-2 \leqq x \leqq 1$ のときの y の変域を求めなさい。

(2) 関数 $y=ax^2$ で，x の変域が $-3 \leqq x \leqq 2$ のとき，y の変域が $0 \leqq y \leqq 12$ となった。このとき，a の値を求めなさい。

よく出る **6** **［変化の割合］** 次の問いに答えなさい。（6点×2）

(1) 関数 $y=-3x^2$ について，x の値が 1 から 4 まで増加するときの変化の割合を求めなさい。

(2) x の値が a から $a+3$ まで増加するとき，2つの関数 $y=x^2$，$y=5x+1$ の変化の割合は等しくなる。a の値を求めなさい。

よく出る **7** **［関数のグラフと三角形の面積］** 右の図のように，関数 $y=ax^2$ のグラフと，このグラフ上の2点 A，B を通る直線がある。点 A の座標は $(-2,\ 1)$ で，点 B の x 座標は 6 である。このとき，次の問いに答えなさい。（6点×3）〔兵庫〕

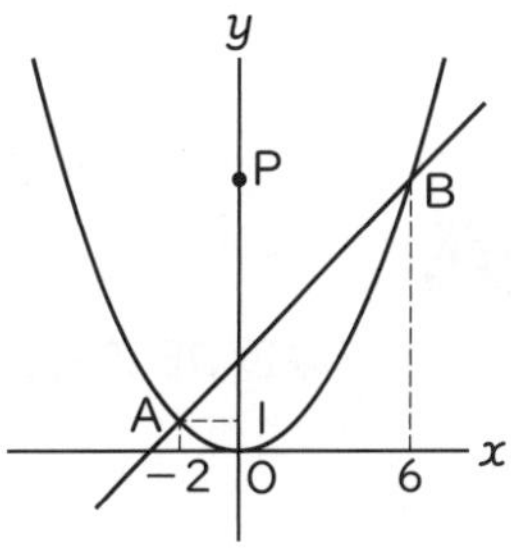

(1) a の値を求めなさい。

(2) 2点 A，B を通る直線の式を求めなさい。

(3) 図において，y 軸上で原点より上側に点 P をとり，△PAB と △OAB をつくる。△PAB の面積が △OAB の面積の2倍になるとき，点 P の y 座標を求めなさい。

最後にこれだけ確認！

□ 1次関数 $y=ax+b$ の特徴
グラフの形…直線
変化の割合…一定で a に等しい

□ 関数 $y=ax^2$ の特徴
グラフの形…放物線
変化の割合…一定ではない

月 日

第5日 平面図形の性質

時間 30分
合格点 75点
得点 点

解答→別冊p.4

1 ［作図］ 右の図の三角形ABCの辺BC上にあって，AD＝CD となる点Dを，定規とコンパスを用いて作図しなさい。また，作図に用いた線は消さずに残しておくこと。（9点）

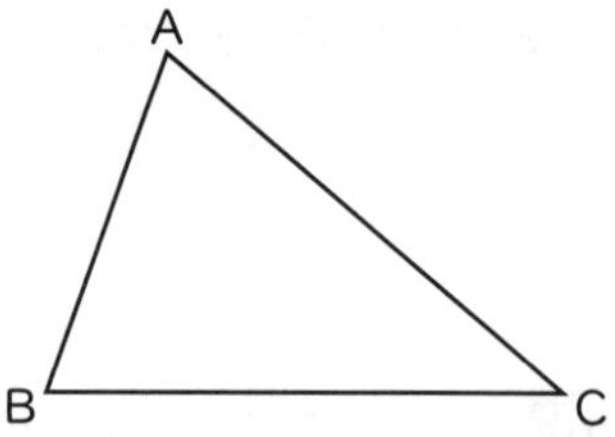

よく出る **2** ［平行線と角］ 次の図で，$\ell /\!/ m$ のとき，$\angle x$ の大きさを求めなさい。（9点×3）

(1)
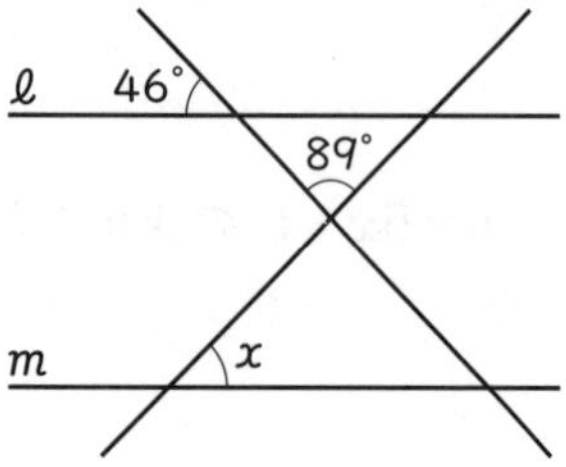

(2)
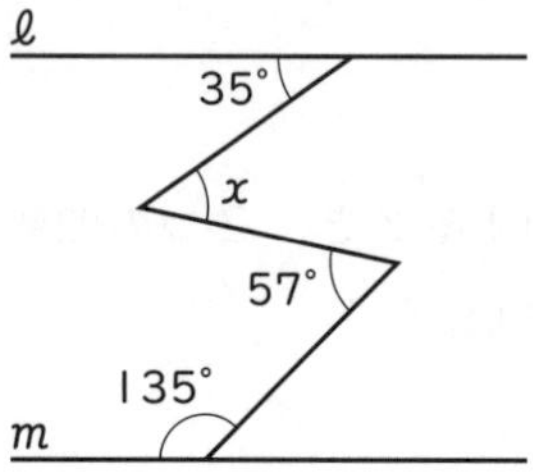

(3)
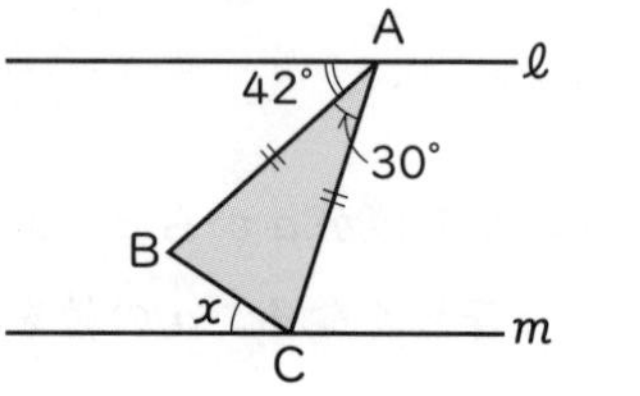

〔福井〕

3 ［多角形と角］ 右の図で，五角形ABCDEは正五角形であり，点Pは辺DEの延長上にある。$\angle x$ の大きさを求めなさい。（9点）〔福島〕

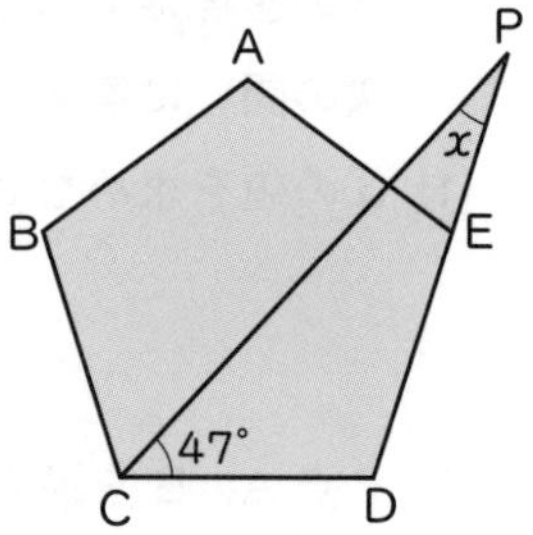

4 ［平行四辺形と角］ 右の図で，四角形ABCDは，AD // BC の台形で，点MはBCの中点である。∠ABM＝60°，∠AMD＝40°，AB // DM のとき，∠DCMの大きさを求めなさい。（9点）

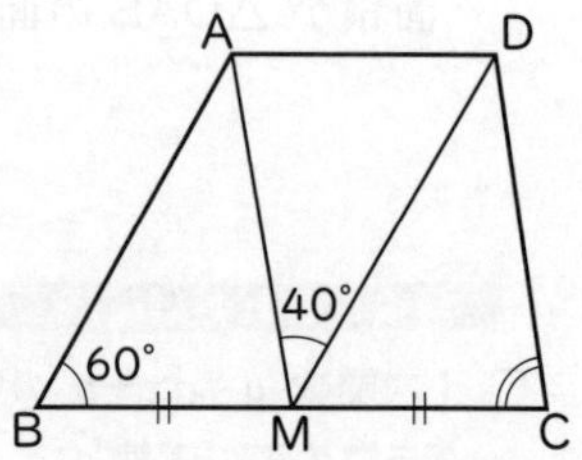

よく出る **5** **[円周角の定理]** 次の図で，$\angle x$ の大きさを求めなさい。（9点×4）

(1) 〔千葉〕

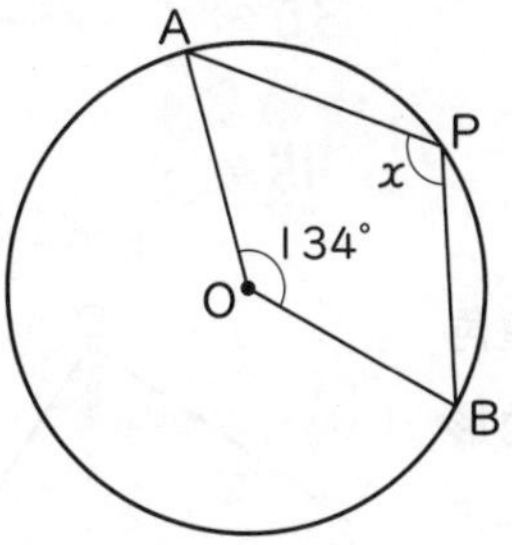

(2) 〔愛知〕

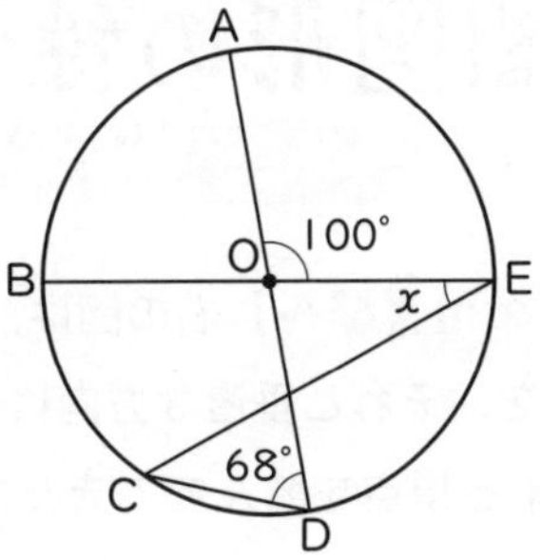

(3)

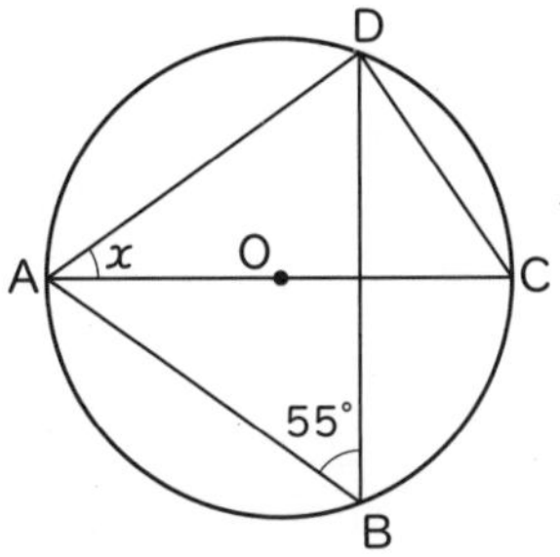

(4)

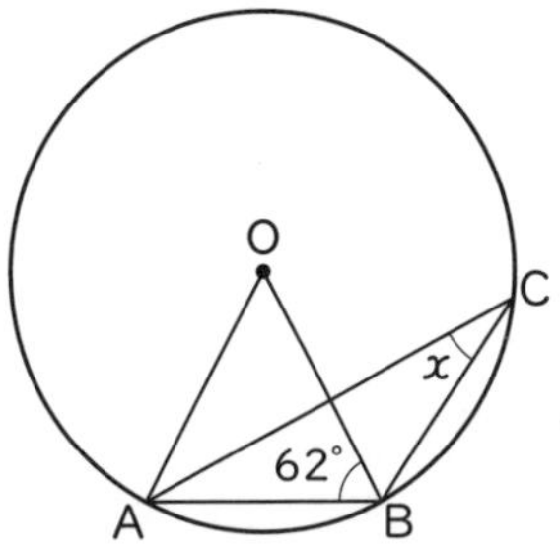

6 **[円周角の定理の逆]** 右の図のような四角形ABCDがあり，AB＝DC，∠BAD＝∠CDA である。このとき，4点A，B，C，Dが同じ円周上にあることを証明しなさい。（10点）

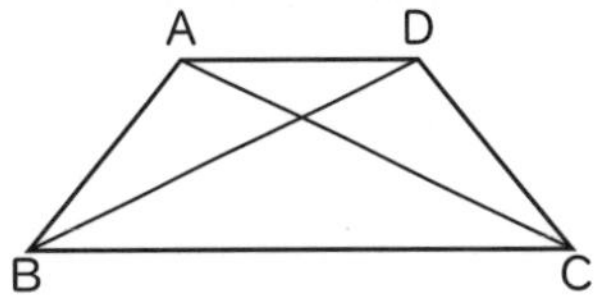

最後にこれだけ確認！

□ **円周角の定理**

①１つの弧に対する円周角の大きさは，その弧に対する中心角の半分である。

②同じ弧に対する円周角の大きさは等しい。

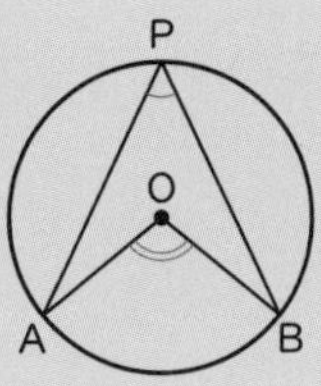

$\angle APB=\frac{1}{2}\angle AOB$

第6日

空間図形の性質

月　　日

時間 30分　合格点 75点　得点　　点

解答→別冊 p.4

1 ［直線と平面の位置関係］右の図は，直角三角形 ABC と，直角三角形 ABC を，それと垂直な方向に平行移動させた直角三角形 DEF の対応する頂点を結んでできた立体である。次にあてはまるものをすべて答えなさい。（11点×3）

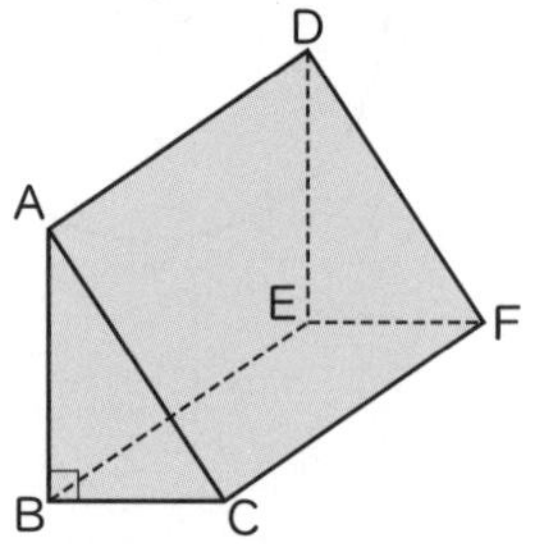

(1) 辺 AB とねじれの位置にある辺

(2) 面 ABC と垂直な面

(3) 辺 CF と平行な面

よく出る **2** ［回転体の体積］右の図のような四角形を，直線 ℓ を軸として1回転させてできる回転体の体積を求めなさい。ただし，円周率は π とする。（11点）〔滋賀〕

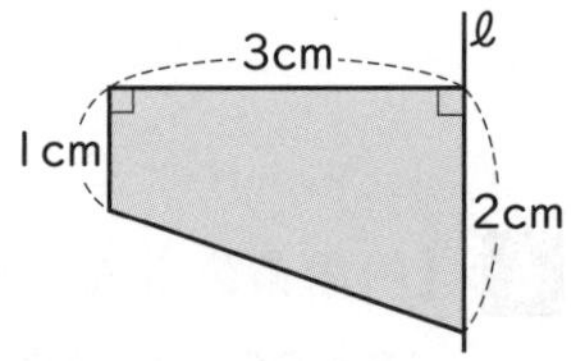

3 ［球の体積と表面積］次の問いに答えなさい。ただし，円周率は π とする。（11点×2）

(1) 半径 3 cm の球の体積を求めなさい。

(2) 直径 8 cm の球の表面積を求めなさい。

第2日

第3日

第4日

第5日

第6日

第7日

第8日

第9日

第10日

4 [角柱の体積と展開図] 右の図1は1辺の長さが6cmの立方体の容器 ABCD-EFGH に水をいっぱい入れたものであり，点Pは辺 AE の中点，点Qは辺 DH の中点である。図2のように，図1の容器を静かに傾けて，水面が四角形 PBCQ になるまで水をこぼした。次の問いに答えなさい。ただし，容器の厚さは考えないものとする。〔鹿児島─改〕

(図1)
(1) 容器に残った水の体積は何 cm³ ですか。(11点)

(2) 四角形 PBCQ の4辺のうち，辺 BC 以外の3辺を展開図に示した。正しいものを選び，記号で答えなさい。(12点)

ア 　イ 　ウ 　エ**5** [立体の投影図] 下のア～ウの図から，四角錐の正しい投影図を選び，記号で答えなさい。

(11点)

ア 　イ 　ウ---

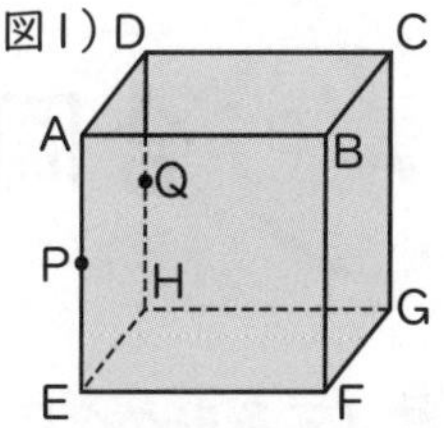

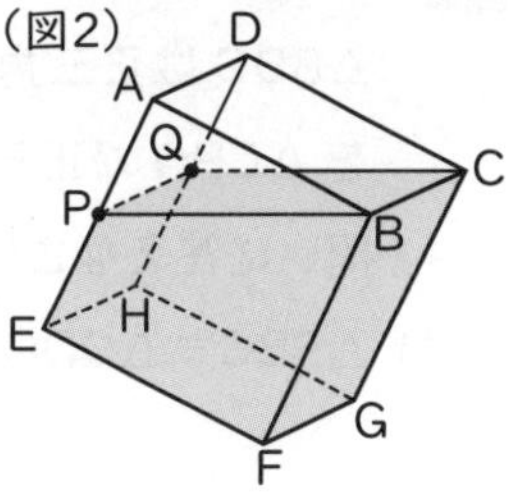

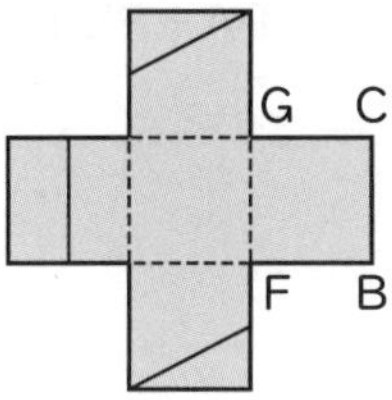

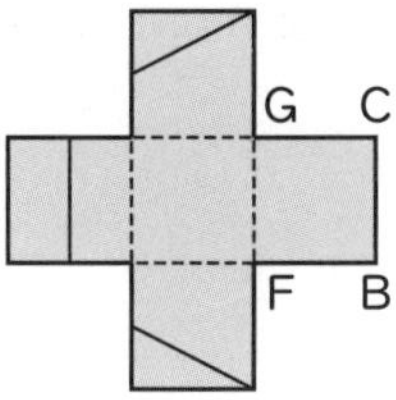

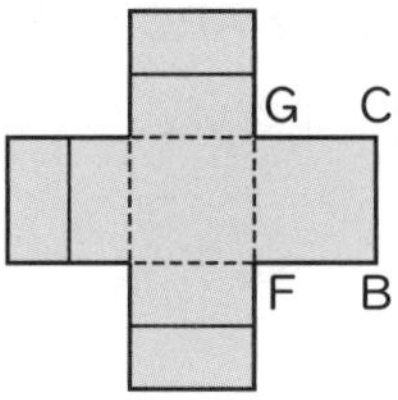

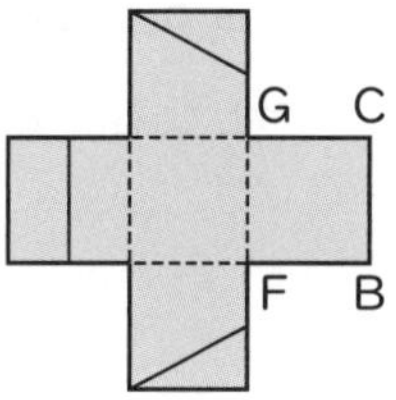

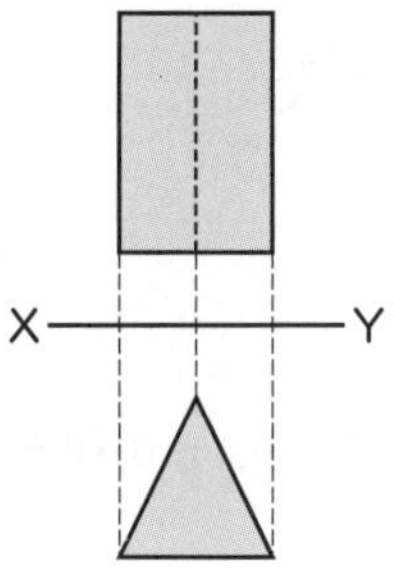

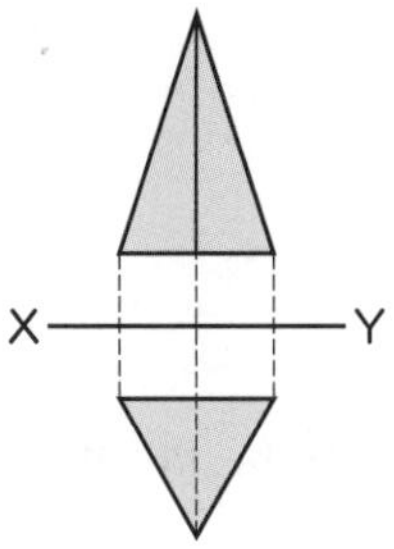

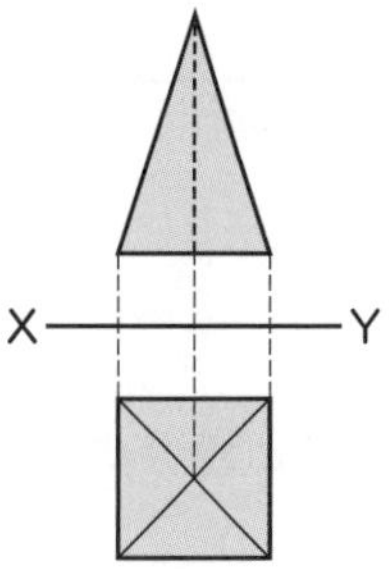

最後にこれだけ確認!

□ **立体の体積と表面積**

・角柱や円柱の体積＝底面積×高さ

・角錐や円錐の体積＝$\frac{1}{3}$×底面積×高さ

・表面積は展開図で考えればよい。

・半径 r の球の体積 V

$$V=\frac{4}{3}\pi r^3$$

・半径 r の球の表面積 S

$$S=4\pi r^2$$

月　日

第7日

合同と相似

時間 30分
合格点 75点
得点　　点

解答→別冊 p.5

1 **［三角形の合同と証明］** 右の図で，△ABC は鈍角三角形であり，△BDC は正三角形である。点 P を △ABC の内部にとり，点 Q を △CPQ が正三角形となるように △BDC の内部にとる。次の問いに答えなさい。（9点×2）〔奈良—改〕

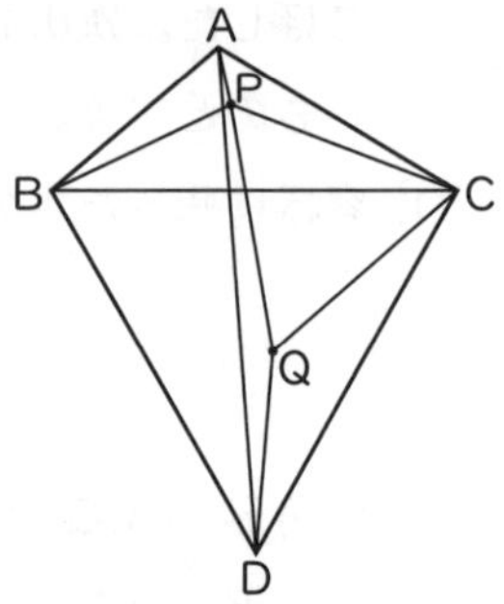

(1) △PBC≡△QDC となることを証明しなさい。

(2) 点 P を線分 AD 上に ∠APC＝120° となるようにとる。このとき，PA＋PB＋PC＝AD となることを証明しなさい。

よく出る **2** **［三角形と比①］** 次の図で，DE∥BC のとき，x の値を求めなさい。（9点×2）

(1)

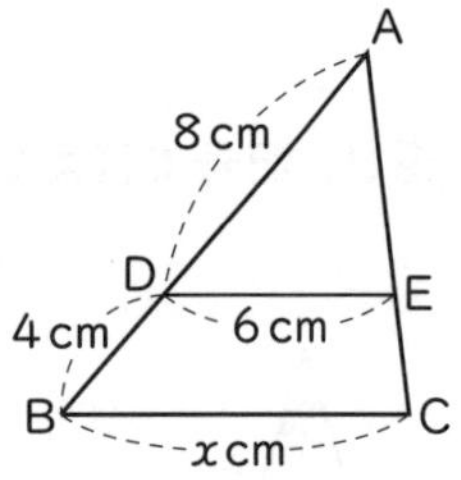

(2)

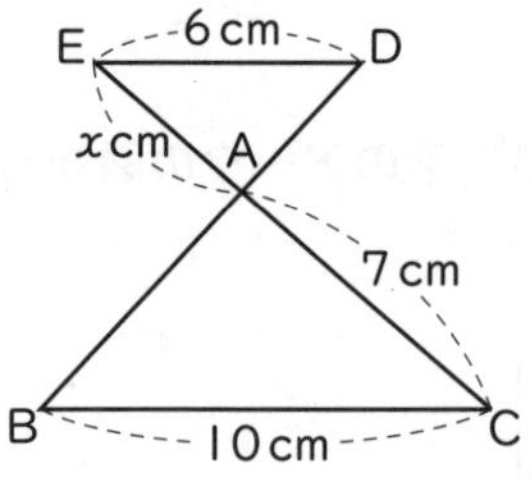

よく出る **3** **［平行線と線分の比］** 次の図で，直線 ℓ，m，n が平行であるとき，x，y の値を求めなさい。（9点×2）

(1)

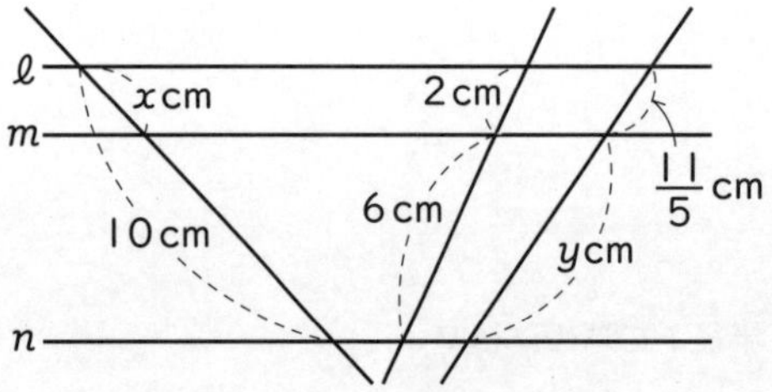

(2)

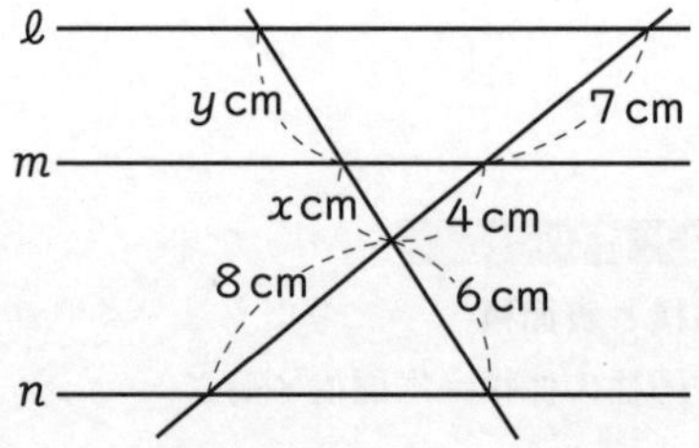

よく出る **4** **［三角形と比②］** 右の図で，AB，CD，EF は平行である。EF の長さを求めなさい。（9点）

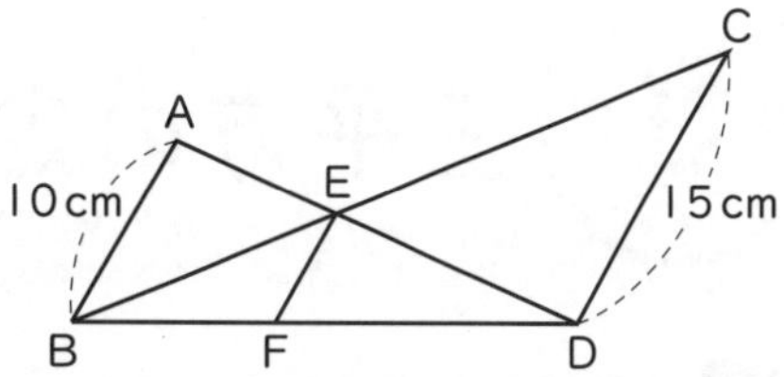

5 **［平行四辺形と線分の比］** 右の図のように，平行四辺形 ABCD の辺 AB，AD の中点をそれぞれ E，F とし，対角線 BD と線分 CF の交点を P，線分 CF と線分 DE の交点を Q とする。このとき，次の問いに答えなさい。〔山口〕

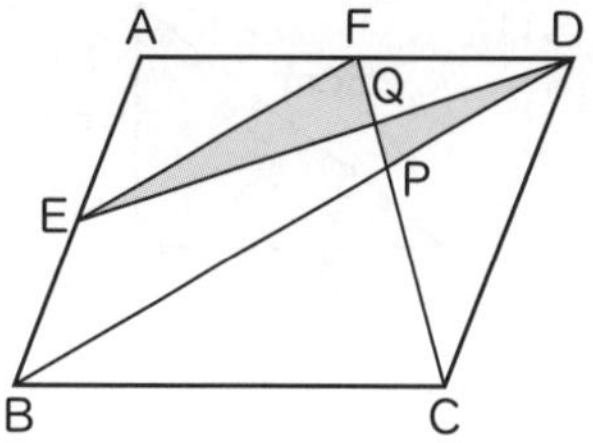

(1) △EFQ∽△DPQ であることを証明しなさい。（10点）

(2) FP＝3 cm のとき，線分 PQ の長さを求めなさい。（9点）

6 **［相似な図形の面積比と体積比］** 右の図のような，相似比が 2：3 の 2 つの円柱ア，イがある。このとき，次の問いに答えなさい。（9点×2）

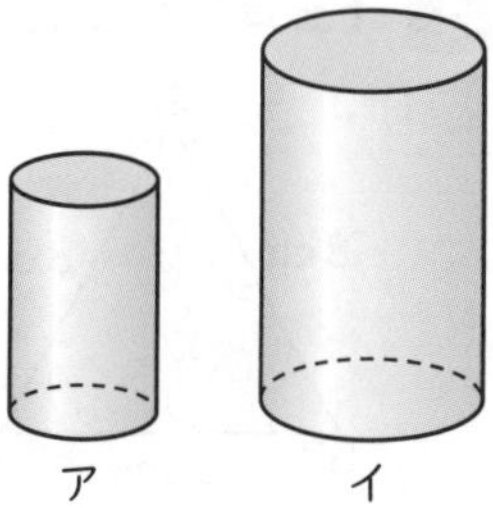

(1) 円柱アと円柱イの表面積の比を最も簡単な整数の比で表しなさい。

(2) 円柱アと円柱イの体積比を最も簡単な整数の比で表しなさい。

最後にこれだけ確認！

□ **平行線と線分の比**

$a /\!/ b /\!/ c$ のとき

$m : n = m' : n'$

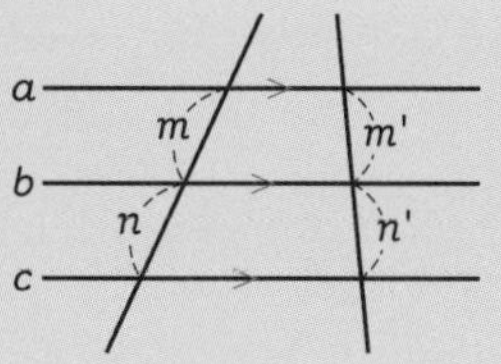

□ **中点連結定理**

M，N がそれぞれ AB，AC の中点ならば，

MN // BC，MN＝$\frac{1}{2}$BC

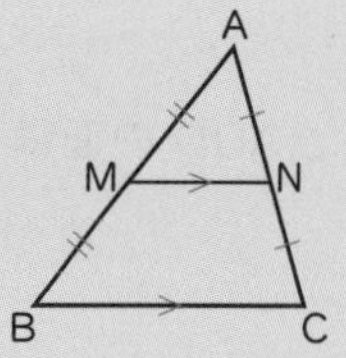

第8日 三平方の定理

月　　日

時間 30分
合格点 75点
得点　　点

解答→別冊p.5

よく出る **1** ［三平方の定理］次の図で，x の値を求めなさい。（7点×3）

(1)

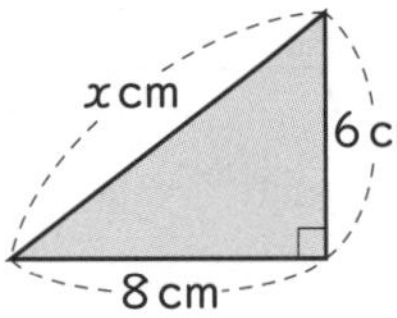

(2)

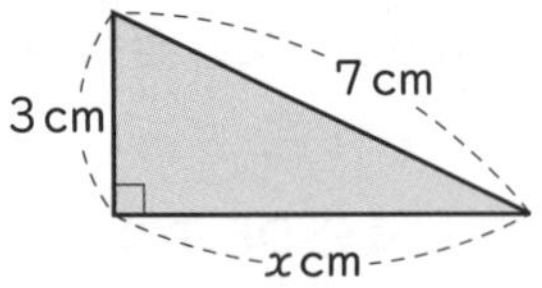

(3)

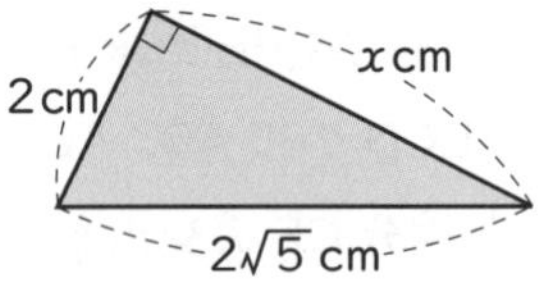

2 ［三平方の定理の逆］次の長さを３辺とする三角形のうち，直角三角形はどれか，記号ですべて答えなさい。（7点）

ア 6 cm，8 cm，12 cm　　　イ 0.3 m，0.4 m，0.5 m

ウ 4 cm，$\dfrac{15}{2}$ cm，$\dfrac{17}{2}$ cm　　　エ $\sqrt{5}$ cm，$2\sqrt{3}$ cm，$\sqrt{13}$ cm

よく出る **3** ［三角形の面積］次の三角形の面積を求めなさい。（7点×2）

(1)

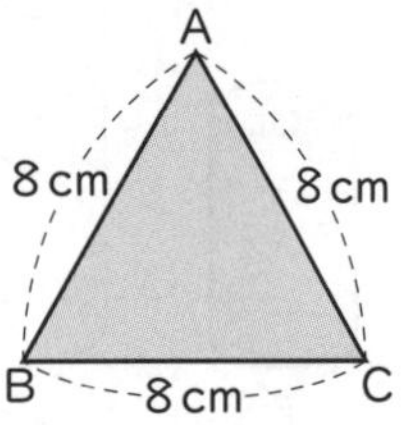

(2)

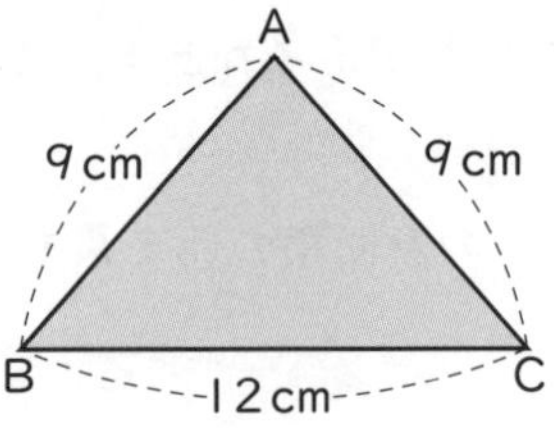

4 ［平行四辺形の対角線と面積］右の図の平行四辺形において，対角線の交点をOとし，点Aから対角線BDに垂線をひき，BDとの交点をHとする。AB＝5 cm，BH＝4 cm，HD＝6 cmのとき，次の問いに答えなさい。（7点×2）〔山形一改〕

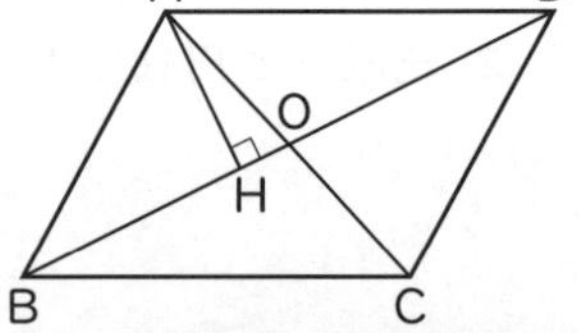

(1) 対角線ACの長さを求めなさい。

(2) △AODの面積を求めなさい。

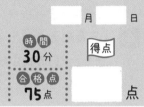

5 **［表面上の最短距離］** 右の図は，A，B，C，D，E，F，G，H を頂点とする直方体で，AB＝2 cm，AD＝6 cm，AE＝4 cm である。また，P は辺 BF 上の点で，AP＋PG の長さは P の位置によって変化する。AP＋PG の長さが最短になるとき，PH の長さを求めなさい。（7点）

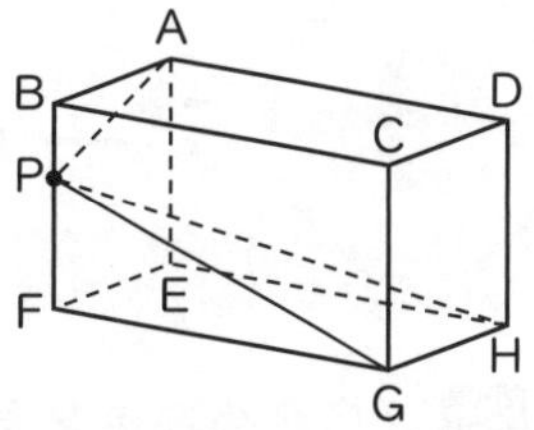

よく出る **6** **［円錐《えんすい》の体積と表面積］** 右の図の円錐について，次の問いに答えなさい。ただし，円周率はπとする。（7点×3）

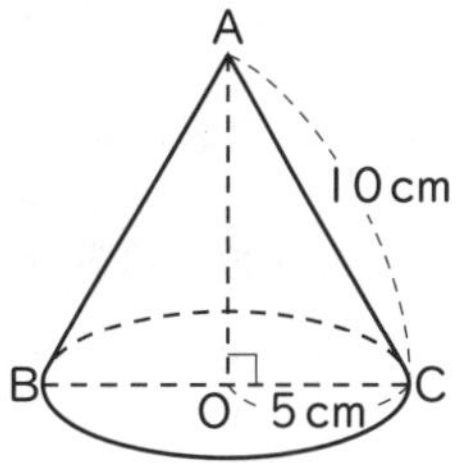

(1) 高さ AO を求めなさい。

(2) 体積を求めなさい。

(3) 表面積を求めなさい。

7 **［空間図形に関する問題］** 右の図は，AB＝AC＝DB＝DC，AD＝BC＝4 cm の四面体 ABCD である。頂点 A から辺 BC に垂線をひき，辺 BC との交点を H とすると，AH＝5 cm となっている。このとき，次の問いに答えなさい。（8点×2）

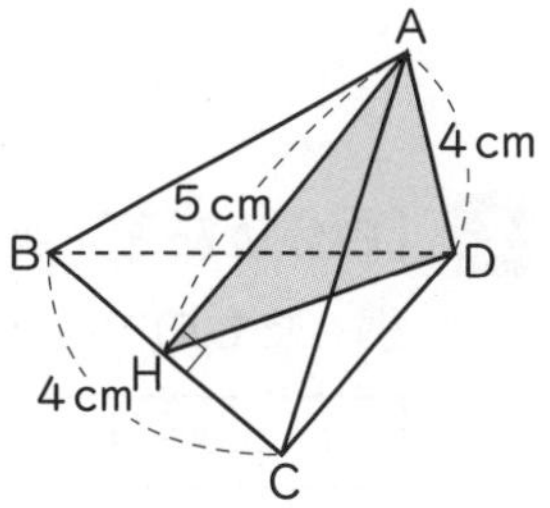

(1) 三角形 AHD の面積を求めなさい。

(2) 四面体 ABCD の体積を求めなさい。

最後にこれだけ確認！

□ 三平方の定理

$a^2+b^2=c^2$

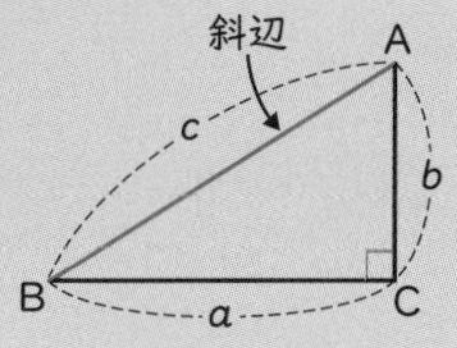

□ 直方体の対角線の長さ

3辺の長さが a，b，c である直方体の対角線 ℓ は，

$\ell=\sqrt{a^2+b^2+c^2}$

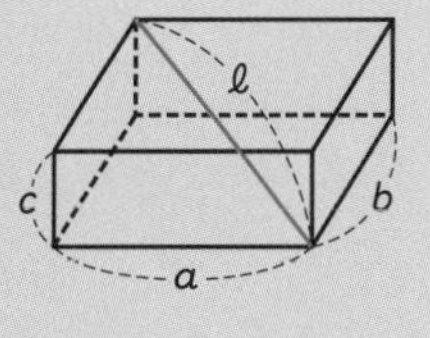

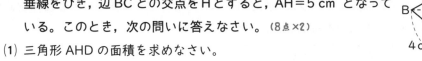

第9日 データの整理と確率

解答→別冊p.6

1 [度数分布表と累積《るいせき》度数《どすう》] 次の表は，A図書館の20日間の本の貸出し冊数(冊)を調べたものである。

7	19	18	8	13	15	14	4	17	21
11	14	17	13	8	17	19	10	14	11

下の表の空らんをうめなさい。(20点)

貸出し冊数(冊)	度数(日)	相対度数	累積度数	累積相対度数
以上　未満 0 ～ 5				
5 ～ 10				
10 ～ 15				
15 ～ 20				
20 ～ 25				
計	20	1.00		

2 [四分位範囲] 次の表は，あるクラスの女子13人がなわとびで2重とびをとんだ回数を調べたものである。下のものを求めなさい。(5点×4)

9	14	7	18	2	24	18
17	4	19	24	13	3	

(1) 第2四分位数《しぶんいすう》

(2) 第1四分位数

(3) 第3四分位数

(4) 四分位範囲

数学

第1日

第2日

第3日

第4日

第5日

第6日

第7日

第8日

第9日

第10日

3 [確率] A, B 2つのさいころを投げて, Aの出た目の数を a, Bの出た目の数を b とする。(a, b) を座標とする点Pが, 関数 $y = \dfrac{12}{x}$ のグラフ上にある確率を求めなさい。(15点)

4 [図形と確率] 右の図のように, 正三角形 ABC があり, 辺 AB, BC, CA の中点をそれぞれ点 D, E, F とする。また, 箱の中には B, C, D, E, F の文字が1つずつ書かれた5個のボールが入っている。箱の中から2個のボールを取り出し, それらのボールと同じ文字の点と頂点Aの3点を結んでできる図形について, 次の問いに答えなさい。(15点×2)〔富山〕

(1) できる図形が直角三角形になる確率を求めなさい。

(2) できる図形が三角形にならない確率を求めなさい。

5 [標本調査] 箱の中に同じ大きさのビー玉がたくさん入っている。箱の中からビー玉を100個取り出して, その全部に印をつけてもとに戻し, よくかき混ぜた後, 箱の中からビー玉を50個取り出したところ, その中に印のついたビー玉が4個あった。この箱の中にはおよそ何個のビー玉が入っていたと考えられるか, 答えなさい。(15点)

最後にこれだけ確認!

□ 確率

（ことがらAの起こる確率）

$= \dfrac{\text{Aが起こる場合の数}}{\text{起こりうるすべての場合の数}}$

□ 標本調査

標本での比率と, 母集団での比率は, ほぼ等しいと考える。

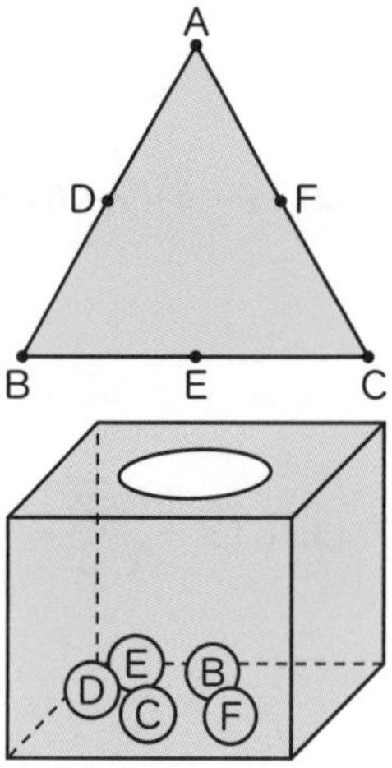

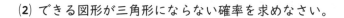

月　　日

第10日 仕上げテスト

時間 30分
合格点 75点
得点　　点

解答→別冊 p.7

1 ［数や式の計算・方程式］ 次の問いに答えなさい。（8点×4）

(1) $(3a+b)^2-(a+b)(7a-b)$ を計算しなさい。

(2) $(x-4)(x+6)-11$ を因数分解しなさい。

(3) $\sqrt{18}+\sqrt{\dfrac{2}{3}}-\dfrac{12}{\sqrt{6}}$ を計算しなさい。

(4) 2次方程式 $2x^2-3x-2=0$ を解の公式を使って解きなさい。

2 ［方程式］ 右の図のように，正方形の厚紙の4すみから1辺が2 cmの正方形を切り取り，深さ2 cm，容積 $162\ \text{cm}^3$ の箱を作った。もとの正方形の厚紙の1辺の長さを求めなさい。（8点）

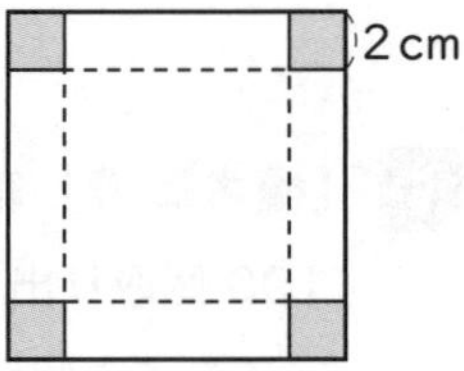

3 ［合同と相似］ 右の図のように，底面の1辺の長さが4 cm，高さが6 cmの正四角錐《せいしかくすい》OABCDの辺OA，OB，OC，ODの中点をそれぞれE，F，G，Hとし，正四角錐OABCDから正四角錐OEFGHを切り取ってできた立体Kがある。このとき，立体Kの体積を求めなさい。（9点）〔三重一改〕

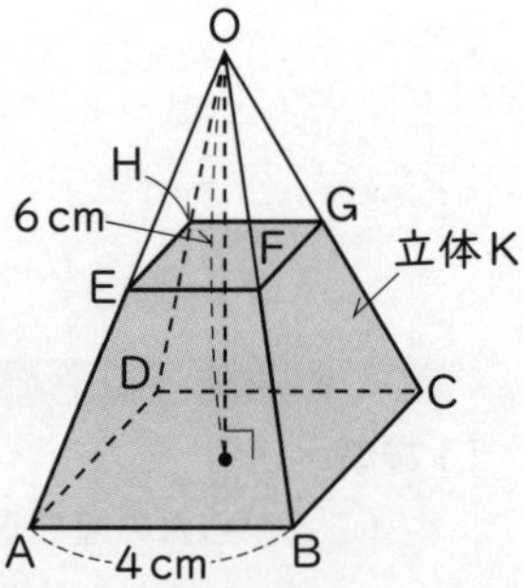

4 [関数] 右の図のように，放物線 $y = \dfrac{1}{2}x^2 \cdots$① と直線 $y = x + 4 \cdots$② が，2点A，Bで交わっている。このとき，次の問いに答えなさい。(8点×3)

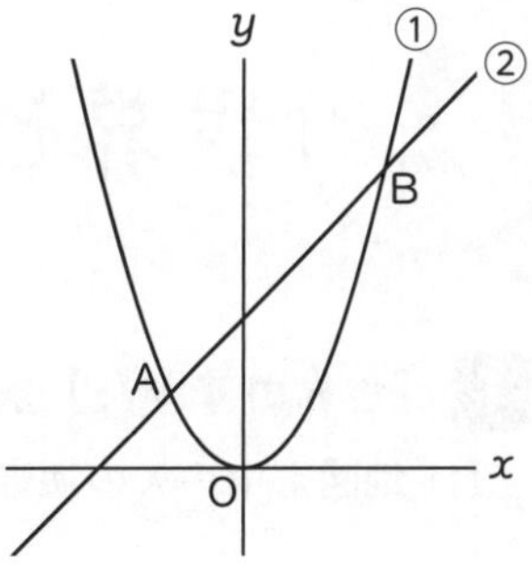

(1) 点Aの座標を求めなさい。

(2) △OABの面積を求めなさい。

(3) 放物線①上の点Aから点Bまでの間に点Pをとり，△AOB＝△APB となるようにする。このとき，点Pの座標を求めなさい。ただし，点Pは原点Oとは異なる点とする。

5 [合同と相似] 右の図のように，円周上に3点A，B，Cがある。∠ACBの二等分線と円周との交点をD，BDを延長した直線とCAを延長した直線との交点をEとおき，点Eを通りBCに平行な直線とCDを延長した直線との交点をFとする。このとき，次の問いに答えなさい。(9点×3) 〔福井〕

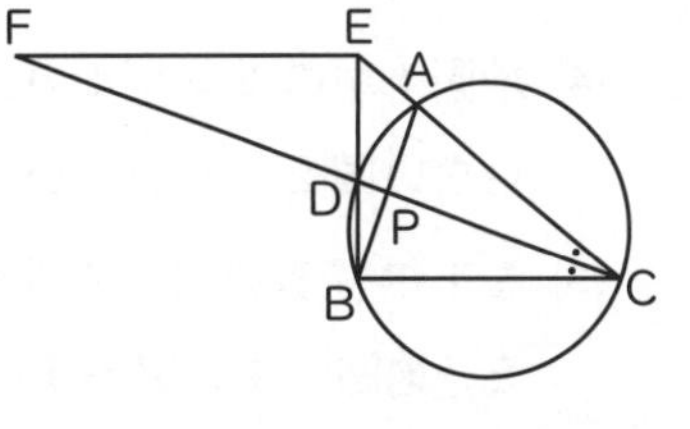

(1) 線分ABと線分CDの交点をPとするとき，△DEF∽△APC であることを証明しなさい。

(2) CA＝CB＝3 cm，AB＝2 cm とする。点Aから線分BCに垂線をひき，線分BCとの交点をHとするとき，線分CHの長さを求めなさい。

(3) (2)のとき，△DBC と △DEF の面積比を求めなさい。

数学

第1日
第2日
第3日
第4日
第5日
第6日
第7日
第8日

第1日 世界と日本のすがた

月　日

時間 30分　合格点 80点　得点　点

解答→別冊 p.8

よく出る **1** **[世界のすがた]** 次の地図を見て，各問いに答えなさい。(7点×8)〔北海道—改〕

地図Ⅰ

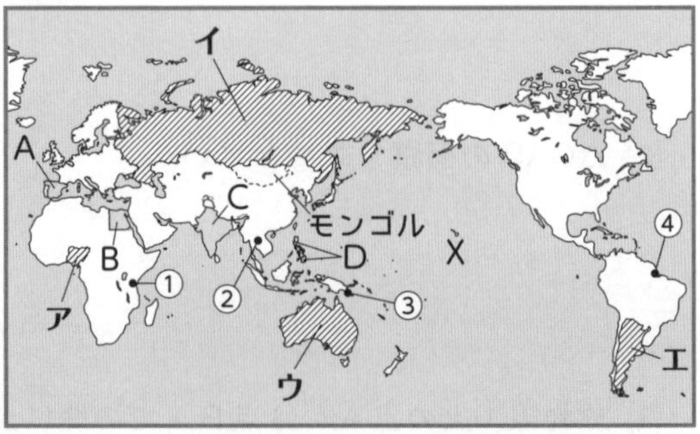

(1) **地図Ⅰ**中のXの海洋名を答えなさい。

〔　　　〕

(2) 赤道が通る地点を**地図Ⅰ**中の①～④から選び，番号で答えなさい。また，選んだ地点が含まれる世界の州を，次の**ア**～**エ**から1つ選び，記号で答えなさい。

赤道が通る地点〔　　　〕　州〔　　　〕

ア アジア州　　**イ** アフリカ州

ウ 南アメリカ州　　**エ** オセアニア州

地図Ⅱ

(3) **地図Ⅰ**中の**ア**～**エ**の国のうち，東京から最も遠い距離に位置する国を，**地図Ⅱ**を参考にして1つ選び，記号で答えなさい。　〔　　　〕

(4) **地図Ⅰ**中のモンゴルのように，国土が全く海に面していない国を何というか，答えなさい。　〔　　　〕

(5) 右下の写真のような生活を行っている人々が住む国を，**地図Ⅰ**中の**ア**～**エ**の国から1つ選び，記号で答えなさい。　〔　　　〕

(6) 世界の三大宗教のうち，イスラム教について説明した文を，次の**ア**～**エ**から1つ選び，記号で答えなさい。　〔　　　〕

ア 教典は聖書である。　　**イ** 牛肉を食べることを禁止する。

ウ 1日5回礼拝を行う。　　**エ** 東アジアで多く信仰されている。

(7) 次の**ア**～**エ**は，**地図Ⅰ**中のA～Dの国のいずれかを説明したものである。Aの国について説明した文を，次から1つ選び，記号で答えなさい。

〔　　　〕

ア ヨーロッパ州にあるこの国は，15世紀にコロンブスを援助して新航路を開拓したことで知られている。

イ 多くの人々がヒンドゥー教を信仰しているこの国は，世界で2番目に人口が多い。

ウ 近年，日本は輸入するバナナの約8割を，ASEAN《アセアン》に加盟しているこの国から輸入している。

エ ナイル川が流れているこの国は，世界遺産に登録されたピラミッドがあることで知られている。

よく出る **2** **[日本のすがた]** 次の地図を見て，各問いに答えなさい。〔富山一改〕

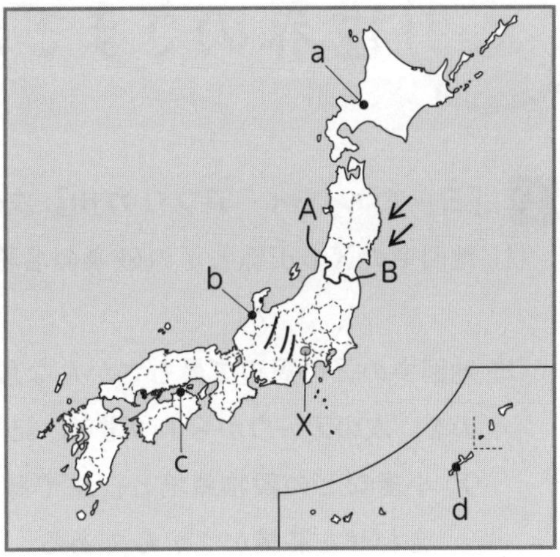

(1) 地図中のA-Bに接している県の組み合わせとして正しいものを，次の**ア**～**エ**から１つ選び，記号で答えなさい。(7点)　[　　　]

ア 山形県と群馬県　　**イ** 福島県と宮城県
ウ 宮城県と茨城県　　**エ** 秋田県と新潟県

(2) 世界にある２つの新期造山帯のうち，地図中の日本列島を含む造山帯を何というか，答えなさい。(9点)　[　　　　　]

(3) 地図中の━━は，標高3000m前後の山々が連なる飛驒《ひだ》山脈，木曽山脈，赤石山脈を示している。これらの山脈は総称して，何と呼ばれるか，答えなさい。(7点)

[　　　　　]

(4) 地図中の矢印➔で示された夏に吹くことがある冷たい風は，稲などの農産物に被害をもたらす。この風は何と呼ばれるか，答えなさい。(7点)

[　　　　　]

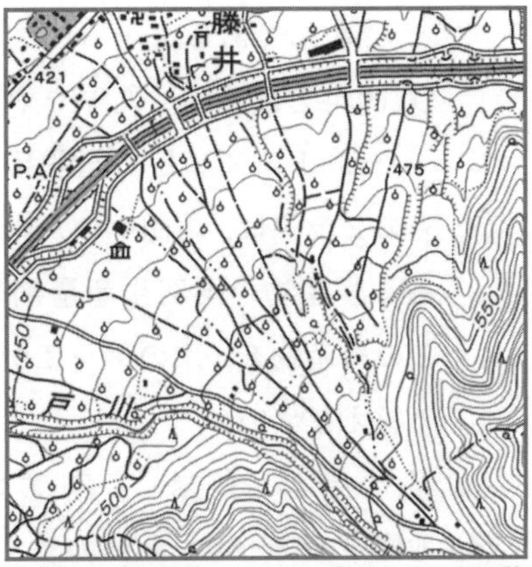

(国土地理院発行　地形図「石和」より作成)

(5) 右の地形図は，地図中のXの地域の一部を示している。このように，川が山間部から平野や盆地に出たところに土砂がたまってつくられる地形を何というか，答えなさい。(7点)　[　　　　　]

(6) 下のグラフは，地図中のa～dのいずれかの地点の，気温と降水量を表したものである。このうち，bの地点にあたるものはどれか。１つ選び，記号で答えなさい。(7点)　[　　　]

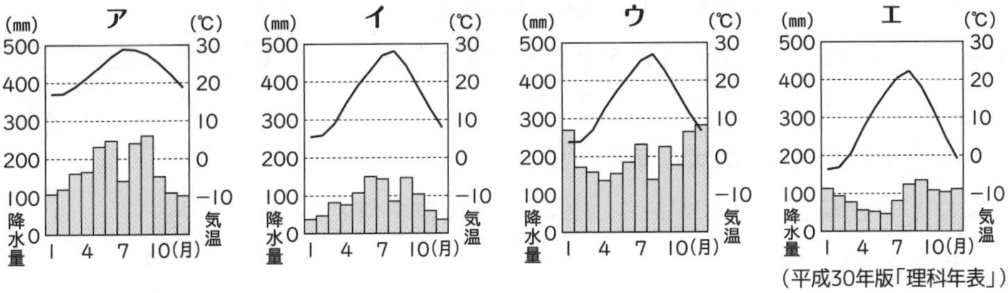

(平成30年版「理科年表」)

最後にこれだけ確認！

確認チェック

☐ 六大陸と三大洋

①**六大陸**…ユーラシア大陸，アフリカ大陸，北アメリカ大陸，南アメリカ大陸，オーストラリア大陸，南極大陸。

②**三大洋**…太平洋，大西洋，インド洋。

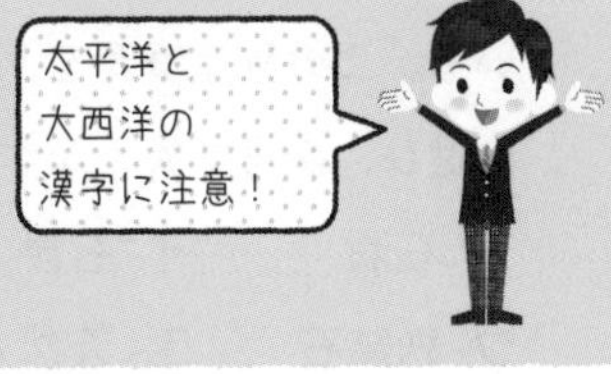

第2日 世界のさまざまな地域

月　日

時間 30分　合格点 80点　得点　点

解答→別冊p.9

1 ［ヨーロッパ州・アフリカ州］次の地図を見て，各問いに答えなさい。（6点×5）

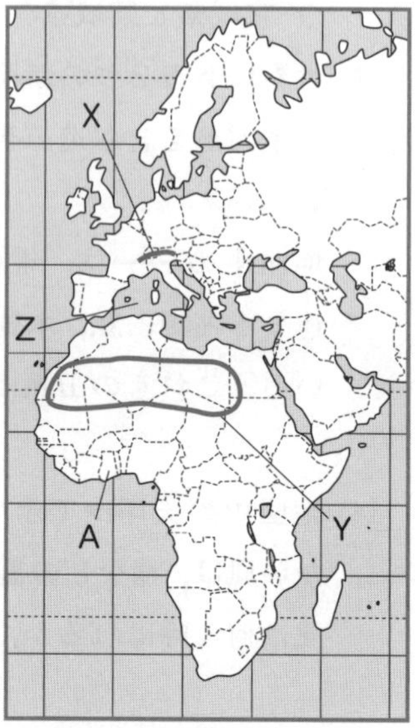

(1) 地図中のXの山脈とYの砂漠の名称をそれぞれ答えなさい。

X［　　　　　　］　Y［　　　　　　］

(2) 地図中のZの周辺で最もさかんな農業の説明として正しいものを，次の**ア**～**ウ**から1つ選び，記号で答えなさい。［　　］

ア 小麦などの穀物栽培と，牛や豚などの家畜の飼育を組み合わせた農業がさかんである。

イ 降水量が少なく乾燥した夏にオリーブやオレンジを栽培し，降水量が比較的多い冬に小麦などを栽培する農業がさかんである。

ウ 飼料を栽培し，乳牛ややぎなどを飼育して，生乳やバター，チーズなどの乳製品を生産する農業がさかんである。

(3) 右のグラフは，地図中のAの国が生産量上位のある農産物の国別生産量割合を表している。この農産物を，次の**ア**～**エ**から1つ選び，記号で答えなさい。［　　］

ア 小麦　**イ** 米　**ウ** カカオ豆　**エ** ぶどう

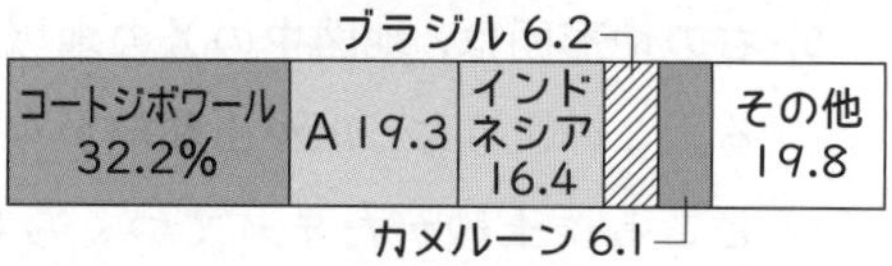

(2014年)　(2017/18年版「世界国勢図会」)

(4) 地図中のヨーロッパ州の多くの国々が加盟している，政治的・経済的な統合をめざすために1993年に結成された地域組織の略称を，アルファベットで答えなさい。［　　］

2 ［南アメリカ州］次の地図を見て，各問いに答えなさい。（6点×4）

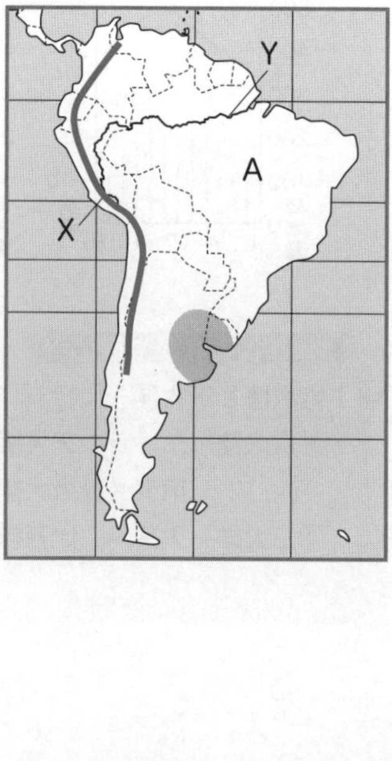

(1) 地図中のXの山脈とYの川の名称をそれぞれ答えなさい。

X［　　　　　　］　Y［　　　　　　］

(2) 地図中の▭の地域は，広大な草原が広がり，小麦の栽培や牛や馬などの牧畜がさかんである。この草原地帯を何というか，答えなさい。［　　］

(3) グラフは，地図中のAの国が生産量上位である鉱産資源の国別生産量割合を表している。この鉱産資源を，次の**ア**～**エ**から1つ選び，記号で答えなさい。［　　］

ア 石油　**イ** 石炭
ウ 鉄鉱石　**エ** 天然ガス

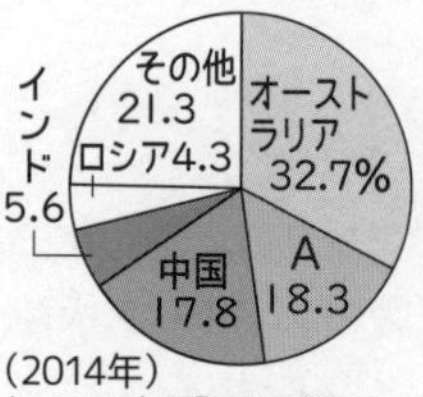

(2014年)
(2017/18年版「世界国勢図会」)

よく出る **3** ［北アメリカ州・アジア州・オセアニア州］ 次の地図のA～Cは国を示している。これについて，各問いに答えなさい。〔福島─改〕

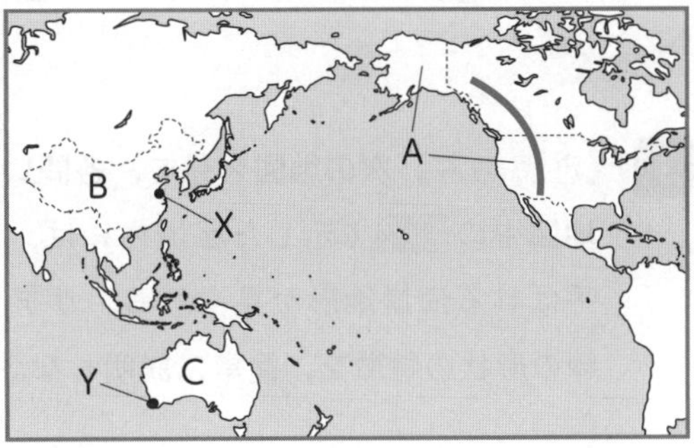

(1) A国について，各問いに答えなさい。

① 地図に━━で示した山脈の名称を答えなさい。(7点)　［　　　　］

② 次の文中の□にあてはまる語句を，カタカナで答えなさい。(7点)

［　　　　　　］

> A国では，北緯37度以南の温暖な地域である□で，情報技術(IT)産業や先端技術産業がさかんである。

(2) B国について，各問いに答えなさい。

① 長江《ちょうこう》《チャンチアン》河口付近に位置し，B国有数の商工業都市であるXの都市名を，次の**ア**～**エ**から１つ選び，記号で答えなさい。(7点)　［　　］

ア ペキン　　**イ** ホンコン

ウ チョンチン　　**エ** シャンハイ

表Ⅰ

	面積（千km²）（2015年）	人口密度（人/km²）	人口増加率（%）（2010～17年平均）
ア	378	342	−0.1
イ	9600	147	0.5
ウ	9834	33	0.7
エ	7692	3	1.4

(2017/18年版「世界国勢図会」)

② 表Ⅰは，日本とA～C国の面積，人口密度，人口増加率を表している。B国にあてはまるものを，表中の**ア**～**エ**から１つ選び，記号で答えなさい。(7点)　［　　］

(3) C国について，各問いに答えなさい。

記述式 ① グラフは，温帯に属する都市Yの月別平均気温と月別平均降水量を表している。都市Yの夏季と冬季における降水量の特徴を説明しなさい。(11点)

［　　　　　　　　　　　　　　　　　　　　］

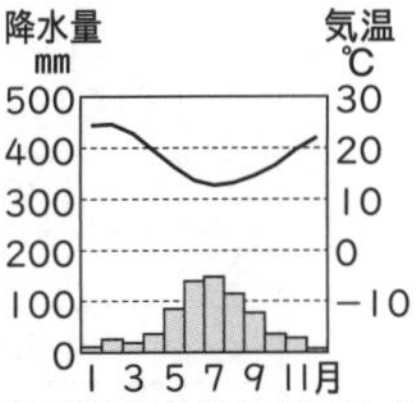

(平成30年版「理科年表」)

② 表Ⅱは，C国に対する日本の輸出入額の上位３品目と総額に占める割合を表している。※にあてはまる鉱産資源名を答えなさい。(7点)

［　　　　］

表Ⅱ

	上位３品目　〔(　)は総額に占める割合〕
C国への輸出	自動車(44.7%)，石油製品(14.4%)，機械類(13.0%)
C国からの輸入	※(36.7%)，液化天然ガス(27.9%)，鉄鉱石(12.8%)

(2017年)　(2018/19年版「日本国勢図会」)

最後にこれだけ確認！

□ おもな地域組織

①ASEAN《アセアン》(東南アジア諸国連合)…1967年に結成。政治や経済などの発展が目的。

②EU(ヨーロッパ連合)…1993年に結成。政治・経済の面での統合をめざす。加盟国の多くで共通通貨のユーロが流通。

月　日

第3日 日本のさまざまな地域

時間 30分
合格点 80点
得点　　点

解答→別冊 p.9

よく出る **1** **［近畿地方］** 次の地図を見て，各問いに答えなさい。〔愛媛〕

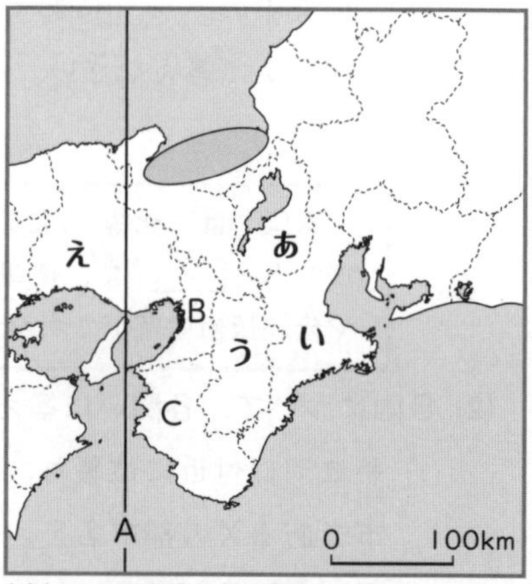

（注）⬭の区域内の海岸線はかかれていない。

記述式 (1) 地図中の▭で示した区域内には，リアス海岸と呼ばれる海岸地形が見られる。リアス海岸の海岸線の形状の特徴を，簡単に説明しなさい。（9点）

［　　　　　　　　　　　　］

(2) 地図中のAは東経135度の経線である。東経135度の経線が通る国の組み合わせとして適当なものを，次の**ア**～**エ**から1つ選び，記号で答えなさい。

［　　］（9点）

ア ロシア・オーストラリア　**イ** ロシア・インド
ウ 韓国・オーストラリア　**エ** 韓国・インド

(3) 表Iは，地図中の**あ**～**え**の4県の人口などを表したものであり，表中のa～dは，それぞれ**あ**～**え**のいずれかにあたる。aにあたる県を**あ**～**え**から1つ選び，その記号と県名を答えなさい。（各5点）　記号［　　］　県名［　　　］

表I

	人口（千人）（2016年）	湖沼《こしょう》，河川《かせん》の面積（km^2）（1987年度）	農業産出額（億円）（2015年）	海面漁業生産量（百t）（2015年）	製造品出荷額等（億円）（2014年）
a	1808	181	1091	1537	105761
b	1413	766	586	—	68326
c	1356	75	408	—	19132
d	5520	191	1608	544	149600

（2018年版「データでみる県勢」）

(4) 表IIは，2015年における，地図中のB，Cの府県と全国の，それぞれの総就業人口に占める産業別就業人口の割合を表したものであり，表中のX～Zは，それぞれ第一次産業，第二次産業，第三次産業のいずれかにあたる。表中のX，Zと産業を組み合わせたものとして適切なものを，次から1つ選び，記号で答えなさい。（9点）［　　］

表II　（単位：%）

	X	Y	Z
B	75.1	24.3	0.6
C	68.7	22.3	9.0
全国	71.0	25.0	4.0

（2018年版「データでみる県勢」）

ア X－第二次産業，Z－第一次産業
イ X－第二次産業，Z－第三次産業
ウ X－第三次産業，Z－第一次産業
エ X－第三次産業，Z－第二次産業

2 ［東日本］次の地図を見て，各問いに答えなさい。（7点×9）

〔青森―改〕

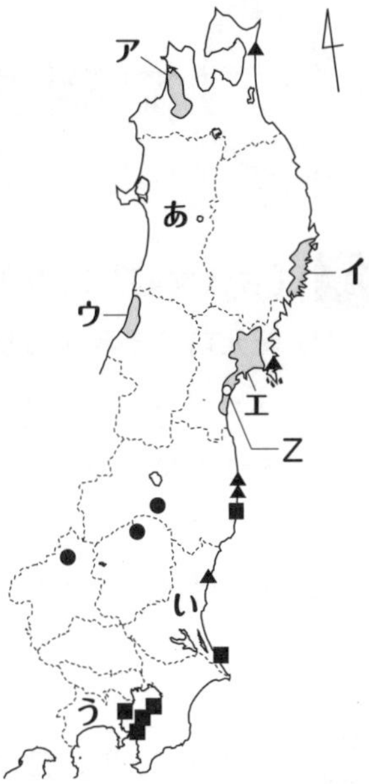

(1) 地図中のア～エのうち，平野ではない地域を１つ選び，記号で答えなさい。［　　］

(2) 地図中の●，▲，■は，主な発電所を示している。これについて，各問いに答えなさい。

① ●，▲，■は火力，水力，原子力のいずれかを示している。それぞれどの発電所を示しているか，答えなさい。

●［　　　］ ▲［　　　］ ■［　　　］

② 「発電所・変電所」を示す地図記号を，次のア～エから１つ選び，記号で答えなさい。［　　］

(3) 青森県と地図中のあ～うの県について，右のグラフは，耕地面積と，それに対する水田，普通畑，果樹園などの割合を示している。このうち，青森県といの県について示しているものを，グラフ中のア～エから１つずつ選び，記号で答えなさい。

青森県［　　］ いの県［　　］

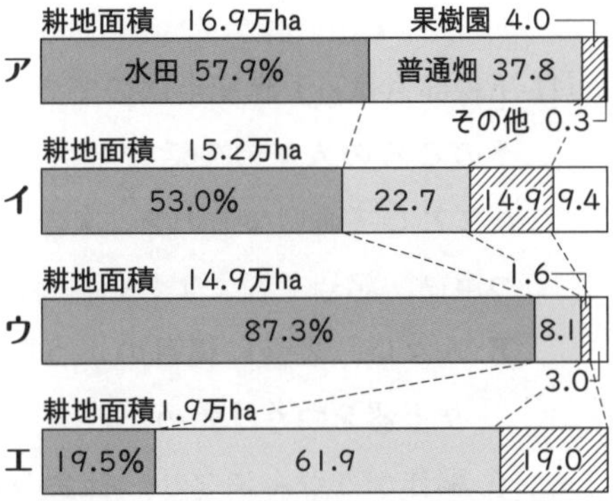

※四捨五入の関係で合計100%にならない場合がある

（2016年）　（2018年版「データでみる県勢」）

(4) 地図中のZの都市について，各問いに答えなさい。

① この都市には，中央官庁の出先機関や大企業の支店などが多数置かれており，東北地方の政治や経済の中心地となっている。このような都市のことを何というか，答えなさい。［　　　］

② 右の表は，福島県，岩手県，山形県，宮城県の面積，事業所数，小売業年間商品販売額，農業産出額を示したものである。表中のア～エのうち，Zで示した都市が属する県にあてはまるものを１つ選び，記号で答えなさい。［　　］

	面積 (km²) (2016年)	事業所数 (2016年)	小売業年間商品販売額 (十億円) (2014年)	農業産出額 (億円) (2015年)
ア	15275	59730	1250	2494
イ	13784	88635	1941	1973
ウ	7282	102644	2363	1741
エ	9323	56734	1142	2282

（2018年版「データでみる県勢」）

最後にこれだけ確認！

☐ 日本の自然

①北方領土…択捉《えとろふ》島，歯舞《はぼまい》群島，色丹《しこたん》島，国後《くなしり》島。

②日本アルプス…飛驒《ひだ》山脈，木曽山脈，赤石山脈。

③日本の川…最も長い川が信濃《しなの》川，最も流域面積が大きい川が利根川。

月　日

第4日 文明のおこりと古代の日本

時間 30分　合格点 80点　得点　点

解答→別冊p.10

よく出る **1** **［古代文明］** 次の地図を見て，各問いに答えなさい。（8点×2）〔千葉—改〕

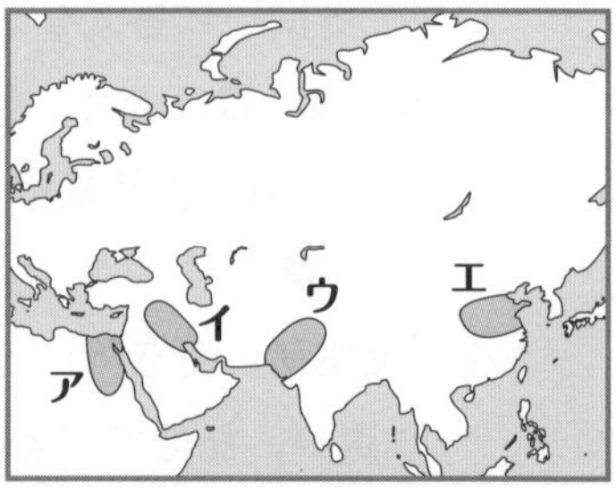

(1) 紀元前3千年から前2千年ごろ，ティグリス(チグリス)川，ユーフラテス川の流域で都市がつくられた地域として最も適当なものを地図中の**ア**～**エ**から1つ選び，記号で答えなさい。〔　　〕

(2) (1)の地域で栄えた古代文明を何というか，答えなさい。〔　　　　〕

2 **［古代の社会］** 日本と外国とのかかわりに関する年表を見て，各問いに答えなさい。（8点×2）〔岐阜—改〕

時代	おもなできごと
原始	A 倭《わ》の奴国《なこく》《なのくに》の王が漢《かん》の皇帝から金印を授けられる
古代	倭の五王が中国の南朝に使いを送る B 遣唐使をたびたび送り，天平《てんぴょう》文化が栄える

(1) 下線部Aは，1世紀半ばのできごとである。そのころの人々の生活や社会の様子を述べた文として適切なものを，次の**ア**～**エ**から1つ選び，記号で答えなさい。〔　　〕

ア 人々は，表面に縄目のような文様をつけた土器をつくり始めた。

イ 稲作がさかんになり，社会のしくみが変わり，小さな国々ができていた。

ウ 人々は，打製石器をつけたやりを使って，マンモスなどをとらえていた。

エ 前方後円墳《ぜんぽうこうえんふん》をはじめとする大きな古墳がつくられるようになった。

(2) 下線部Bのころの大陸との交流を具体的に示すものとして適切なものを，次の**ア**～**エ**から1つ選び，記号で答えなさい。〔　　〕

ア ワカタケル大王《おおきみ》の名を刻んだ鉄剣　**イ** 薬師寺《やくしじ》の薬師三尊像《さんぞんぞう》

ウ 「永楽通宝《えいらくつうほう》」などの明銭《みんせん》　**エ** 東大寺正倉院《しょうそういん》の宝物

よく出る **3** **［古墳時代］** 次の写真を見て，各問いに答えなさい。（8点×2）〔鹿児島〕

(1) このような形をした巨大古墳が，最も多く見られる地方はどこか。次から1つ選び，記号で答えなさい。〔　　〕

ア 東北地方　**イ** 近畿地方

ウ 関東地方　**エ** 九州地方

(2) このような形をした巨大古墳と最も関係の深いものを次の**ア**～**エ**から1つ選び，記号で答えなさい。〔　　〕

ア 貝塚　**イ** 土偶《どぐう》　**ウ** 銅鐸《どうたく》　**エ** はにわ

第2日
第3日
第4日
第5日
第6日
第7日
第8日
第9日
第10日

4 ［古代の政治］次の年表を見て，各問いに答えなさい。〔静岡—改〕

(1) 下線部Aについて，各問いに答えなさい。（6点×2）

時代	日本のできごと
飛鳥	A 聖徳太子が摂政となる
奈良	B 国分寺が建てられる

　① 下線部Aは，中国の進んだ制度や文化を取り入れよう

　　と小野妹子らを派遣した。このときの中国の王朝を，

　　次のア～エから1つ選び，記号で答えなさい。〔　　　〕

　　ア 秦　　イ 漢　　ウ 隋　　エ 唐

　② 下線部Aは，寺院を建てるなど，仏教を広めようとした。

　　右の資料は，下線部Aが創建した寺院の一つで，現存す

　　る世界最古の木造建築であり，世界遺産に登録されて

　　いる。この寺院を何というか。その名称を答えなさい。

　　　　　　　　　　　　〔　　　　　　　〕

記述式 (2) 下線部Bは，聖武天皇によって行われた政策である。この政策の目的を，簡単に答えなさ

　　い。（12点）〔　　　　　　　　　　　　　　　　　　　　　　　　　　　　　　　　　　〕

よく出る **5** ［平安時代］次の各問いに答えなさい。（7点×4）〔奈良—改〕

(1) 次の文は，平安時代にすぐれた文学作品が多くつくられたおもな理由について述べたもの

　である。これについて，各問いに答えなさい。

資料

> 　漢字をくずしてつくられた平仮名や漢字の一部を
> 省略してつくられた片仮名の□□□□を用いて，人々
> の感情を表すことが容易になったため。

```
　　　　　　 頼通
　　　　　　 彰子 ─ [一条天皇のきさき
　　　　　　　　　　 後一条天皇の母
　　　　　　　　　　 後朱雀天皇の母]
　道長 ─── 妍子 ─ [三条天皇のきさき]
　　　　　　 威子 ─ [後一条天皇のきさき]
　　　　　　 嬉子 ─ [後朱雀天皇のきさき
　　　　　　　　　　 後冷泉天皇の母]
```

　① 文中の□□□□にあてはまる語句を答えなさい。

　　　　　　　　　　　　　　〔　　　　　　　〕

　② このころにつくられた文学作品を次のア～エから

　　すべて選び，記号で答えなさい。〔　　　　　　　〕

　　ア 古事記　　イ 源氏物語　　ウ 枕草子　　エ 日本書紀

記述式 (2) 平安時代，藤原氏はどのようにして政治の実権を握ったのかについて，上の資料を参考にし

　て，「摂政」，「関白」の語句を用いて説明しなさい。

〔　　〕

(3) 藤原頼通が建てた建物を次のア～エから1つ選び，記号で答えなさい。〔　　　　　　〕

　　ア 唐招提寺金堂　　イ 平等院鳳凰堂　　ウ 中尊寺金色堂　　エ 東求堂同仁斎

最後にこれだけ確認！

□ **古代文明**

　①**エジプト文明**…ナイル川流域

　②**メソポタミア文明**…ティグリス（チグリス）川，ユーフラテス川流域

　③**インダス文明**…インダス川流域

　④**中国文明**…黄河，長江流域
　　　　　　　ホワンホー　チャンチアン

> 古代文明は
> 大河とセットで
> 覚えよう！

第5日

中世の日本

月　日

時間 30分　合格点 80点

得点　点

解答→別冊 p.10

よく出る **1** **［中世の政治］** 次の資料Ⅰ～Ⅲを見て，各問いに答えなさい。（6点×4）〔群馬―改〕

資料Ⅰ

＜鎌倉《かまくら》＞
・(a)武士による政治。
・源氏《げんじ》が３代でとだえると，(b)承久《じょうきゅう》の乱がおこった。
＜室町～戦国＞
・武士による政治。
・応仁《おうにん》の乱の後，(c)全国が分裂する抗争が続いた。

資料Ⅱ

みなの者，心をひとつにしてよく聞きなさい。頼朝《よりとも》公が幕府を開いてから，その恩は山より高く海より深いものでした。この恩に報いる心が浅くてよいのですか。敵をうち，幕府を守りなさい。　（部分要約）

資料Ⅲ

（15世紀前半の支配者）

(1) 下線部(a)について，この時代の武士による政治として適切なものを，次のア～エから１つ選び，記号で答えなさい。

ア 分国法《ぶんこくほう》をつくった。　［　　］
イ 楽市《らくいち》・楽座《らくざ》を行った。
ウ 御成敗式目《ごせいばいしきもく》(貞永《じょうえい》式目)を定めた。
エ 武家諸法度《ぶけしょはっと》を定めた。

(2) 下線部(b)について，**資料Ⅱ**はこのときの北《ほう》条政子《じょうまさこ》の訴えである。資料の「みなの者」とは何と呼ばれる武士か。またこの乱の後，朝廷《ちょうてい》の監視等を目的として置かれた機関を何というか，答えなさい。

武士［　　　　］　機関［　　　　］

記述式 (3) 下線部(c)について，**資料Ⅲ**は中国地方の主な支配者の変化を示している。**資料Ⅲ**のように，15世紀前半から16世紀後半にかけて，全国的に見られた支配者の変化の特徴を，簡単に答えなさい。

［　　　　　　　　　　　　］

2 **［元寇］** 次のカードを見て，各問いに答えなさい。（8点×2）〔鳥取〕

北条時宗《ほうじょうときむね》(1251～1284)

元寇を退ける
・鎌倉幕府第８代執権
・元の皇帝□による，再三の服属の要求を拒絶。
・二度にわたる元寇の際，防戦の指揮に当たる。

(1) カードの□にあてはまる人物名を答えなさい。［　　　　］

(2) カードの下線部に関して，元寇《げんこう》とその後の社会について説明した文として正しいものを，次のア～エから１つ選び，記号で答えなさい。［　　］

ア 一度目の元寇を文禄《ぶんろく》の役といい，二度目の元寇を慶長《けいちょう》の役という。
イ 幕府は元軍の襲来に備えて，博多《はかた》湾に防塁《ぼうるい》(石塁《せきるい》)を築いたり，九州警備のため防人《さきもり》を配置したりするなど，防衛力強化に取り組んだ。
ウ 元軍は集団戦法と火器を使った攻撃で，幕府軍を苦しめた。
エ 元軍の攻撃を退けたことで，武士は幕府から多くの恩賞《おんしょう》をもらった。

3 ［中世の社会］右の年表を見て，各問いに答えなさい。（6点×8）〔秋田一改〕

政権の移り変わり	武士の支配力の拡大とできごと	東アジアとのかかわり
平氏《へいし》政権		a中国との貿易推進
鎌倉《かまくら》幕府	A と地頭の設置 ・承久《じょうきゅう》の乱《らん》 ・御成敗式目（貞永式目）制定	b元軍の襲来
建武《けんむ》の新政《しんせい》	・南北朝の争乱 B へ成長	
室町《むろまち》幕府	・応仁の乱 ・下剋上《げこくじょう》の風潮 C の登場	c中国との貿易の開始 d琉球王国《りゅうきゅうおうこく》による中《なか》継《つぎ》貿易

(1) 年表の A ～ C にあてはまる語句を，次のア～カから１つずつ選び，記号で答えなさい。

A［　　］ B［　　］
C［　　］

ア 守護《しゅご》　イ 国司《こくし》
ウ 執権《しっけん》　エ 外様《とざま》大名
オ 戦国大名　カ 守護大名

(2) 年表中の建武の新政と呼ばれる，天皇中心の政治を行った天皇はだれか，答えなさい。［　　　　］

(3) 右の写真と最も関係の深いものを，年表中のa～dから１つ選び，記号で答えなさい。また，選んだことがらと関係する人物を，次のア～エから１つ選び，記号で答えなさい。　ことがら［　　］ 人物［　　］

（明銭）

ア 平清盛《たいらのきよもり》　イ 北条時宗《ほうじょうときむね》　ウ 足利義満《あしかがよしみつ》　エ 徳川家光《とくがわいえみつ》

(4) 鎌倉時代，阿弥陀仏《あみだぶつ》を信じて念仏《ねんぶつ》をとなえれば救われると説き，浄土《じょうど》宗を開いた僧を，次のア～エから１つ選び，記号で答えなさい。［　　］

ア 道元《どうげん》　イ 最澄《さいちょう》　ウ 親鸞《しんらん》　エ 法然《ほうねん》

(5) 鎌倉時代から室町時代までの農業のようすについて説明した文として正しいものを，次のア～エから１つ選び，記号で答えなさい。［　　］

ア 米の裏作に麦をつくる二毛作が各地に広まった。
イ 干鰯《ほしか》などの肥料を使うようになった。
ウ 収穫した稲を高床倉庫に貯蔵するようになった。
エ 稲を脱穀《だっこく》する道具として千歯こきを使うようになった。

よく出る 4 ［室町時代の貿易］15世紀はじめには，日本と明との間で貿易が始まった。これについて，各問いに答えなさい。（6点×2）〔兵庫〕

(1) 割札（合い札）の証明書を用いたことから，この明との貿易を何というか。［　　　　］

記述式 (2) この時期の明との貿易において，割札の証明書が用いられた目的を，説明しなさい。

［　　　　　　　　　　　　　　　　　　　　］

最後にこれだけ確認！

☐ 鎌倉幕府のしくみ

①国ごとに**守護**，荘園《しょうえん》や公領《こうりょう》ごとに**地頭**が置かれる。

②将軍と御家人は，**御恩**と**奉公**の関係で結ばれる。

☐ 室町文化

第３代将軍**足利義満**のころに**北山文化**，第８代将軍**足利義政《よしまさ》**のころに**東山文化**。

北山文化と
東山文化を
まちがえない
ようにしよう！

第6日 近世の日本

月　　日

時間 30分　合格点 80点　得点　　点

解答→別冊 p.11

1 [近世の政治と文化] 次の表を見て，各問いに答えなさい。（9点×3）〔北海道―改〕

時代	できごと	農業にたずさわった人々の様子
安土《あづち》桃山《ももやま》	関ヶ原《せきがはら》の戦いがおこった。	田畑の広さや土地のよしあしなどを調べる太閤検地《たいこうけんち》が行われ，収穫量に応じた年貢《ねんぐ》を納めるようになった。
江戸《えど》	徳川家光《とくがわいえみつ》が政治を行った。	農家5戸を基準とした［ A ］の制度により，年貢の納入や犯罪の防止に共同で責任を負った。

(1) 下線部を実施した豊臣秀吉《とよとみひでよし》について述べた次の文の［　　］にあてはまる語句を，漢字2字で答えなさい。また，{　　　} にあてはまる語句を，次のア～ウから1つ選び，記号で答えなさい。

語句〔　　　　〕 記号〔　　　〕

> 豊臣秀吉は，一揆《いっき》を防ぎ，農民を耕作だけに従事させるため，［　　］を実施し，農民がもっていたやりなどの武器をとりあげた。また，領土をさらに広げるため，{ **ア** 宋　**イ** 明　**ウ** 清 } の征服を計画し，1592年に朝鮮に兵を出した。

(2) 表の［ A ］にあてはまる語句を，次のア～エから1つ選び，記号で答えなさい。

〔　　　〕

ア 五人組　**イ** 蔵屋敷《くらやしき》　**ウ** 座　**エ** 惣《そう》

よく出る 2 [近世の社会] 次の各問いに答えなさい。（9点×3）〔富山〕

記述式 (1) 右の資料は，戦国時代の長篠《ながしの》の戦いのようすを描いたものである。この戦いで勝利したのは，資料中のア・イのどちら側の軍か選び，記号で答えなさい。また，勝利した軍の戦い方を資料から読み取り，簡単に説明しなさい。

記号〔　　　〕

戦い方〔　　　　　　　　　　〕

(2) 江戸時代に制定された武家諸法度《ぶけしょはっと》の説明として正しいものを，次のア～エから1つ選び，記号で答えなさい。

〔　　　〕

ア 家臣《かしん》の婚姻《こんいん》や相続の許可制，けんか両成敗など，領国内の武士の行動を取りしまった。

イ 仏教や儒教《じゅきょう》の考え方を取り入れ，天皇の命令に従うべきことなど，役人の心得を示した。

ウ 武士の社会の慣習に基づいて，裁判の基準を示した。

エ 大名が許可なく城を修繕したり，大名同士が無断で婚姻関係を結んだりすることを禁止した。

よく出る **3** **[江戸時代の政治]** 次の年表を見て，各問いに答えなさい。（8点×4）〔香川一改〕

(1) 年表中の下線部aが開いた江戸幕府について，各問いに答えなさい。

① 関ヶ原《せきがはら》の戦いの後から徳川氏に従うようになった大名を何というか。漢字4字で答えなさい。　［　　　］

記述式 ② 江戸時代，大名は，1年おきに領地と江戸を往復することが義務づけられた。この制度を何というか，答えなさい。　［　　　］

年代	できごと	
1603	a 徳川家康《とくがわいえやす》が征《せい》夷《い》大将軍《たいしょうぐん》となる	
		A
1639	ポルトガル船の来航を禁止する	
		B
1716	徳川吉宗《よしむね》の改革が始まる	
		C
1787	松平定信《まつだいらさだのぶ》の改革が始まる	
		D
1841	b 水野忠邦《みずのただくに》の改革が始まる	

(2) 年表中の下線部bのときに行われた政策として正しいものを次のア～エから1つ選び，記号で答えなさい。　［　　　］

ア 江戸・大阪周辺の農村を幕府の領地にしようとしたが，大名や旗本の反対にあった。
イ 極端な動物愛護令である生類《しょうるい》憐《あわれ》みの令を出し，特に犬を大事にした。
ウ 商工業者の株仲《かぶなか》間《ま》の結成を奨励して，特権を与えるかわりに税をとった。
エ 上《あ》げ米《まい》の制を定めて大名統制のための制度を一時ゆるめるかわりに，幕府に米を献上《けんじょう》させた。

(3) 右の絵は，江戸時代におこった深刻なききんの1つである，天明《てんめい》のききんのときの食料を求めてさまよう家族の様子を描いたものである。このききんが始まったのは，年表中のA～Dのどの時期か。1つ選び，記号で答えなさい。　［　　　］

4 **[江戸時代における対外関係]** 次の各問いに答えなさい。（7点×2）〔香川〕

(1) 江戸時代の初期には，東南アジアの各地に居住する日本人が増えて，日本町と呼ばれる場所が形成された。右の地図中の●は，この当時にあった代表的な日本町の1つの位置を示している。この日本町が位置している国はどこか。現在の国名で答えなさい。　［　　　］

(2) 江戸時代，対馬《つしま》藩は朝鮮と貿易を行っており，また，将軍の代がわりなどの際に朝鮮からの使節が江戸を訪れた。この朝鮮からの使節は何と呼ばれたか，答えなさい。　［　　　］

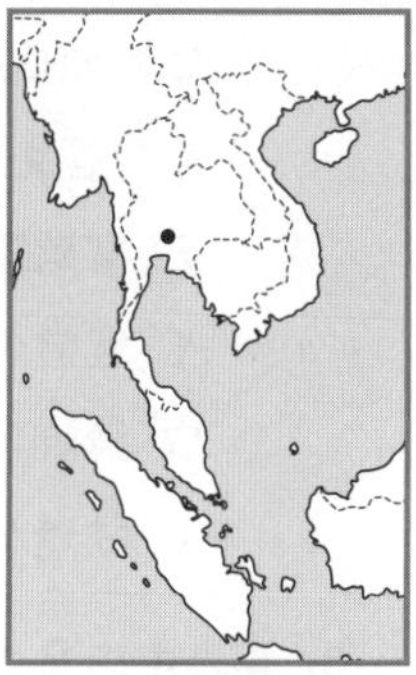

（---は現在の国境を示す）

最後にこれだけ確認！

□ 江戸時代の改革や政策

①**享保《きょうほう》の改革**…江戸幕府第8代将軍徳川吉宗が，18世紀前半に行った。
②**田沼意次《たぬまおきつぐ》の政策**…江戸幕府老中の田沼意次が，18世紀後半に行った。
③**寛政《かんせい》の改革**…田沼意次の政策のあとに，江戸幕府老中の松平定信が，18世紀後半に行った。
④**天保《てんぽう》の改革**…江戸幕府老中の水野忠邦が，19世紀中ごろに行った。

月　日

第7日 近・現代の日本

時間 30分　合格点 80点　得点　点

解答→別冊 p.11

1 ［近代日本のあゆみ］ 次の年表を見て，各問いに答えなさい。〔富山一改〕

(1) 下線部(a)～(c)のできごとやことがらについて，各問いに答えなさい。

年代	おもなできごと	
1854	(a)日米和親条約の締結	
1871	廃《はい》藩《はん》置《ち》県《けん》の実施	↑
1873	徴兵令《ちょうへいれい》の公布	A
1889	大日本帝国憲法《けんぽう》の発布	↓
1894	(b)日英間の条約改正	
	日清《にっしん》戦争の開始	↑ B
1904	日露《にちろ》戦争の開始	↓
1914	第一次世界大戦の開始	
1929	(c)世界恐慌《きょうこう》	

① 下線部(a)によって開かれた日本の港を，次のア～エから２つ選び，記号で答えなさい。

〔　　〕〔　　〕（各7点）

ア 函館《はこだて》　イ 神奈川

ウ 下田　エ 長崎

記述式 ② 下線部(b)によって不平等条約の一部改正が行われた。改正の内容を答えなさい。（8点）

〔　　　　〕

③ 下線部(c)に対して，イギリスのとった経済政策を何というか，答えなさい。（7点）

〔　　　〕

(2) 年表中のAの期間のできごとについて，各問いに答えなさい。

① 次のア～エの政治に関するできごとを年代の古い順に並べかえなさい。（8点）

〔　　→　　→　　→　　〕

ア 内閣制度の創設　イ 西南戦争《せいなんせんそう》の開始

ウ 国会開設を約束　エ 民撰議院設立建白書《みんせんぎいんせつりつけんぱくしょ》の提出

② この期間の産業に関するできごとで適切でないものを，次のア～エから１つ選び，記号で答えなさい。（7点）〔　　〕

ア 富岡製糸場が官営工場としてつくられた。

イ 官営の八幡《やはた》製鉄所が建設された。

ウ 飛脚《ひきゃく》にかわる郵便制度が始まった。

エ 鉄道が，新橋・横浜間に開通した。

(3) 年表中のBの期間のできごととして適切なものを，次のア～エから２つ選び，記号で答えなさい。（各7点）〔　　〕〔　　〕

ア 孫文《そんぶん》《スンウェン》を臨時大総統とする中華民国《ちゅうかみんこく》が成立した。

イ 朝鮮の江華島《こうかとう》《カンファド》沖で日本と朝鮮の武力衝突がおこった。

ウ 日本の大陸進出をおさえようとするロシア・ドイツ・フランスによる三国干渉により，日本は遼東《りょうとう》《リャオトン》半島を清に返還した。

エ 満州に軍隊を送ったロシアに対抗するため日英同盟が結ばれた。

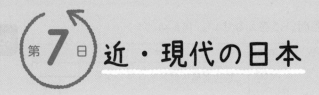

よく出る **2** **［第一次世界大戦後の日本］** 次の各問いに答えなさい。（7点×6）〔鹿児島一改〕

年代	おもなできごと	
1914	(a)第一次世界大戦に参戦する	X ↑
1918	米騒動がおこる	X
1925	(b)普通選挙法が成立する	X
1946	日本国憲法が公布される	X ↓
1951	□平和条約を48か国と結ぶ	
1972	沖縄が日本に復帰する	Y ↑
2000	九州・沖縄サミットが開かれる	Y ↓

(1) □にあてはまる最も適切な語句を答えなさい。〔　　〕

(2) 略年表中(a)に関して，次の各問いに答えなさい。

① 第一次世界大戦後，アメリカのウィルソン大統領の提案にもとづいて設立された，世界平和を守るための組織を何というか，答えなさい。〔　　〕

記述式 ② 大戦中の日本の景気は，図Ⅰから好景気だと予想できる。このころの労働者の生活のようすを図Ⅱをもとにして答えなさい。ただし，「物価」「賃金」という語句を使うこと。

〔　　〕

図Ⅰ 貿易額の推移

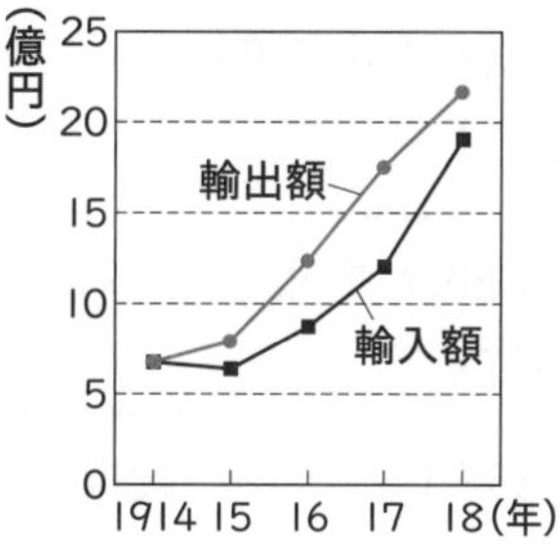

（明治以降本邦主要経済統計）

図Ⅱ 物価と賃金の推移

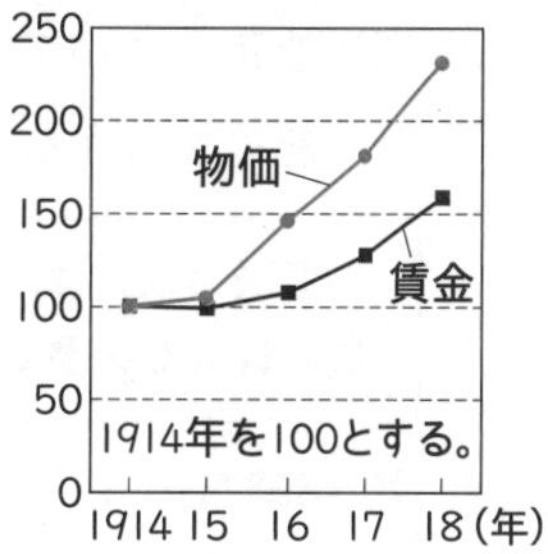

（大正政治史2）

(3) 略年表中(b)と同時に制定された法令を，次のア～エから1つ選び，記号で答えなさい。

ア 治安維持法　**イ** 国家総動員法　**ウ** 徴兵令《ちょうへいれい》　**エ** 教育基本法　〔　　〕

(4) 略年表中Xの期間におこった次のア～エのできごとを，年代の古い順に並べかえなさい。

〔　　→　　→　　→　　〕

ア 日中戦争が始まる。　**イ** 中国に二十一か条の要求を出す。

ウ 満州事変が始まる。　**エ** 中国で五・四運動がおこる。

(5) 略年表中Yの期間の日本のできごととして最も適切なものを，次のア～エから1つ選び，記号で答えなさい。〔　　〕

ア 大量の資金が株式や土地に投資され，バブル経済と呼ばれる状態が続いた。

イ 日韓基本条約を結び，韓国政府を朝鮮半島にあるただ一つの合法的な政府と認めた。

ウ 国民総生産が，初めてアメリカについで資本主義国の中で第2位となった。

エ 日ソ共同宣言に調印してソ連との国交を回復し，同じ年に国際連合に加盟した。

最後にこれだけ確認！

□ **明治維新**

①**廃藩置県**(1871年)…藩を廃止して県を置き，各県に県令(のちの県知事)，府には府知事を中央から送って治めさせる。

②**徴兵令**(1873年)…満20歳以上の男子に兵役の義務を負わせる。

③**地《ち》租《そ》改正《かいせい》**(1873年)…土地の所有者と価格(地価)を定め，地券を発行し，地価の3％を現金で納めさせる。

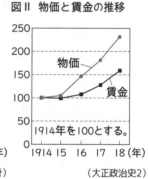

第8日 日本国憲法と政治・経済

月　　日

時間 30分
合格点 80点

得点　　点

解答→別冊p.12

よく出る **1** ［日本国憲法と政治］次の各問いに答えなさい。(10点×6)〔神奈川―改〕

(1) 次の労働基準法第35条の条文にみられる基本的人権としてあてはまるものを，あとのア～エから1つ選び，記号で答えなさい。〔　　〕

> 第35条①　使用者は，労働者に対して，毎週少《すくな》くとも1回の休日を与えなければならない。

ア 自由権　　イ 社会権　　ウ 参政権　　エ 知る権利

(2) 憲法改正について説明した次の文の(　　)にあてはまるものを，あとのア～エから1つ選び，記号で答えなさい。〔　　〕

> 憲法の改正は，衆議院と参議院の各議院の(　　)の賛成で国会が発議し，国民投票で過半数の賛成を必要とする。

ア 総議員の3分の2以上　　イ 総議員の過半数
ウ 出席議員の3分の2以上　　エ 出席議員の過半数

(3) 参議院議員に関する説明として正しいものを，次のア～エから1つ選び，記号で答えなさい。〔　　〕

ア 議員の任期は4年である。
イ 議員の定数は300人である。
ウ 議員に立候補できる年齢は30歳以上である。
エ 選挙は，小選挙区制と比例代表制で行われる。

(4) 日本国憲法で定められている国会，内閣の役割ではないものを，次のア～エから1つ選び，記号で答えなさい。〔　　〕

ア 政令を制定すること　　イ 内閣総理大臣を任命すること
ウ 条約を承認すること　　エ 高等裁判所の裁判官を任命すること

(5) 裁判所について説明した次の文に関して，各問いに答えなさい。

> 最高裁判所の裁判官は，憲法第79条に規定されている「国民(　　)」と呼ばれる制度によって，裁判官として適任か不適任かを審査される。

① 文中の(　　)にあてはまる語を漢字2字で答えなさい。〔　　〕
② 裁判官が辞めさせられるのは，下線部で示したように不適任とされた場合，心身の故障の場合，国会の裁判で不適任とされた場合のみである。このうちの国会の裁判を何というか，答えなさい。

〔　　〕

2 **[経済]** **経済のしくみに関する次の各問いに答えなさい。**（8点×5）〔福島〕

(1) 次の文は，日本銀行の役割を説明したものである。□にあてはまる語句を，漢字２字で答えなさい。〔　　　〕

> 日本銀行は，政府のお金の出し入れをする「政府の銀行」，一般の銀行に不足する資金を貸し出す「銀行の銀行」，紙幣を発行する「□銀行」としての役割を果たしている。

(2) 次の文を読んで，各問いに答えなさい。

> a市場における価格は，需要と供給の関係によって変化する。自由競争をうながすための法律としてb独占禁止法がある。また，価格の中には，c電気やガスなどの料金のように国や地方公共団体が決定や認可を行う価格もある。

① 下線部aについて，下の図は，ある商品の需要・供給と価格の関係を表したものである。この商品の価格について説明した下の文の[X]～[Z]に入る語句は何か。正しい組み合わせを，あとの**ア**～**オ**から１つ選び，記号で答えなさい。〔　　　〕

> この商品の価格がP円のとき，[X]を上回っているので，価格は下落する。価格が下がると，需要量は[Y]する。需要量と供給量が一致するQの価格を[Z]という。

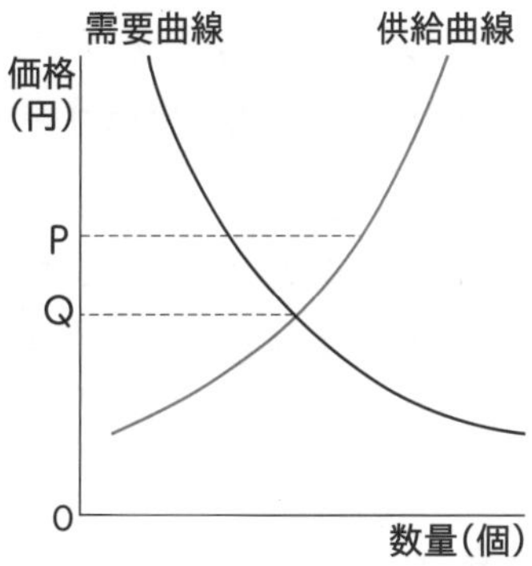

ア X－需要量が供給量，Y－増加，Z－独占価格
イ X－需要量が供給量，Y－減少，Z－均衡価格
ウ X－供給量が需要量，Y－増加，Z－均衡価格
エ X－供給量が需要量，Y－減少，Z－均衡価格
オ X－供給量が需要量，Y－増加，Z－独占価格

② 下線部bについて，独占禁止法の運用にあたっている機関は何か。次の**ア**～**エ**から１つ選び，記号で答えなさい。〔　　　〕

ア 公正取引委員会　**イ** 国家公安委員会　**ウ** 人事院　**エ** 会計検査院

記述式 ③ 下線部cについて，ガスや鉄道運賃などの公共料金が，国や地方公共団体によって決定や認可される理由を，「生活」の語句を用いて説明しなさい。

〔　　　　　　　　　　　　　　　　　　　　　　　〕

(3) 日本の社会保障制度の４つの柱のうち，公衆衛生と社会保険以外のものを２つ答えなさい。

〔　　　　・　　　　〕

最後にこれだけ確認！

□ **日本国憲法の基本原理**

①**国民主権**…国の政治の決定権は国民にあり，政治は国民の意思に基《もと》づいて行われる。

②**基本的人権の尊重**…人々が生まれながらにもっている基本的人権を，お互いに尊重する。

③**平和主義**…日本は戦争を放棄し，戦力をもたず，交戦権を認めない。

月　日

第9日 国際社会と世界平和

時間 30分　合格点 80点　得点　点

解答→別冊p.12

1 **［主権国家］** 次の図を見て，各問いに答えなさい。（5点×5）〔千葉一改〕

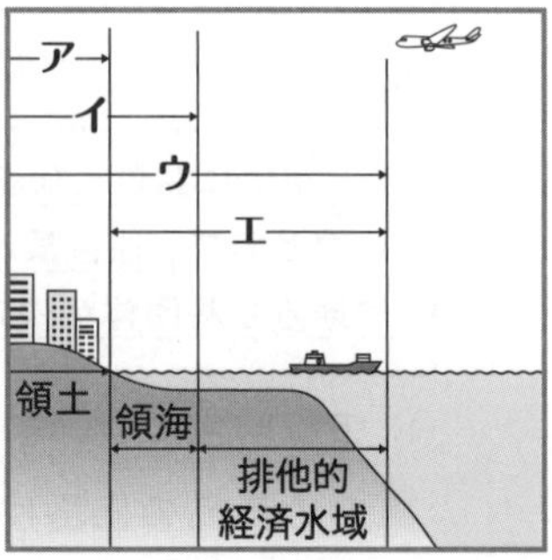

(1) 他の国から支配されたり，干渉されずに独立している国家を何というか。漢字４字で答えなさい。
［　　　　］

(2) 右の図の**ア**～**エ**のうち，領空にあたるものはどれか。１つ選び，記号で答えなさい。
［　　］

(3) わが国の領海は何海里か。次の**ア**～**エ**から１つ選び，記号で答えなさい。
［　　］

ア 3　**イ** 12　**ウ** 100　**エ** 200

(4) 排多的経済水域の外側は，だれもが自由に使用できる。この原則を何というか，答えなさい。
［　　　　］

(5) 国と国との間の争いを法に基づいて解決するための機関として，国際連合に置かれている機関を何というか，答えなさい。
［　　　　］

よく出る **2** **［国際連合］** 次の図を見て，各問いに答えなさい。（4点×5）〔佐賀一改〕

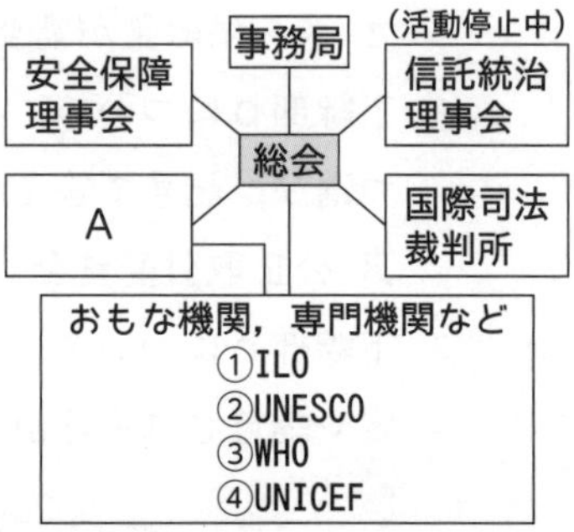

(1) 次の文の［　　］にあてはまる語句を，漢字２字で答えなさい。
［　　］

> 国際連合憲章では，国際連合の目的を「国際の［　　］及び安全を維持する」ことなどを規定している。

(2) 図の中の［ A ］にあてはまる機関名を答えなさい。
［　　　　］

(3) 国際連合では，紛争がおきたあとの地域での停戦や休戦の監視や難民の帰還支援，治安維持活動をしている。この活動を何というか。次の**ア**～**エ**から１つ選び，記号で答えなさい。
［　　］

ア NPO　**イ** ODA　**ウ** NGO　**エ** PKO

(4) 図の①～④の機関と日本語での名称の組み合わせとして正しいものを，次の**ア**～**エ**から１つ選び，記号で答えなさい。
［　　］

ア ILO－国際復興開発銀行　**イ** UNESCO《ユネスコ》－国連児童基金

ウ WHO－世界保健機関　**エ** UNICEF《ユニセフ》－国連教育科学文化機関

社会

第1日
第2日
第3日
第4日
第5日
第6日
第7日
第8日
第9日
第10日

(5) 発展途上国の子どもたちのために，食料や医療などの援助を行っている機関を，図の①〜④から１つ選び，番号で答えなさい。〔　　　　〕

3 [国際経済と地域統合] 次の各問いに答えなさい。(6点×5)

(1) 国際通貨の安定，貿易の拡大などを目的に設立された国際連合の専門機関の略称を，アルファベット３字で答えなさい。〔　　　　〕

(2) 世界貿易機関をアルファベット３字で答えなさい。〔　　　　〕

(3) 次の文で説明している組織を何というか。あとの**ア〜エ**から１つ選び，記号で答えなさい。

> 関税の撤廃，資本や労働力の移動の自由，政治・経済の統一などをめざしている。共通通貨としてユーロが流通している。

ア APEC（エイペック）　**イ** ASEAN（アセアン）　**ウ** EU　**エ** USMCA〔　　　　〕

(4) 先進国と発展途上国との間におきている，経済格差とそれにまつわる問題を何というか，答えなさい。〔　　　　〕

(5) 特定の地域でいくつかの国家がまとまり，経済や環境，安全保障などの分野で結びつきを強めようとする動きを何というか，答えなさい。〔　　　　〕

4 [環境問題と軍縮] 次の各問いに答えなさい。(5点×5)

(1) 次の各文は，あとの**ア〜エ**のどれについて説明したものか。１つずつ選び，記号で答えなさい。

① 大気中の二酸化炭素などの温室効果ガスが増加することによって引きおこされている。

② 硫黄酸化物や窒素酸化物が大気中で変化をおこし，雨にとけて降る。

③ フロンガスが原因でおこり，有害な紫外線が地表に届く。

④ 過剰な放牧や焼畑，森林破壊などによりおきている。

ア 砂漠化　**イ** 酸性雨　**ウ** 地球温暖化　**エ** オゾン層の破壊

①〔　　　〕 ②〔　　　〕 ③〔　　　〕 ④〔　　　〕

(2) 核兵器を「もたず，つくらず，もちこませず」とする，日本の核兵器に対する立場を示した方針を何というか，答えなさい。〔　　　　〕

最後にこれだけ確認！

□ **国際連合の安全保障理事会**
　①国際平和と安全を守る責任をもつ。
　②**常任理事国**は，アメリカ合衆国・イギリス・フランス・ロシア・中国の5か国。
　③常任理事国は**拒否権**をもち，１か国でも反対すると決議できない。

> 常任理事国と拒否権はセットで覚える

月　日

第10日 仕上げテスト

時間 30分　合格点 70点　得点　　点

解答→別冊p.13

1 **［地理・歴史総合］** 次の各問いに答えなさい。（8点×6）〔長崎〕

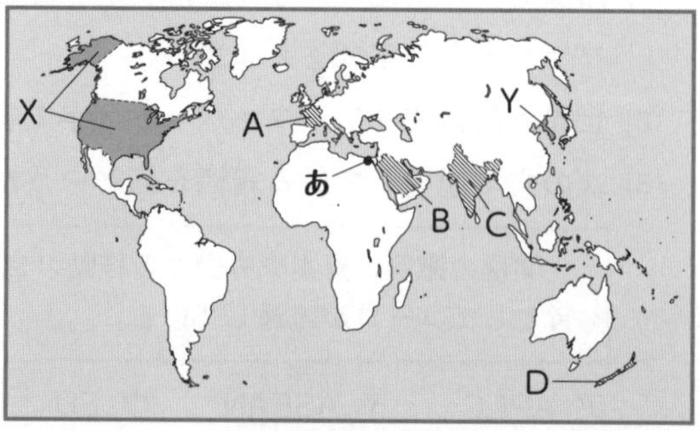

(1) 右の地図中の**あ**の都市が2018年12月31日午後5時のとき，長崎は2019年1月1日午前0時であった。**あ**の都市の経度に最も近いものを次の**ア**～**エ**から1つ選び，記号で答えなさい。　〔　　　〕

ア 東経30度　　**イ** 西経30度

ウ 東経60度　　**エ** 西経60度

(2) 右の表は，地図中のA～Dの国の面積と人口を示したものである。人口密度が1 km^2 あたり100人未満で，国土の大部分が温帯に属する国をA～Dから1つ選び，記号で答えなさい。

〔　　　〕

	面積（万 km^2）（2015年）	人口（万人）（2017年）
A	55	6498
B	221	3294
C	329	133918
D	27	471

（2017/18年版「世界国勢図会」）

(3) 地図中のX国に関する年表を見て，各問いに答えなさい。

① 年表中のaは何世紀か。　〔　　　　　〕

② 年表中のbで示された時期におこったできごとについて述べた次のA，Bの内容として正しいものを，あとの**ア**～**エ**から1つ選び，記号で答えなさい。〔　　　〕

年	できごと
a 1783	X国がイギリスから独立した。
1917	X国が第一次世界大戦に参戦した。
↕ b	
1945	X国とイギリスとソ連の首脳《しゅのう》が，クリミア半島のヤルタで会談した。
↕ c	
1989	X国とソ連の首脳が，イタリア南方のマルタ島で会談した。

A　X国のワシントンで会議が開かれ，海軍の軍備縮小などが進められた。

B　世界恐慌の混乱に対して，X国は公共事業を減らし，失業者を救おうとした。

ア A：正，B：正　　**イ** A：正，B：誤

ウ A：誤，B：正　　**エ** A：誤，B：誤

よく出る ③ 年表中のcで示された時期には，X国を中心とする陣営とソ連を中心とする陣営が，それぞれの軍事同盟をつくったり，軍備の拡張を競ったりするような対立が見られた。この対立を何というか，答えなさい。　〔　　　　　〕

(4) 地図のYで示された地域に関する次のできごとを年代の古い順に並べかえなさい。

ア 江華島《こうかとう》《カンファド》事件後，日朝修好条規が結ばれた。　〔　　→　　→　　〕

イ 新羅《しらぎ》《しんら》が，朝鮮半島を統一した。

ウ 高麗《こうらい》《コリョ》がモンゴル帝国から攻撃され，その支配を受けた。

2 ［公民総合］次の各問いに答えなさい。〔徳島―改〕

(1) 次の文は，日本国憲法第14条第1項である。これについて各問いに答えなさい。

> すべて国民は，（　　），人種，信条，性別，社会的身分又は門地により，政治的，経済的又は社会的関係において，差別されない。

① 条文中の（　　）にあてはまる語句を，次の**ア**～**エ**から1つ選び，記号で答えなさい。
(7点)〔　　　〕

ア 不断の努力によつ《(っ)》て　　**イ** 公共の福祉に反しない限り
ウ 法の下《もと》に平等であつ《(っ)》て　　**エ** 侵《おか》すことのできない永久の権利として

よく出る ② 条文中の下線部に関して，わが国では，性別にかかわりなく，能力や個性を十分に発揮できる社会の実現をめざして，1999年にある基本法が定められた。この基本法を何というか，答えなさい。(8点)〔　　　　　　　〕

よく出る (2) 衆議院の優越が認められているものとして適切でないものを，次の**ア**～**エ**から1つ選び，記号で答えなさい。(7点)〔　　　〕

ア 法律案の議決　　**イ** 予算の議決　　**ウ** 条約の承認　　**エ** 憲法改正の発議

(3) 右の図は，日本銀行と一般の銀行のはたらきについて，模式的に表したものである。これについて各問いに答えなさい。

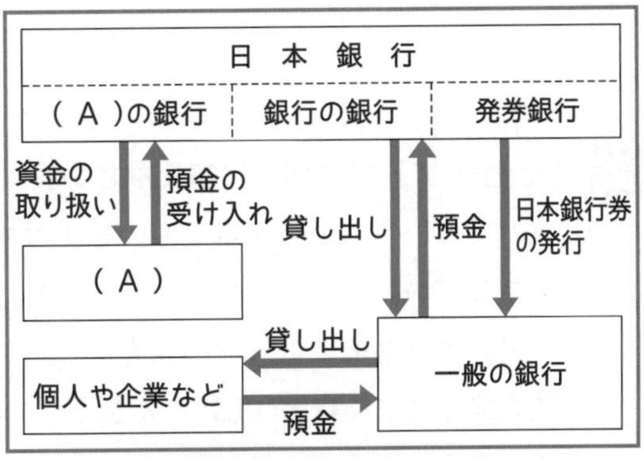

① 図中の（ A ）には同じ語句があてはまる。次の**ア**～**エ**から1つ選び，記号で答えなさい。(7点)〔　　　〕

ア 政府　　**イ** 労働組合
ウ 政党　　**エ** 地方公共団体

記述式 ② 一般の銀行は，企業や個人などとの関係において，利潤を得るためにどのようなことを行うか。「預金」，「貸し出し」，「利子の比率」の語句を用いて，説明しなさい。
(8点)

〔　　　　　　　　　　　　　　　　　　　　　　　　　　　〕

(4) 国家の主権に関して，各問いに答えなさい。

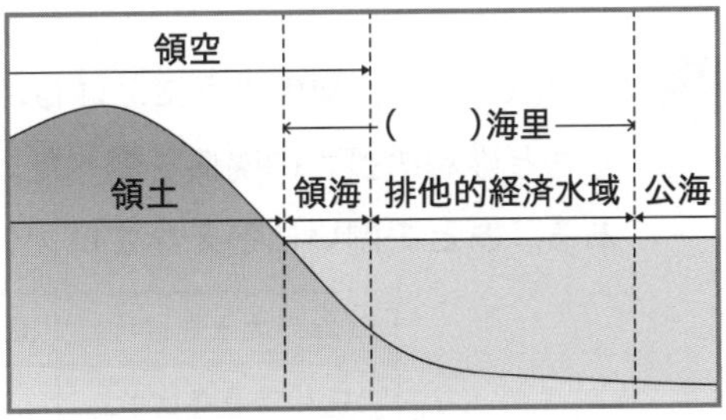

① 右の図は，わが国も調印した国連海洋法条約に基づく，国家の主権がおよぶ範囲について，模式的に表したものである。図中の（　　）にあてはまる数値を選び，記号で答えなさい。(7点)〔　　　〕

ア 12　　**イ** 20　　**ウ** 120　　**エ** 200

② 国家が互いに主権を尊重し合っていくうえで守らなければならない条約などの国家間のルールを何というか，答えなさい。(8点)〔　　　　〕

月　　日

第1日　身のまわりの現象，電流

時間 30分　合格点 80点　得点　　点

解答→別冊 p.14

よく出る **1** **[凸レンズと像]** 図のように，ろうそく，数字の「2」の形を切りぬいたカード，焦点距離 15 cm の凸レンズ，半透明のスクリーンを置き，スクリーンにうつる像を観察した。次の問いに答えなさい。（6点×3）〔鹿児島―改〕

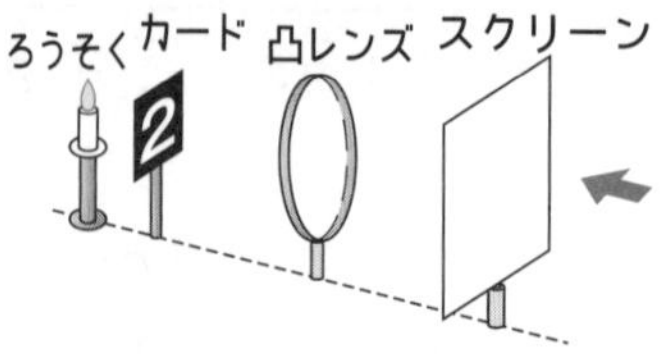

(1) 像がはっきりうつる位置にスクリーンを動かし，うつった像を矢印の方向から観察するとどのように見えるか。次のア～エから選び，その記号を書きなさい。〔　　〕

ア 　イ 　ウ 　エ 

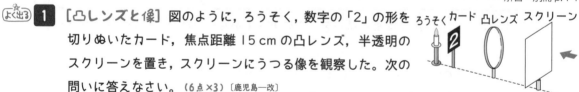

(2) カードを凸レンズから 30 cm はなして置いた。像をはっきりとスクリーンにうつすには，スクリーンと凸レンズの距離を何 cm にすればよいですか。〔　　〕

(3) (2)のとき，うつった像の大きさは，カードの数字の大きさと比べてどうですか。

〔　　〕

2 **[音の性質]** 次の問いに答えなさい。（6点×4）〔愛媛〕

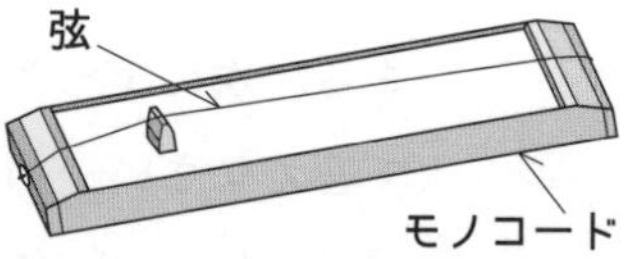

(1) 次の文の〔　　〕から適当なものを1つずつ選び，その記号を書きなさい。　①〔　　〕　②〔　　〕　③〔　　〕

　図のようなモノコードの弦をはじいたとき，音の大きさは弦を強くはじくほど①〔**ア**　大きく　　**イ**　小さく〕なった。また，音の高さは，弦の振動する部分を長くするほど②〔**ア**　高く　　**イ**　低く〕なり，弦を強く張るほど③〔**ア**　高く　　**イ**　低く〕なった。

(2) 空気中を伝わる音の速さが 340 m/s のとき，音が空気中を 850 m 伝わるのにかかる時間は何秒ですか。〔　　〕

3 **[ばねののび]** 図のように，ばねにおもりをつるし，ばねに加わる力の大きさとばねの長さの関係を調べた。次の表は，その結果をまとめたものである。あとの問いに答えなさい。（5点×2）

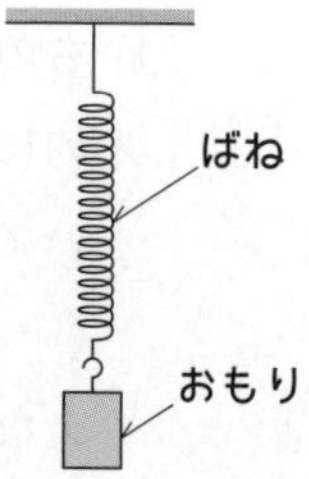

力の大きさ〔N〕	0.4	0.8	1.2	1.6
ばねの長さ〔cm〕	8	10	12	14

(1) おもりをつるしていないとき，このばねの長さは何 cm ですか。〔　　〕

(2) このばねに 3.2 N のおもりをつるしたとき，ばねの長さは何 cm になりますか。

〔　　〕

第2日

第3日

第4日

第5日

第6日

第7日

第8日

第9日

第10日

4 [電圧と電流の関係] 図1は，電熱線a，bのそれぞれについて，その両端に加わる電圧と流れる電流の大きさとの関係を調べ，結果をグラフに表したものである。次の問いに答えなさい。(6点×4) 〔愛媛—改〕

図1

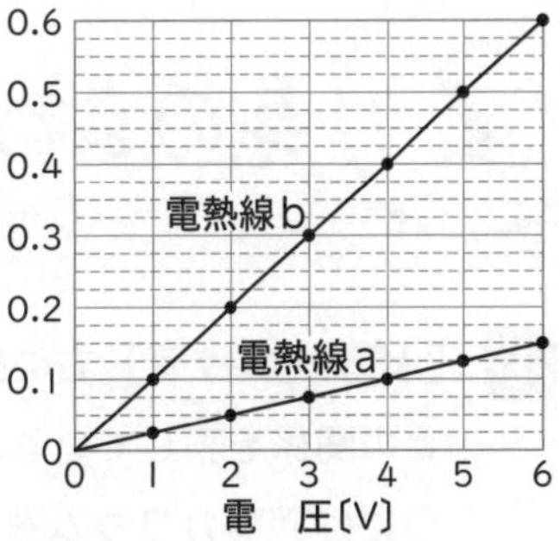

(1) 電熱線aに流れる電流の大きさが50mAのとき，電熱線aの両端に加わる電圧は何Vですか。〔　　　　〕

(2) 電熱線aの抵抗の値は何Ωですか。〔　　　　〕

(3) 電熱線a，bを用いて図2のような回路をつくった。次の文の空欄にあてはまる数値を書きなさい。

　　　　①〔　　　　〕②〔　　　　〕

図2

　電熱線aに流れる電流の大きさが0.10Aのとき，電熱線bに流れる電流の大きさは ① Aである。また，図2のP点とQ点との間に加わる電圧が6.0Vのとき，Q点を流れる電流の大きさは ② Aである。

5 [電流と磁界] 電流と磁界との関係について，次の問いに答えなさい。(6点×4)

(1) 図1のように，コイルの内側に磁針を置き，矢印の向きに電流を流した。このとき，磁針のN極はどの方位をさすか。次のア〜エから選び，その記号を書きなさい。

図1

ア 東　イ 西　ウ 南　エ 北　　〔　　　〕

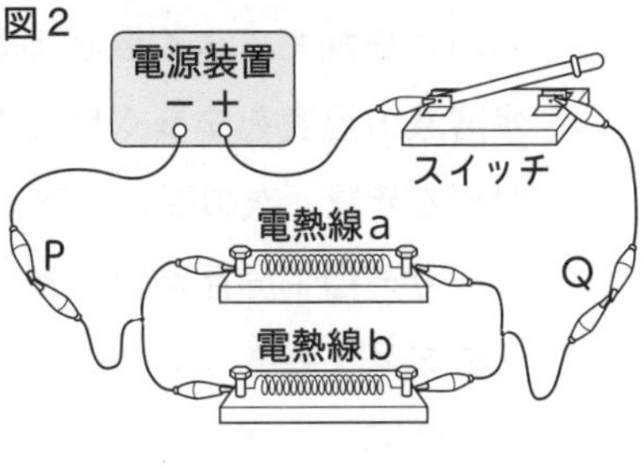

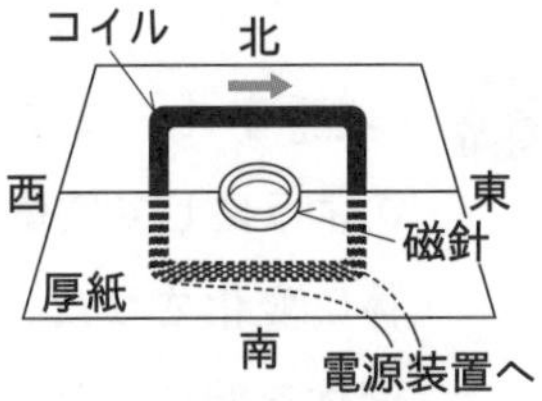

(2) 図2のように，コイルの上から棒磁石のN極を近づけたところ，電流が流れて検流計の針が左に振れた。

図2

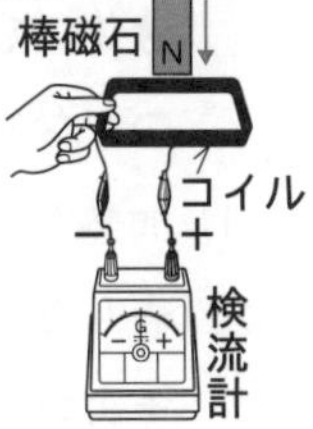

① このとき流れた電流を何といいますか。〔　　　　〕

② 図2と同じ装置で，コイルの上から棒磁石のS極を近づけると，検流計の針はどうなるか。次のア〜ウから選び，その記号を書きなさい。〔　　　〕

ア 左に振れる。　　イ 右に振れる。　　ウ 針は振れない。

③ 検流計の針の振れを大きくする方法を1つ，簡単に書きなさい。

〔　　　　　　　　　　　　　　　　　　　　　　　　　〕

確認チェック

最後にこれだけ確認！

□ 音の性質

①音の大小

　　音大 → 振幅大，音小→振幅小

②音の高低

　　音高 → 振動数多，音低→振動数少

□ 抵抗，電圧，電流の関係

①抵抗〔Ω〕＝ $\dfrac{電圧〔V〕}{電流〔A〕}$

②電圧〔V〕＝抵抗〔Ω〕×電流〔A〕

③電流〔A〕＝ $\dfrac{電圧〔V〕}{抵抗〔Ω〕}$

身のまわりの物質と化学変化

月　日

時間 30分　合格点 80点　得点　点

解答→別冊 p.14

よく出る **1** ［水溶液の性質］右の図は，100gの水に溶ける物質Aと硝酸カリウムの質量と水の温度との関係を表している。ビーカーPには物質Aを，ビーカーQには硝酸カリウムをそれぞれ32gずつ入れ，45℃の水100gを加えてよく混ぜると，どちらもすべて溶けた。次に，水溶液の温度をゆっくりと下げると，ビーカーQにだけ結晶が出てきた。次の問いに答えなさい。(7点×3)〔宮城―改〕

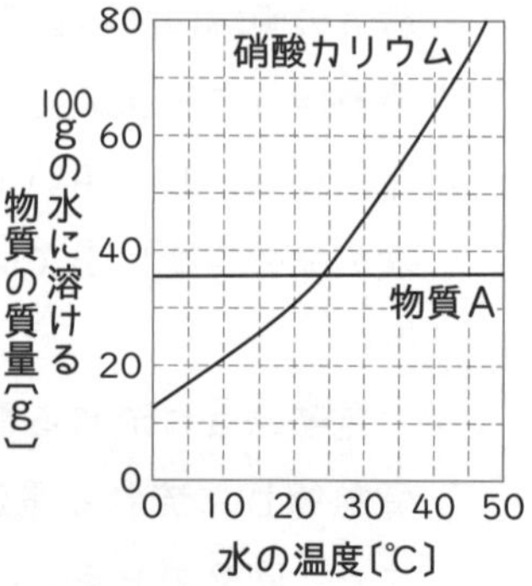

(1) ビーカーQで結晶が出始める温度を，次の**ア**～**エ**から選び，その記号を書きなさい。〔　　〕

ア 40℃　**イ** 30℃　**ウ** 20℃　**エ** 10℃

(2) 45℃の水100gに物質Aを32g溶かしたときの質量パーセント濃度は何%か。小数第1位を四捨五入し，整数で求めなさい。〔　　〕

記述式 (3) ビーカーPの水溶液の温度を10℃まで下げても，物質Aの結晶は出てこなかった。その理由を簡単に書きなさい。〔　　〕

よく出る **2** ［状態変化］エタノール6 cm^3 と水20 cm^3 の混合物を，右のようにして気体の温度を測定しながら加熱し，少しずつ気体に変化させた。気体が冷やされてガラス管から出てきた液体を順に試験管A～Cに約4 cm^3 ずつ集め，それぞれの液体にひたしたろ紙に火を近づけると，1つのろ紙には火がつかなかった。次の問いに答えなさい。(7点×3)〔新潟〕

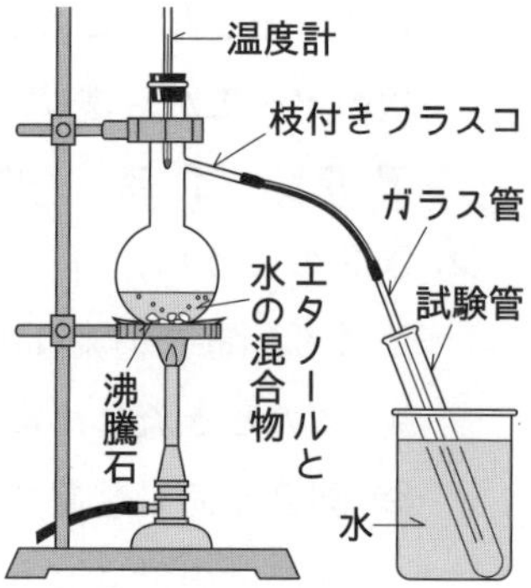

(1) 加熱した時間と枝付きフラスコ内の気体の温度との関係を表したものとして最も適当なものを，次の**ア**～**エ**から選び，その記号を書きなさい。〔　　〕

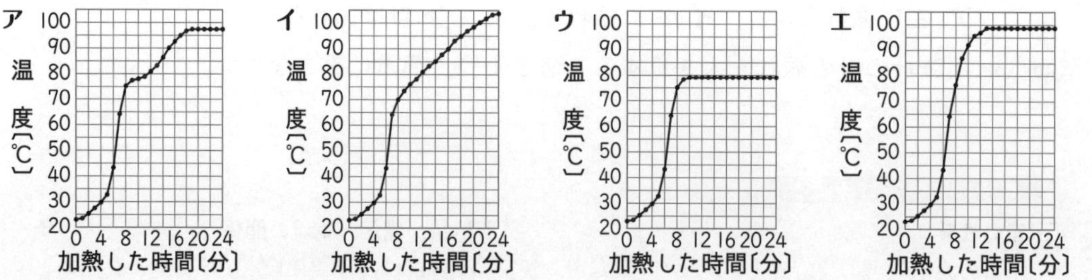

記述式 (2) 火がつかなかったろ紙は，どの試験管の液体につけたものか。A～Cから選び，その記号を書きなさい。また，このろ紙に火がつかなかった理由を書きなさい。記号〔　　〕

理由〔　　〕

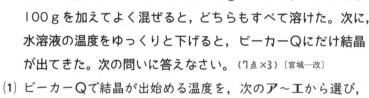

よく出る **3** **［気体の性質，物質の化学変化］** 右の図のようにして炭酸水素ナトリウムを加熱し，発生した気体を集めた。気体が出なくなったあと，火を消して試験管の中を調べると，白い物質が残っており，試験管の口付近には液体がついていた。これについて，次の問いにそれぞれ答えなさい。(7点×2)〔京都―改〕

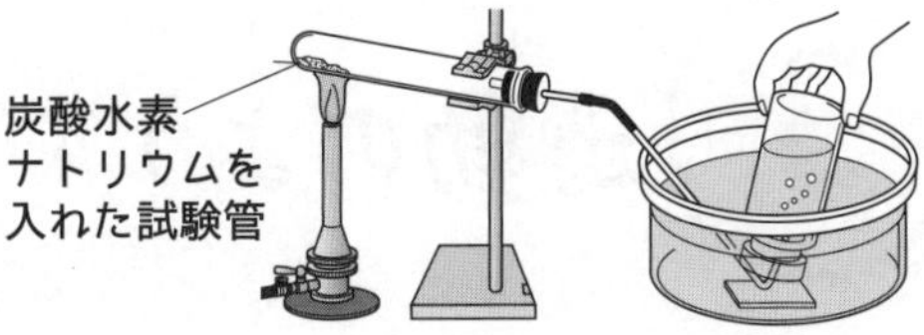

(1) 集めた気体の性質として適当なものを，次の**ア**～**エ**から選び，その記号を書きなさい。

［　　　］

ア 刺激のあるにおいをもつ。　**イ** 石灰水を白く濁らせる。

ウ 殺菌作用や漂白作用がある。　**エ** ものを燃やすはたらきがある。

(2) 試験管の口付近についていた液体は水である。このことを確かめるために用いるものは何ですか。　［　　　　　］

4 **［酸化と還元］** 次の［　　］にあてはまる物質名や化学変化の名称を書きなさい。(6点×5)

〈金属の酸化〉　マグネシウム＋［①　　　　　］ ⟶ ［②　　　　　］

〈酸化と還元〉

［③　　　　　］（酸化銅 → 銅）

酸化銅　＋　炭素 ⟶ 銅　＋　［④　　　　　］

［⑤　　　　　］（炭素 → ④）

5 **［化学変化と質量］** 鉄粉10gと硫黄の粉末10gをよく混ぜ合わせ，図1のように加熱し，その部分の色が赤く変わり始めたときに加熱をやめたが，反応は続いた。反応後，試験管には黒い物質が残っていた。これについて，次の問いに答えなさい。(7点×2)〔群馬―改〕

図1

図2

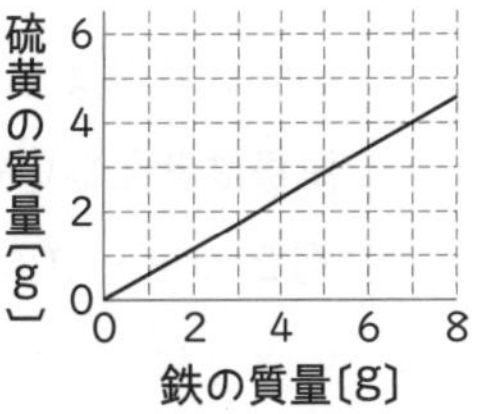

(1) 鉄と硫黄が反応して黒い物質ができたときの化学変化を，化学反応式で書きなさい。

［　　　　　　　　　］

(2) 図2は，鉄と硫黄がすべて反応して黒い物質ができるときの，鉄と硫黄の質量の関係を表している。鉄粉10gと硫黄の粉末10gを混ぜ合わせて加熱したとき，黒い物質は何gできると考えられるか。小数第2位を四捨五入して求めなさい。　［　　　］

最後にこれだけ確認！

☐ **質量パーセント濃度**

$$質量パーセント濃度=\frac{溶質の質量〔g〕}{溶液の質量〔g〕}\times100=\frac{溶質の質量〔g〕}{溶質の質量〔g〕+溶媒の質量〔g〕}\times100$$

☐ **鉄と硫黄の化合**

鉄 ＋ 硫黄 ⟶ 硫化鉄

月　日

第3日 運動のようすとエネルギー

時間 30分
合格点 80点
得点　点

解答→別冊p.15

1 ［水圧，浮力］150gの物体をばねばかりにつるし，図1のように物体を水中に完全に沈めるとばねばかりは0.9Nを示した。次の問いに答えなさい。100gの物体にはたらく重力の大きさは1Nとする。(4点×2)

図1

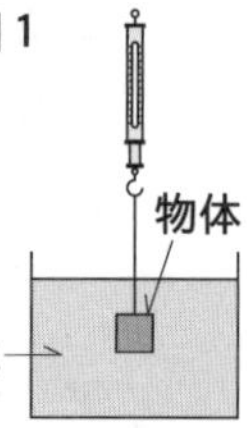

(1) 図1のとき，物体にはたらく水圧の向きを矢印の向きで，水圧の大きさを矢印の長さで正しく表しているものを図2のア～エから選び，その記号を書きなさい。　〔　　〕

図2

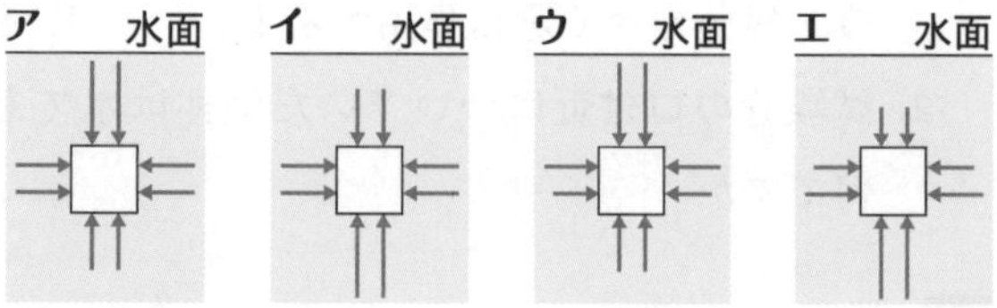

(2) 図2のとき，水中の物体にはたらく浮力の大きさは何Nですか。
〔　　〕

よく出る **2** ［斜面を下る物体の運動］図1のような斜面上で台車から静かに手をはなし，台車の運動を1秒間に60回打点する記録タイマーで記録した。図2は，このとき得られたテープを6打点ごとに切ってテープ①～⑦とし，時間の経過とともに順にはりつけ，各テープの先端の中央を通る直線を引いたものである。次の問いに答えなさい。ただし，空気の抵抗や摩擦は考えないものとする。(4点×4)〔高知―改〕

図1

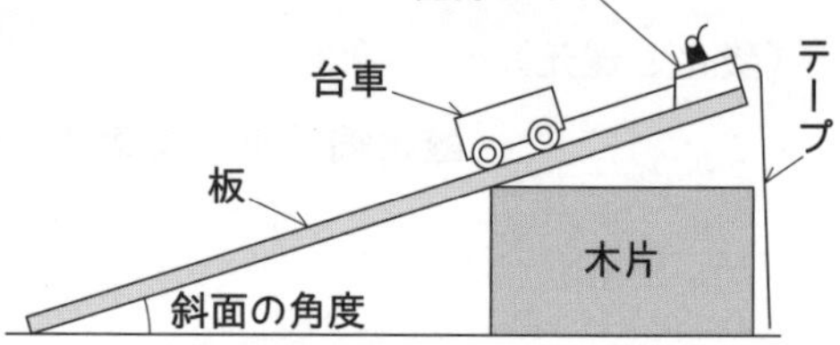

図2

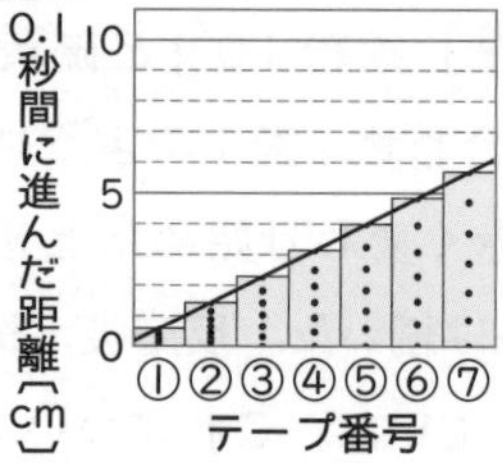

図3

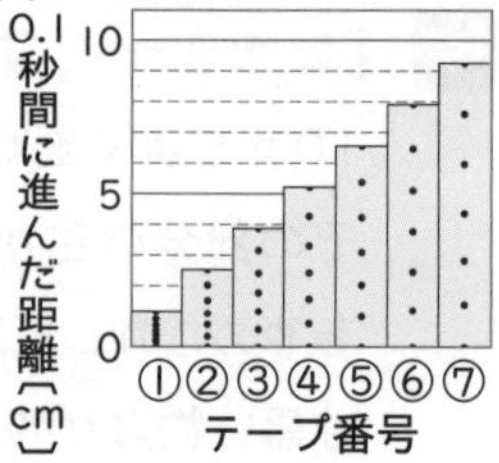

(1) 図2のテープ⑤の区間における台車の平均の速さは何cm/sですか。〔　　〕

記述式 (2) この実験の結果からわかる台車の運動の変化のようすを，「速さ」と「時間」の2つの語を使って簡単に書きなさい。〔　　〕

(3) 図3は，図1の実験装置で，ある条件を変えて同様の実験を行った結果，得られたものである。変えた条件はどれか。次のア～エから選び，その記号を書きなさい。〔　　〕

ア 木片の高さを低くし，斜面の角度を小さくした。

イ 木片の高さを高くし，斜面の角度を大きくした。

ウ 板の長さを短くし，台車の運動距離を短くした。

エ 板の長さを長くし，台車の運動距離を長くした。

図4

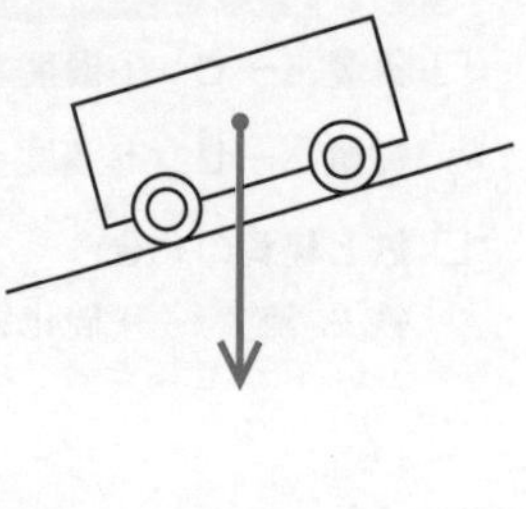

(4) 図4は，斜面上を運動する台車にはたらく重力を矢印で表したものである。この重力を，斜面にそった分力と斜面に垂直な分力に分解しなさい。ただし，作図に用いた線は消さないこと。

3 **［ふりこの運動とエネルギー］** 次の［　　］にあてはまる語句を書きなさい。(4点×9)

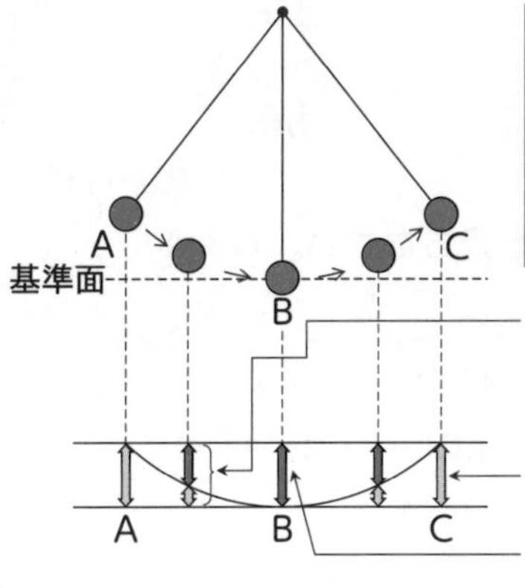

	A	→	B	→	C
［①　　］エネルギー	［②　　］	減少	［③　　］	増加	最大
［④　　］エネルギー	0	増加	最大	減少	［⑤　　］

［⑥　　　　］エネルギー…位置エネルギーと運動エネルギーの和

⬇

［⑦　　　　］エネルギー　　つねに［⑨　　　　］

［⑧　　　　］エネルギー

4 **［仕事］** 図のように，水平な床に置いた600 g の同じ物体を，A，Bの２つの方法で50 cm の高さまで真上に引き上げた。次の問いに答えなさい。ただし，100 g の物体にはたらく重力の大きさを１Nとし，滑車や糸の質量は考えず，動滑車には摩擦ははたらかないものとする。(5点×8)

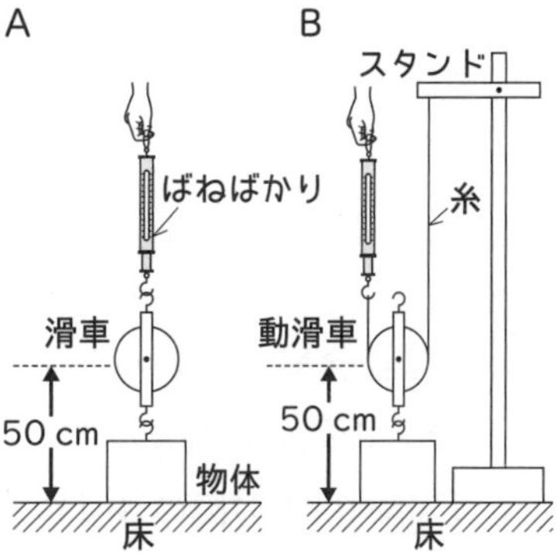

(1) Aの場合，手が物体にした仕事の大きさは何Jですか。　［　　　　］

(2) Bの場合，①手が糸を引いた距離は何cmで，②ばねばかりが示した値は何Nですか。

①［　　　　］　②［　　　　］

(3) 次の文は，Aの場合とBの場合の仕事についてまとめたものである。文中の空欄にあてはまる語句や数を書きなさい。　①［　　　　］　②［　　　　］　③［　　　　］

> Bの場合は，Aの場合に比べて手が物体を引く力は［　①　］になるが，手が糸を引く距離は［　②　］になるため，手が物体にした仕事の大きさは［　③　］になる。

(4) 手が糸を引く速さは，Aの場合，Bの場合ともに5 cm/s であった。これについて，次の問い①・②に答えなさい。

① Aの場合の仕事率は何Wですか。　［　　　　］

② Bの場合の仕事率は，Aの場合の仕事率と比べて大きくなると考えられますか。それとも小さくなると考えられますか。　［　　　　］

最後にこれだけ確認！

☐ 浮力

浮力〔N〕＝物体にはたらく重力〔N〕－物体を水中に入れたときのばねばかりの値〔N〕

☐ 仕事

仕事〔J〕＝物体に加えた力〔N〕×力の向きに移動させた距離〔m〕

仕事率〔W〕＝$\dfrac{\text{仕事〔J〕}}{\text{時間〔s〕}}$

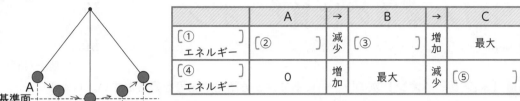

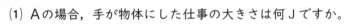

月　日

第4日　水溶液の性質とイオン

時間 30分　合格点 80点　得点　点

解答→別冊p.15

1 **［水溶液とイオン］** 次の〔　　〕にあてはまる語句や記号を書きなさい。（4点×8）

電流が流れない水溶液 → 〔① 　　　〕質の水溶液 ← 砂糖，エタノールなど

電流が流れる水溶液 → 〔③ 　　　〕質の水溶液

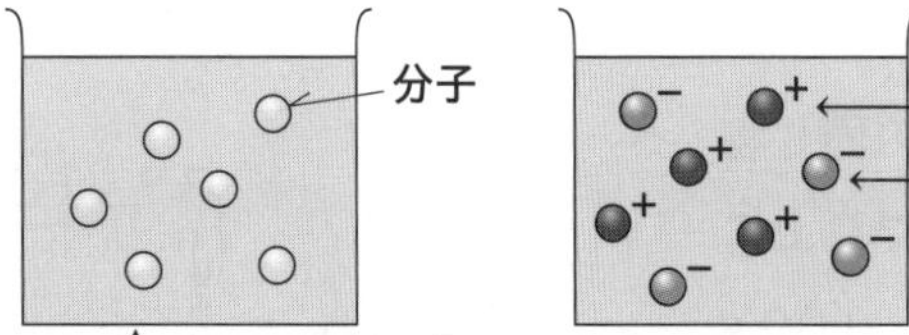

〔④ 　　　〕イオン

〔⑤ 　　　〕イオン

物質は〔② 　　　〕していない。

塩化ナトリウム

NaCl ⟶ Na^{+}+〔⑥ 　　　〕

塩化銅

$CuCl_2$ ⟶ 〔⑦ 　　　〕+$2Cl^{-}$

〔⑧ 　　　〕…イオンを表す記号

よく出る **2** **［電気分解］** Yさんのクラスでは，塩化銅 $CuCl_2$ の水溶液を使って，次の実験を行った。あとの問いに答えなさい。（5点×3）〔山口〕

〔実験〕 右の図のように，塩化銅水溶液の入ったビーカーに電極として炭素棒を２本入れ，電圧を加えたところ，電流が流れた。しばらくすると，陰極側の電極の表面には赤褐色の銅が付着した。陽極側の電極の表面には泡がついたことにより，気体が発生したことがわかった。

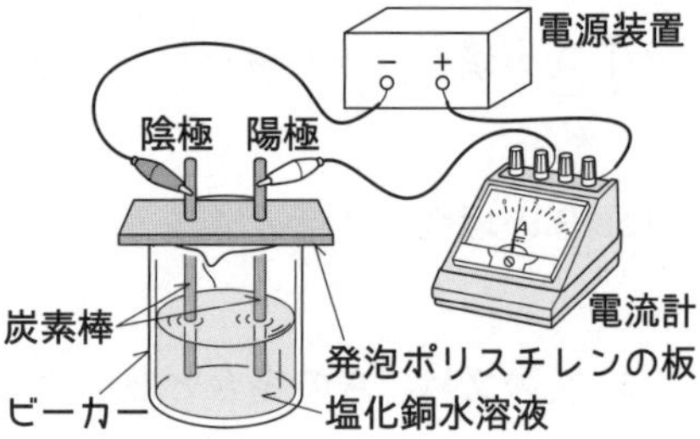

⑴ 次の文は，実験の下線部で気体が発生するようすについて説明したものである。〔　　〕のａ～ｄの語句について，正しい組み合わせを下のア～エから選び，その記号を書きなさい。

　イオン１個が電子〔ａ １個　ｂ ２個〕を〔ｃ 受けとって　ｄ 失って〕原子になり，その原子が２個結びついて分子になり，気体として発生した。

ア ａとｃ　**イ** ａとｄ　**ウ** ｂとｃ　**エ** ｂとｄ　〔　　〕

⑵ この実験において，塩化銅水溶液を電気分解したときに水溶液中で起こった化学変化を，化学反応式で書きなさい。〔　　　　　　　　〕

⑶ 実験の下線部で発生した気体はどのような性質をもつか。次のア～エから選び，その記号を書きなさい。〔　　〕

ア 水に少し溶け，石灰水を白く濁らせる。

イ 空気より軽く，水溶液はアルカリ性を示す。

ウ 無色で水によく溶け，水溶液は強い酸性を示す。

エ 黄緑色で特有のにおいがあり，殺菌作用や漂白作用がある。

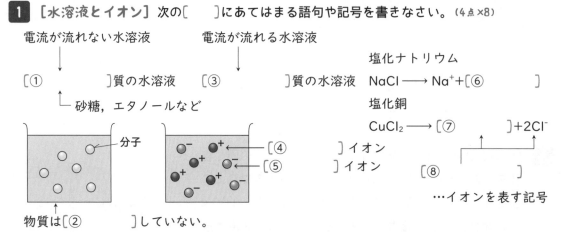

よく出る **3** **［電池］** うすい塩酸に亜鉛板と銅板を入れ，右の図のような装置《そうち》を組み立てたところ，モーターが回った。次の問いに答えなさい。（6点×2）〔熊本—改〕

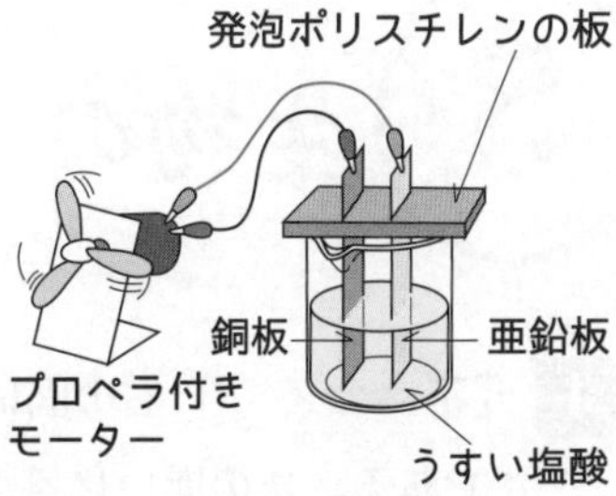

記述式 (1) モーターが回っているとき，銅板の表面を観察すると，どのようなようすが見られるか，書きなさい。

［　　　　　　　　　　　　　　　　　　　　］

(2) 図の装置の一部を次のア～エのように変えた場合，モーターが回ると考えられるものはどれか。１つ選び，その記号を書きなさい。 ［　　］

ア うすい塩酸を食塩水に変える。

イ うすい塩酸を砂糖水に変える。

ウ 亜鉛板を銅板に変える。

エ 銅板を亜鉛板に変える。

4 **［イオンの移動］** 右のような装置に電圧を加えると，リトマス紙の色に変化が起こった。次の問いに答えなさい。（7点×3）

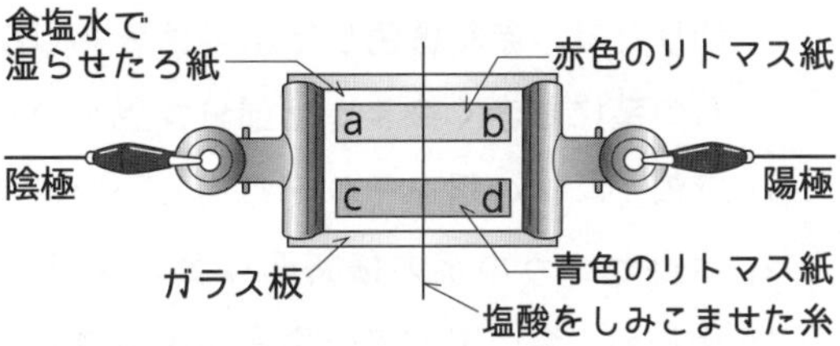

(1) 塩酸の電離のようすを，化学式とイオン式で表しなさい。［　　　　　　　］

(2) 糸の周辺の色が変化するのは，どちらの色のリトマス紙ですか。 ［　　　　］

(3) 電圧を加えると，(2)の色の変化した部分はａ～ｄのどの方向に広がりますか。 ［　　　］

よく出る **5** **［中和］** ＢＴＢ液を加えたうすい塩酸に，図のようにしてうすい水酸化ナトリウム水溶液を少しずつ加えながらかき混ぜ，液の色が緑色になったところで加えるのをやめた。次の問いに答えなさい。（5点×4）

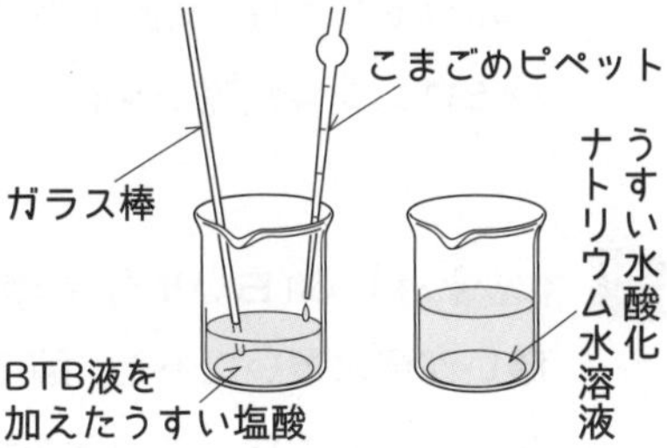

(1) うすい水酸化ナトリウム水溶液を加える前の水溶液の色は何色ですか。また，この実験で起こった反応を何といいますか。 水溶液の色［　　　　］ 反応［　　　　］

(2) この実験で，水溶液の色が緑色になるまでの間，①増加したイオンと②減少したイオンは何か。それぞれイオン式で表しなさい。 ①［　　　　］ ②［　　　　］

最後にこれだけ確認！

□ **イオン**

①陽イオン　$Na \longrightarrow Na^{+} + \ominus$

②陰イオン　$Cl + \ominus \longrightarrow Cl^{-}$

□ **中和**

水素イオン＋水酸化物イオン ⟶ 水

酸＋アルカリ ⟶ 塩＋水

第5日 生物のからだ

月　日

時間 30分　合格点 80点　得点　点

解答→別冊 p.16

よく出る **1** ［花のつくり］ 右の図は，エンドウの花の断面をスケッチしたものである。次の問いに答えなさい。(5点×4)〔富山－改〕

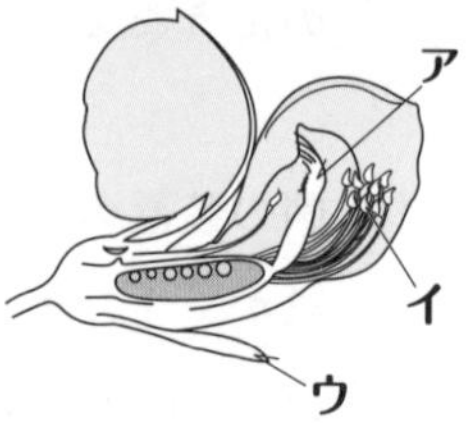

(1) 図の**ア**～**ウ**の名称を書きなさい。

ア［　　　］ **イ**［　　　］ **ウ**［　　　］

記述式 (2) 花を分解して観察すると，エンドウの花弁は，ツツジやアサガオの花弁とはつき方に違いがあった。エンドウの花弁のつき方はどのようになっていたか，書きなさい。［　　　］

2 ［植物のつくり］ 植物の根を観察したところ，ホウセンカでは①太い根から細い根が枝分かれしており，トウモロコシでは②多数の細い根が広がっていた。次に，それぞれの根を切りとり，赤く着色した水に茎をさした。3時間後，茎の横断面を観察したところ，どちらの茎にも赤く染まった部分が見られた。次の問いに答えなさい。(4点×7)〔岐阜〕

(1) 下線①，②の根をそれぞれ何といいますか。　①［　　　］ ②［　　　］

(2) ホウセンカの茎の横断面はどのように見えるか。右の**ア**～**エ**の模式図から選び，その記号を書きなさい。なお，模式図で色をぬったところは，赤く染まった部分を示している。［　　　］

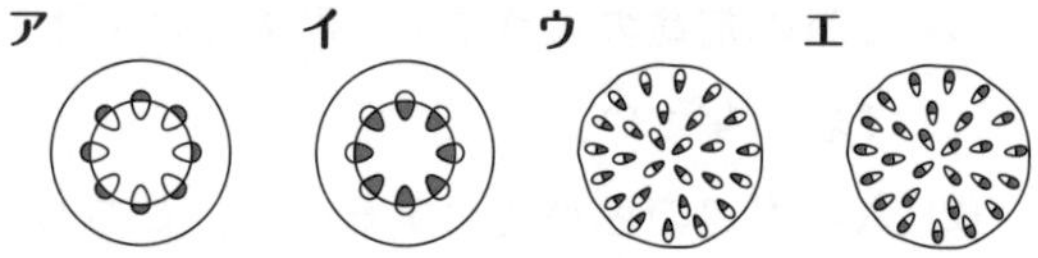

(3) 次の文中の空欄にあてはまる語句や数を書きなさい。

ホウセンカは，葉脈が網目状に通り，子葉の数が［①］枚の［②］類である。また，トウモロコシは葉脈が平行に通り，子葉の数が［③］枚の［④］類である。

①［　　　］ ②［　　　］ ③［　　　］ ④［　　　］

よく出る **3** ［光合成］ ふ(白い部分)のある植物を一昼夜暗い部屋に置いたあと，図1のようにして十分に光をあてた。この葉を切りとり，脱色してヨウ素液につけると，図2のa～cでの結果は表のとおりであった。これについて，次の問いに答えなさい。(4点×3)〔長崎－改〕

図1

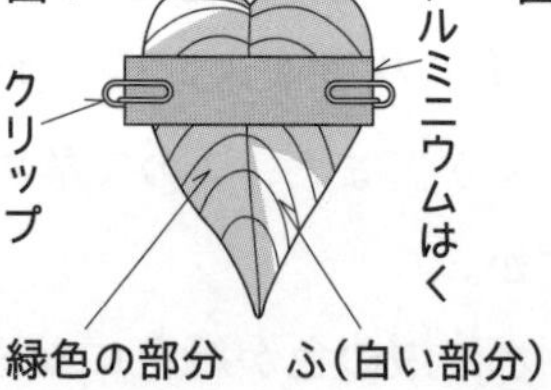

図2

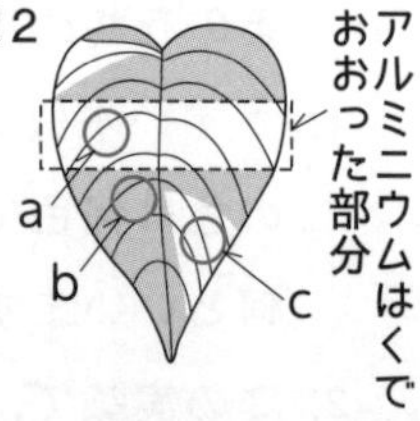

表

	ヨウ素液との反応
a	反応なし
b	反応あり
c	反応なし

記述式 (1) 光合成について，表のaとb，bとcの結果を比べてわかることを，それぞれ簡単に書きなさい。

aとb［　　　］

bとc［　　　］

(2) 細胞質以外の葉の細胞で，動物の細胞にもあるものは細胞膜と何ですか。［　　　］

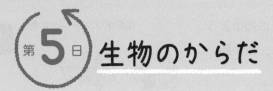

4 **［動物の分類］** 右の図は，６種類の動物をそれぞれの特徴をもとに，Ａ～Ｄのグループに分けたものである。これについて，次の問いに答えなさい。（6点×2）〔三重―改〕

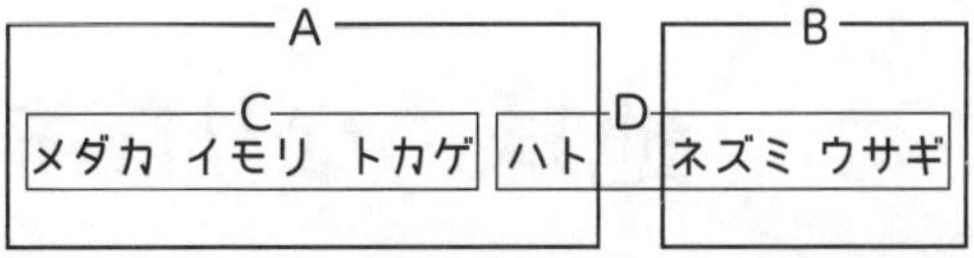

(1) 子のうまれ方をもとにＡとＢに分けた場合，Ｂグループの子のうまれ方を何といいますか。

［　　　　　］

記述式 (2) まわりの温度と体温の関係をもとにＣとＤに分けた場合，Ｄグループの動物の体温の特徴を簡単に書きなさい。［　　　　　　　　　　　　　　　　　　　　　　　　］

5 **［刺激と反応］** 次のⅠ，Ⅱの文は刺激に対する反応について述べたもので，右の図はヒトの神経系の模式図である。これについて，あとの問いに答えなさい。（5点×4）〔新潟〕

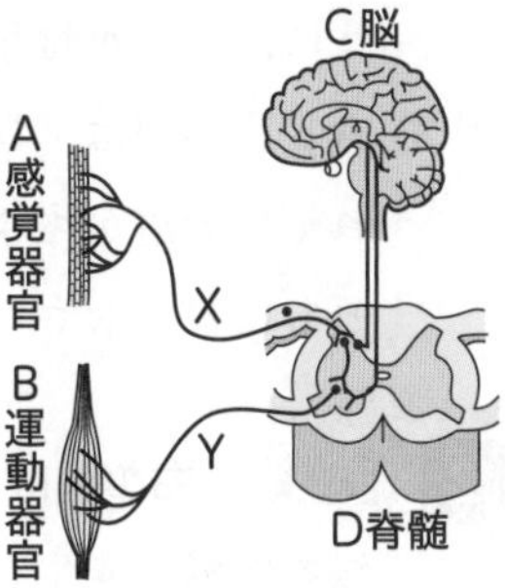

Ⅰ　熱いなべに手が触れ，思わず手を引っこめた。

Ⅱ　手が冷たくなったので，ポケットに手を入れた。

(1) 図のＸ，Ｙで示した部分は神経を表している。それぞれの名称を書きなさい。　Ｘ［　　　　　　］　Ｙ［　　　　　　］

(2) Ⅰ，Ⅱで刺激が伝わり反応が起こるまでの道筋を，それぞれ次の**ア**～**オ**から選び，その記号を書きなさい。　Ⅰ［　　　］　Ⅱ［　　　］

ア Ａ→Ｄ→Ｂ　　**イ** Ｂ→Ｄ→Ａ

ウ Ａ→Ｄ→Ｃ→Ｄ→Ｂ　　**エ** Ｂ→Ｄ→Ｃ→Ｄ→Ａ

オ Ｂ→Ｄ→Ｃ→Ｄ→Ｂ

よく出る **6** **［血液の循環］** 右の図は，ヒトの血液の循環を示した模式図で，矢印は血液が流れる向きを示している。これについて，次の問いに答えなさい。（4点×2）〔香川―改〕

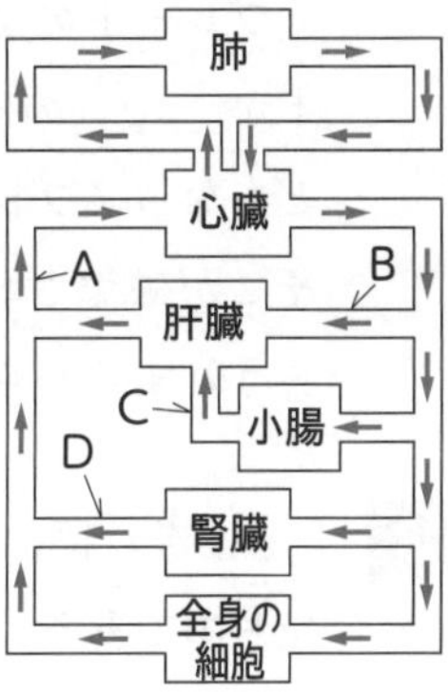

(1) 図中のＡ～Ｄの血管のうち，食事の直後に栄養分を最も多く含む血液が流れるのはどれですか。［　　　］

(2) 体内で生じた有害なアンモニアを害の少ない尿素に変える器官は何か。次の**ア**～**エ**から選び，その記号を書きなさい。［　　　］

ア 肺　　**イ** 肝臓　　**ウ** 小腸　　**エ** 腎臓

最後にこれだけ確認！

□ **光合成**

↓光

①水＋二酸化炭素→デンプンなど＋酸素

②葉緑体で行われる。

□ **反射**

刺激に対して無意識に起こる反応。

刺激→感覚器官→感覚神経→脊髄→運動神経→運動器官

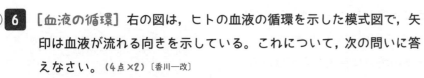

月　日

第6日 地球のなりたちと天気の変化

時間 30分
合格点 80点
得点　点

解答→別冊 p.16

1 [地層] 図は，ある地層のようすを観察し，まとめたものである。次の問いに答えなさい。(6点×3)〔宮城―改〕

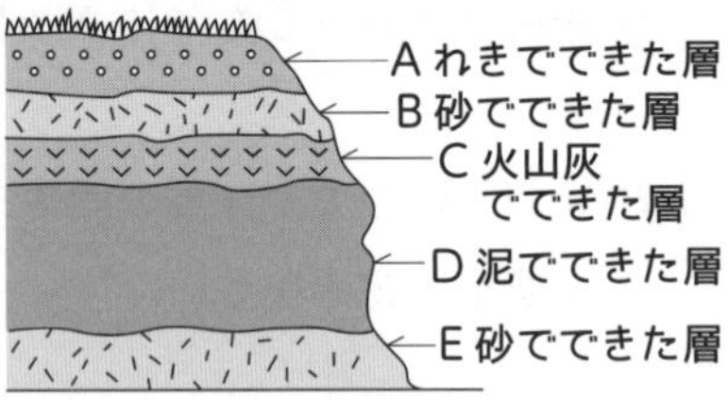

(1) Cの層がさらにおし固められるとできる堆積岩を何といいますか。〔　　　〕

(2) Bの層からはビカリアの化石が見つかった。このように，地層が堆積した年代を知るのに役立つ化石を何といいますか。〔　　　〕

記述式 (3) AとDの層は，異なる時代に川の水で運ばれ，海底に堆積したことがわかった。A，Dそれぞれの層が堆積した当時，河口からの距離はどちらが遠かったと考えられるか。理由とともに書きなさい。〔　　　〕

よく出る **2** [地震] 右の図は，ある地震の地点A，Bにおけるゆれの記録を地震が発生してからの時間と震源からの距離について示したものである。次の問いに答えなさい。(5点×4)〔広島―改〕

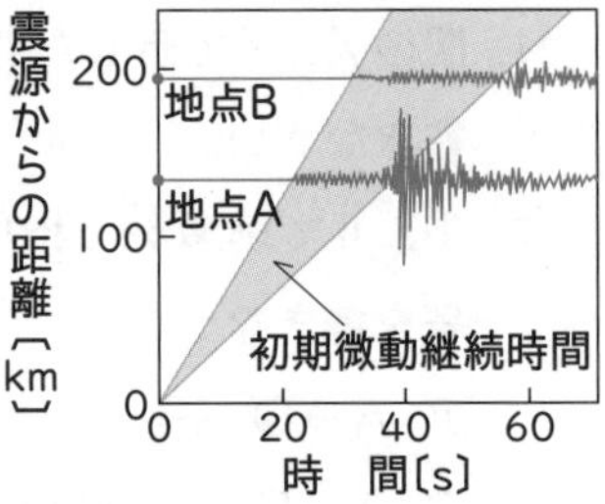

(1) マグニチュードは地震の何を表しますか。〔　　　〕

記述式 (2) 図から，震源からの距離と初期微動継続時間との間にはどのような関係があるといえますか。

〔　　　〕

(3) 次の文の空欄①にあてはまる図をア，イから選び，②にあてはまる語句を書きなさい。

プレートの境目で地震が起こるのは，海洋プレートが［①］の図中の矢印の方向に移動することにともなってプレートの境目に巨大な力がはたらき，そこが破壊されて引き込まれた［②］がもとに戻ろうとするからだと考えられる。

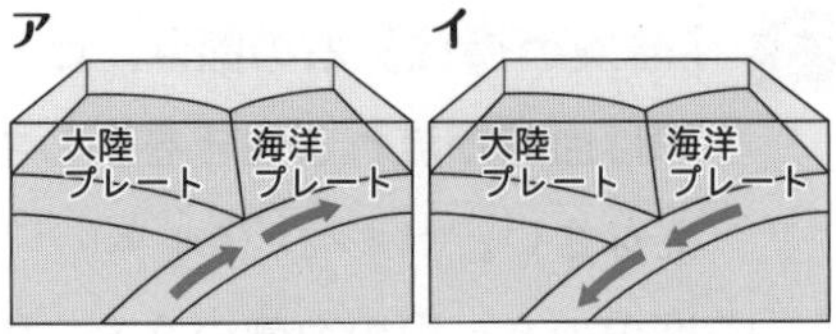

①〔　　　〕 ②〔　　　〕

3 [火成岩] 図は，火山岩と深成岩を観察し，スケッチしたものである。次の問いに答えなさい。(7点×3)〔新潟〕

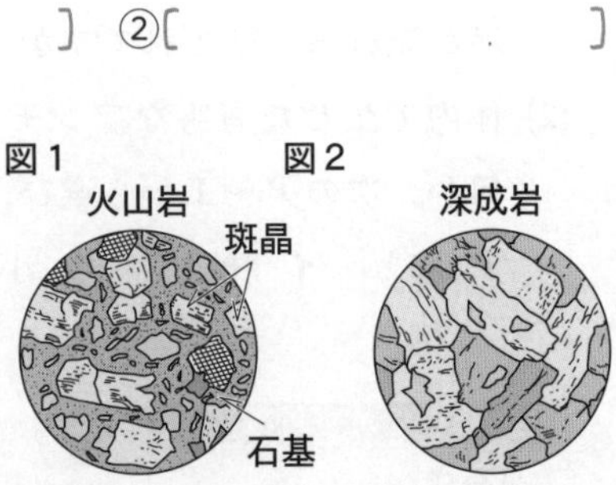

記述式 (1) 図1のようなつくりをもつ火山岩は，どのようにしてできたものですか。

〔　　　〕

(2) 図2の深成岩のような岩石のつくりを何といいますか。〔　　　〕

(3) 火山岩や深成岩に含まれる無色鉱物を次のア～エから選び，その記号を書きなさい。

ア カクセン石　　**イ** カンラン石　　**ウ** キ石　　**エ** セキエイ　〔　　　〕

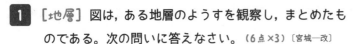

4 **［大気中の水蒸気］** 内部を水でぬらした丸底フラスコの中に線香の煙を少し入れ，図のようにして注射器のピストンをすばやく引いたところ，丸底フラスコの中は，空気の温度が下がり白くくもった。これについて，次の問いに答えなさい。（7点×3）〔大阪―改〕

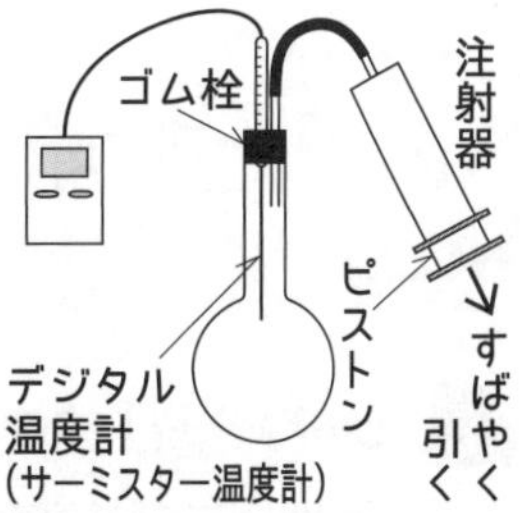

(1) 次の文の〔　　〕から適当なものを１つずつ選び，記号で答えなさい。　①〔　　　〕　②〔　　　〕

自然界では，地表近くの空気が上昇していくとき，上空では気圧が①〔**ア** 高くなる　**イ** 低くなる〕ので，空気が②〔**ウ** 膨張　　**エ** 収縮〕し，温度が下がる。そして，ある高さまで上昇すると雲ができ始める。

(2) (1)のように，空気が冷やされて水蒸気が水滴となり始めるときの温度を何といいますか。〔　　　　〕

よく出る **5** **［日本付近の天気］** 右の図は，ある日の日本付近の天気図である。次の問いに答えなさい。（5点×4）〔青森〕

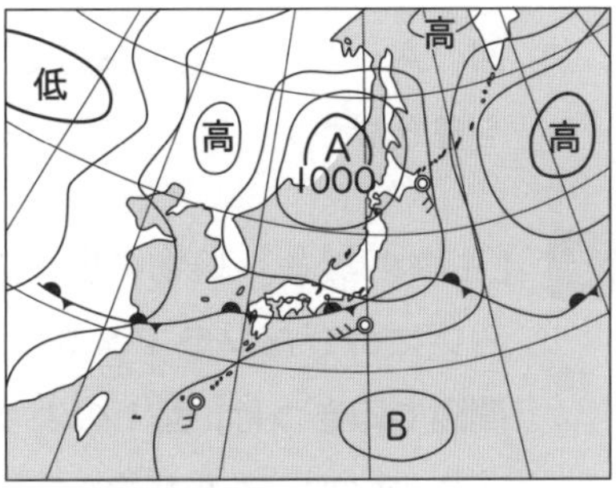

(1) 図のAとBについて述べた文として適切なものを，次の**ア**～**エ**から選び，その記号を書きなさい。〔　　　〕

ア A，Bともに低気圧の中心である。

イ A，Bともに高気圧の中心である。

ウ Aは低気圧，Bは高気圧の中心である。

エ Aは高気圧，Bは低気圧の中心である。

(2) 図の前線の名称を書きなさい。〔　　　　〕

(3) このとき，青森市の天気は晴れ，風向は南西，風力は１であった。これを，右の図の破線を利用し，天気図に用いる記号で描きなさい。

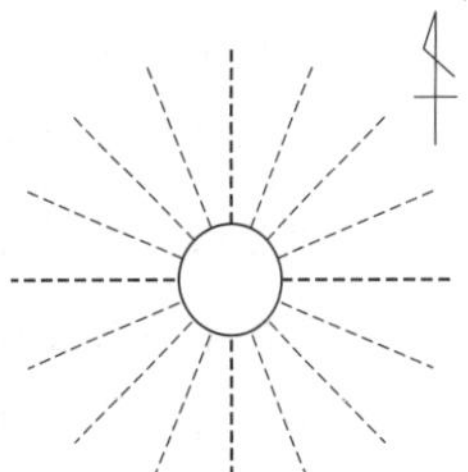

(4) 次の表は，気温と飽和水蒸気量の関係を示したものである。

気温〔℃〕	19	20	21	22	23	24	25	26	27	28
飽和水蒸気量〔g/m³〕	16.3	17.3	18.3	19.4	20.6	21.8	23.1	24.4	25.8	27.2

この日，青森市では９時の気温が26℃，湿度が70％であった。18時に湿度が88％になったとすると，このときの気温は何℃か。表から最も適切な値を選び，書きなさい。ただし，水蒸気量は変化しないものとする。〔　　　　〕

最後にこれだけ確認！

□ **湿度**

$$湿度〔\%〕=\frac{1\ m^3 の空気に含まれる水蒸気量〔g/m^3〕}{その空気と同じ気温での飽和水蒸気量〔g/m^3〕}\times 100$$

月　日

第7日 生命のつながり

時間 30分
合格点 80点
得点 点

解答→別冊 p.17

よく出る **1** **［細胞分裂］** タマネギの根の先端約 5 mm を切りとり，染色してプレパラートをつくり，顕微鏡で観察した。図は，観察した細胞のうち，特徴のある細胞をスケッチしたものである。各問いに答えなさい。（6点×3）〔愛媛―改〕

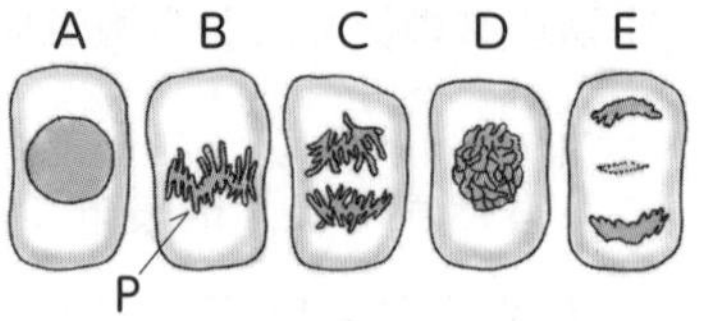

(1) 図のPで示したひも状のものは何か。その名称を書きなさい。　［　　　］

(2) 細胞１個あたりのPの本数は，細胞分裂の前と後ではどのように変わるか。次の**ア**～**ウ**から選び，その記号を書きなさい。　［　　　］

ア 2倍になる。　**イ** $\frac{1}{2}$になる。　**ウ** 変わらない。

(3) 図のA～Eの細胞を細胞分裂が進む順に並べるとどうなるか。Aに続けてB～Eの記号を書きなさい。　［ A → 　→ 　→ 　→ 　］

2 **［生物の成長］** 植物の根が成長するしくみを調べるために，根が 2 cm ぐらいにのびたソラマメを２個準備した。それぞれの根の先端から 5 mm 間隔で印をつけ，図１のように，その区間をA，B，Cとした。これらを使って，次の①，②の観察を行った。あとの問いに答えなさい。（6点×4）〔三重―改〕

図１

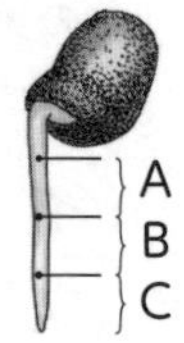

① １つのソラマメは，A～Cの区間の細胞のようすを調べるため，各区間の印のところで根を切り離した。それらの根を顕微鏡で観察した。

② もう１つのソラマメは，根が伸びるようすを観察した。３日後に各区間の長さを測定し，その結果をグラフにまとめた。

(1) 図２は，観察①で見られた細胞の１つをスケッチしたものである。このような細胞が多く観察されるのは，図１のA～Cのどの区間か。１つ選び，その記号を書きなさい。　［　　　］

図２

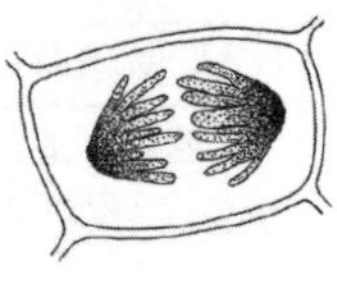

(2) 観察②の結果から得られたグラフはどれか。次の**ア**～**エ**から選び，その記号を書きなさい。　［　　　］

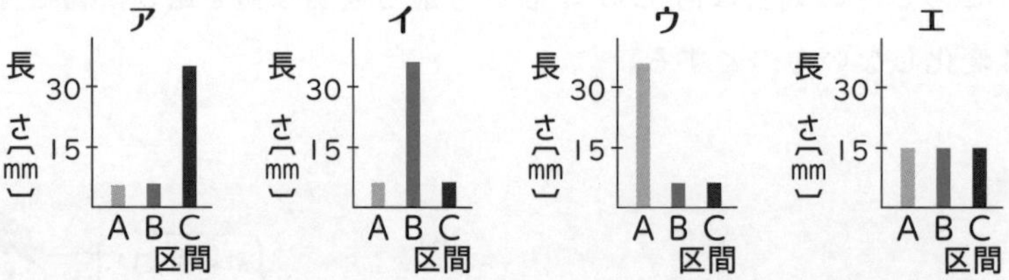

(3) 植物の根が成長するしくみについて述べた次の文の空欄にあてはまる語句を書きなさい。

植物の根が成長するのは，植物の［　a　］によって細胞の数がふえ，その１つ１つの細胞が［　b　］なるからである。　a［　　　］ b［　　　］

よく出る **3** **［生殖と染色体］** 右の図は，ヒキガエルの受精と発生のようすを示している。次の問いに答えなさい。（6点×3）〔大分―改〕

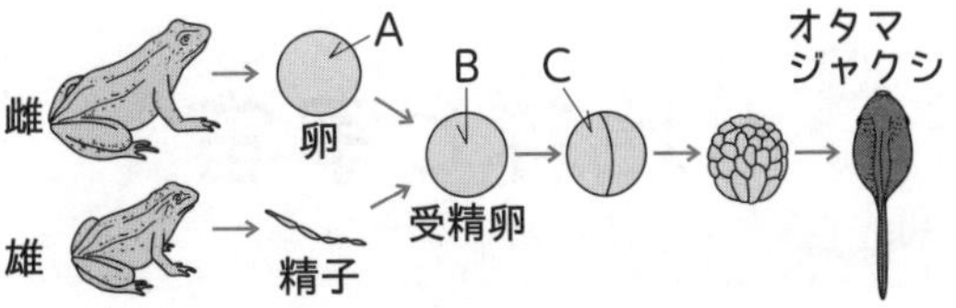

(1) 受精卵Bの染色体の数を n 本とする。卵Aおよび細胞Cの染色体の数の組み合わせを，次のア～エから選び，その記号を書きなさい。〔　　〕

ア 卵A…n 本，細胞C…n 本　　**イ** 卵A…n 本，細胞C…$\frac{1}{2}n$ 本

ウ 卵A…$\frac{1}{2}n$ 本，細胞C…n 本　　**エ** 卵A…$\frac{1}{2}n$ 本，細胞C…$\frac{1}{2}n$ 本

(2) 細胞Cからオタマジャクシになるまでの間の子を何といいますか。〔　　〕

(3) ヒキガエルは，卵と精子によってなかまをふやす。これに対して，からだの一部が分かれたり，分裂したりすることによるふえ方を何といいますか。〔　　〕

4 **［遺伝の法則］** まるい種子をつくる純系のエンドウとしわのある種子をつくる純系のエンドウをかけ合わせると，すべてまるい種子ができた。次の問いに答えなさい。（7点×4）〔島根―改〕

(1) この実験について，まるい種子をつくる遺伝子をA，しわのある種子をつくる遺伝子をaとすると，遺伝子の組み合わせは，まるい種子をつくる親は［①］，しわのある種子をつくる親では［②］となり，子ではすべて［③］となったと考えられる。空欄にあてはまる遺伝子の記号を書きなさい。①〔　　〕②〔　　〕③〔　　〕

(2) 形質の異なる純系をかけ合わせたとき，子に現れる形質を何というか。次のア～エから選び，その記号を書きなさい。〔　　〕

ア 中性の形質　**イ** 優性の形質　**ウ** 劣性の形質　**エ** 分離の形質

5 **［生物の歴史］** 図は，いろいろなセキツイ動物の前あしのつくりを表している。次の問いに答えなさい。（6点×2）

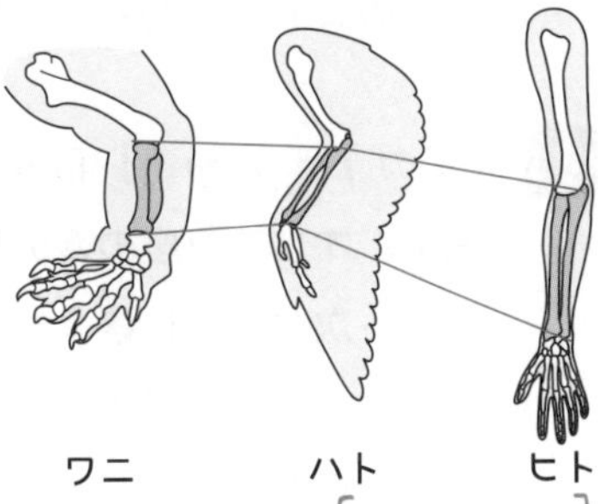

(1) 図のように，形やはたらきは異なるが，もとは同じ器官であったと考えられるものを何といいますか。〔　　〕

(2) 生物のからだの特徴が長い年月をかけて代を重ねるごとに少しずつ変化することを何といいますか。〔　　〕

最後にこれだけ確認！

□ **染色体の数**
①体細胞分裂では，染色体の数は変わらない。
②減数分裂では，染色体の数はもとの細胞の半分になる。

□ **生殖**
①有性生殖…受精によって子をつくる生殖。
②無性生殖…受精を行わない生殖。

月　日

第8日 # 地球と宇宙

時間 30分
合格点 80点
得点　　点

解答→別冊 p.18

1 **［太陽のようす］** 図1のようにして，同じ時刻に同じ場所で，2日ごとに太陽の表面をスケッチしたところ，図2のように，黒い斑点の位置と形が変わった。次の問いに答えなさい。（6点×4）

図1

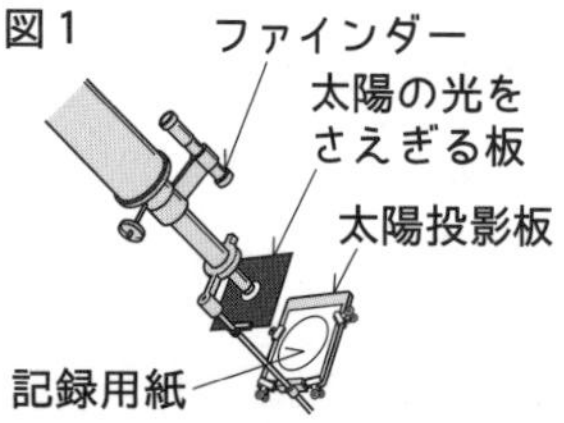

図2

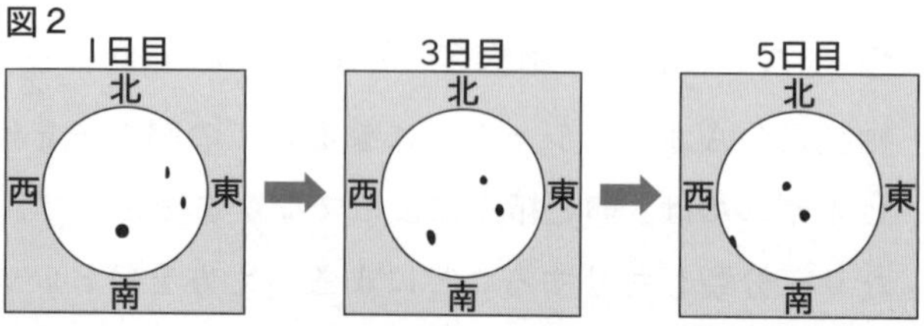

(1) 太陽のように，自ら光り輝く天体を何といいますか。　［　　　］

記述式 (2) 太陽の表面の斑点が黒く見えるのはなぜか。その理由を書きなさい。

［　　　　　　　　　　　　　　　］

(3) 次の文中の空欄にあてはまる語句を書きなさい。　①［　　　］　②［　　　］

図2のように黒い斑点の位置が変わったのは，太陽が ① しているからである。また，中央部で円形に見えた黒い斑点が，周辺部に位置を変えるとだ円形に見えることから，太陽は ② 形であることがわかる。

2 **［惑星］** 太陽系の惑星について，次の問いに答えなさい。（6点×3）

(1) 地球よりも内側を公転している惑星を何といいますか。　［　　　］

(2) 最も大きな惑星は何ですか。　［　　　］

(3) 惑星のまわりを公転している天体を何といいますか。　［　　　］

よく出る **3** **［星の1年の動き］** 日本のある地点で，オリオン座を観察した。右の図は，オリオン座のAの星が午後10時に南中したときのスケッチである。次の問いに答えなさい。（6点×2）〔奈良〕

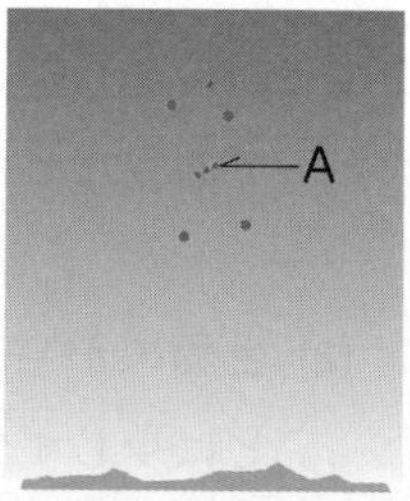

(1) オリオン座は真西の地平線付近ではどのように見えるか。次の**ア**～**オ**から選び，その記号を書きなさい。　［　　］

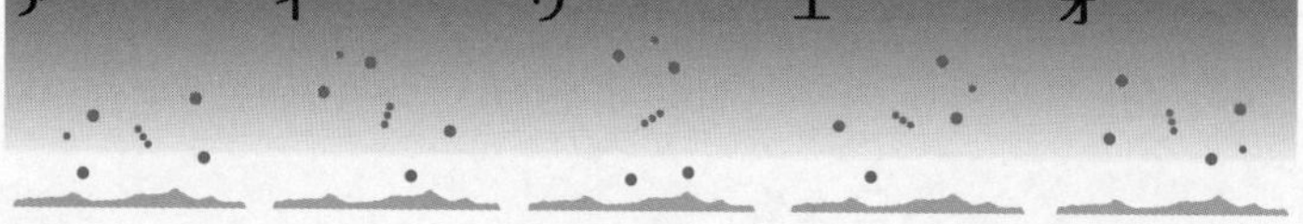

(2) この地点で，オリオン座のAの星が午後8時に南中するのは，観察した日からおよそ何日後か。次の**ア**～**オ**から選び，その記号を書きなさい。　［　　］

ア 10日後　**イ** 15日後　**ウ** 30日後　**エ** 60日後　**オ** 90日後

よく出る **4** **［太陽の動き］** 右の図は，日本のある場所で太陽の動きを記録した透明半球である。次の問いに答えなさい。（5点×2）〔沖縄―改〕

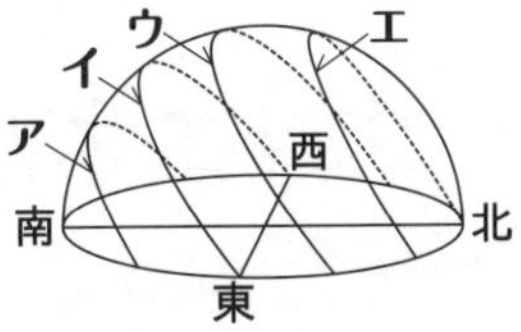

(1) 12月に観察した太陽の動きに最も近いものを，図の**ア**～**エ**から選び，その記号を書きなさい。［　　］

記述式 (2) 同じ場所であっても，季節によって太陽の動く道筋が変わるのはなぜか。理由を簡単に書きなさい。

［　　　　　　　　　　　　　　　　］

5 **［季節の変化］** 右の図は，光源を太陽に，地球儀を地球に見たてて，太陽のまわりを公転する地球と黄道付近のおもな星座を表したものである。次の問いに答えなさい。（6点×4）〔島根―改〕

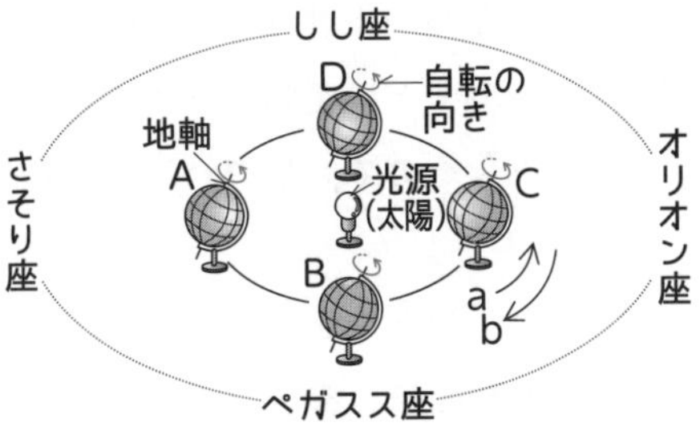

(1) 地球の公転の向きは，a，bのどちらですか。

［　　］

(2) 地球がAの位置にあるとき，日本で真夜中に南の空に見える星座は何か。図の4つの星座の中から選んで答えなさい。［　　］

(3) 地球がBの位置にあるとき，日本の季節は何か。春，夏，秋，冬から選んで答えなさい。

［　　］

記述式 (4) 地軸が公転面に対していつも垂直であったなら，日本での昼と夜の長さは，夏と冬ではどうなるか。簡単に書きなさい。［　　　　　　　　］

よく出る **6** **［月の見え方］** 図は，地球・太陽・月の位置関係を示した模式図である。次の問いに答えなさい。（6点×2）

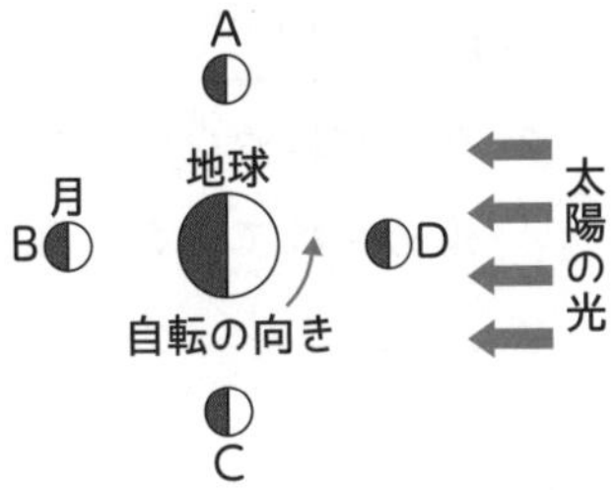

(1) 月食が起こるとき，月はどの位置にあったか。図のA～Dから選び，その記号を書きなさい。［　　］

(2) 日食が起こるときの月は何とよばれるか。月の名称を書きなさい。［　　］

最後にこれだけ確認！

- □ **日周運動**
  ①太陽や星は，1時間に約15°東から西に動いて見える。
  ②北の空の星は，1時間に約15°反時計回りに動いて見える。
- □ **年周運動**
  同じ時刻に見える星が1か月に約30°西に動いて見える。
- □ **黄道**
  天球上の太陽の通り道。

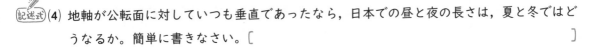

第9日 エネルギーと自然とのかかわり

時間 30分
合格点 80点

月　日

得点　点

解答→別冊 p.18

1 ［エネルギーの移り変わり］ 2つの同じ手回し発電機a，bを右の図のように導線でつなぎ，aのハンドルを手で回すと，bのハンドルが回った。次の問いに答えなさい。（5点×4）

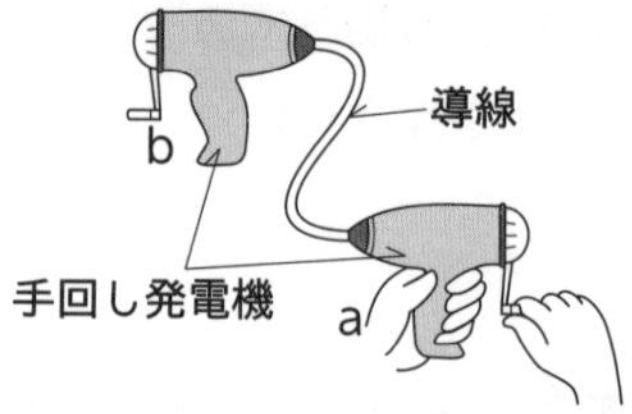

(1) 次の文の空欄にあてはまる語句を書きなさい。

aのハンドルを手で回すと，［①］エネルギーが［②］エネルギーに変わる。そのとき生じた電流がbに流れると，bの発電機はモーターとしてはたらくので，bのハンドルが回転し，［③］エネルギーへと移り変わる。

①［　　　］ ②［　　　］ ③［　　　］

記述式 (2) aのハンドルを回した数が30回のとき，bのハンドルは25回しか回らなかった。その理由を簡単に書きなさい。［　　　］

2 ［エネルギー資源］ 生活に必要な電気エネルギーを得る方法として，火力発電と原子力発電は，日本全体の発電量の90％以上を占めている。火力発電は，化石燃料を燃やして水を高温，高圧の水蒸気に変え，タービンを回して発電している。次の問いに答えなさい。（6点×5）

(1) 火力発電のエネルギーの流れを示した次の空欄にあてはまる語句を書きなさい。

①［　　　］ ②［　　　］ ③［　　　］

（　①　）エネルギー　⇒　熱エネルギー　⇒　（　②　）エネルギー　⇒　（　③　）エネルギー
（化石燃料）　　（水蒸気）　　（タービン）　　（発電機）

(2) 化石燃料やウランなどの有限な地下資源にかわって，再生可能なエネルギー資源の利用が進められている。再生可能なエネルギー資源による発電を2つ書きなさい。

［　　　］［　　　］

3 ［物質の循環］ 次の図は，自然界における炭素と酸素の循環のようすを模式的に示したものである。［　］にあてはまる語句を書きなさい。（6点×5）

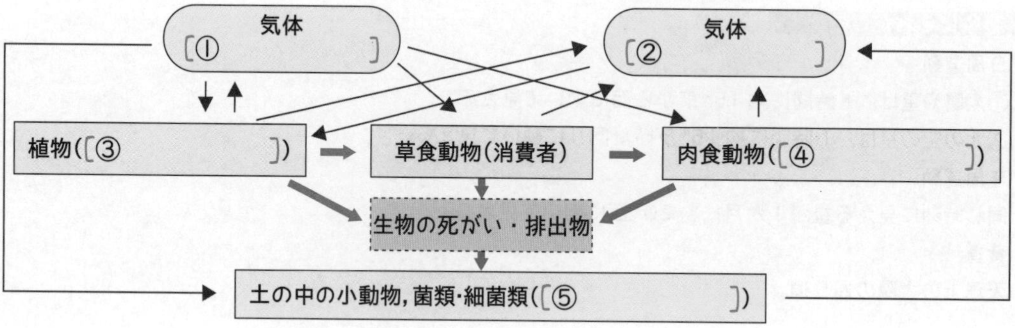

よく出る **4** **[生物界のつり合い]** 右の図は，自然界にある「食べる・食べられる」という生物どうしの数量的関係を示したものである。次の問いに答えなさい。(5点×2)〔鳥取〕

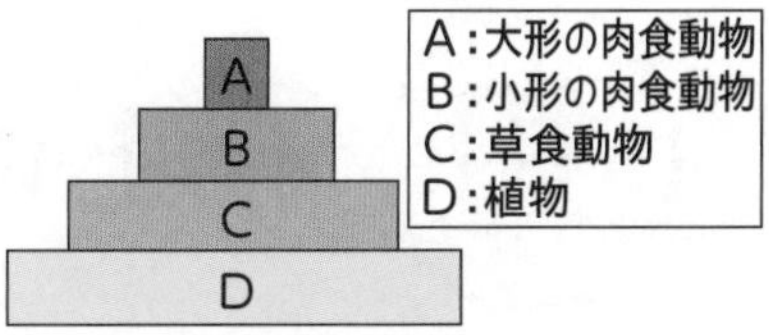

(1) このような生物どうしの「食べる・食べられる」という関係による生物のつながりを何といいますか。〔　　　　　　　〕

(2) 何らかの原因で，図中のCの数量が減少すると，他のA，B，Dの数量は一時的にどのように変化するか。次の**ア**～**エ**から選び，その記号を書きなさい。〔　　　〕

ア Bは増加し，それにともないAは減少する。また，Dも減少する。
イ Bは増加し，それにともないAは減少する。また，Dは増加する。
ウ Bは減少し，それにともないAも減少する。また，Dも減少する。
エ Bは減少し，それにともないAも減少する。また，Dは増加する。

よく出る **5** **[分解者のはたらき]** 次の文を読み，あとの問いに答えなさい。(5点×2)〔愛知一改〕

a(土をそのまま入れる)　b(焼いた土を入れる)

デンプンを入れた寒天培地の入ったペトリ皿a，bを用意し，右の図のように，aには腐った葉の混じった土を少量入れ，bには腐った葉の混じった土を火で十分に焼いたものを少量入れた。3日後，ペトリ皿a，bの寒天培地にヨウ素液を加え，土のまわりの変化のようすを観察した。

(1) 土のまわりが青紫色に変化しなかったのは，a，bのどちらですか。〔　　　〕

(2) この実験は何を確かめるために行ったものか。次の**ア**～**エ**から選び，その記号を書きなさい。〔　　　〕

ア 土の中の微生物によって，デンプンが合成されることを確かめるため。
イ 土の中の微生物によって，デンプンが分解されることを確かめるため。
ウ 土の中の微生物によって，寒天が分解されることを確かめるため。
エ 土の中の微生物によって，寒天がデンプンに変化することを確かめるため。

最後にこれだけ確認！

□ **エネルギーの変換と保存**
エネルギーの保存…エネルギー全体の量は，エネルギーの移り変わりの前後で一定に保たれる。

□ **再生可能なエネルギー**
化石燃料にかわる新しいエネルギー資源。水力，風力，太陽光，地熱，生物体の有機物など。

□ **生態系の生物の役割**
①生産者…植物
②消費者…草食動物や肉食動物
③分解者…ミミズなどの土壌生物，菌類・細菌類などの微生物

月　日

第10日 仕上げテスト

時間 30分
合格点 75点
得点　点

解答→別冊p.19

よく出る **1** **[仕事とエネルギー]** 図1のように，動滑車を使い，質量200gの物体を床から真上に，ゆっくりと20cm引き上げた。このとき，ばねばかりは1.2Nを示した。また，図2のように，斜面上で質量200gの物体にばねばかりをつけ，斜面にそってゆっくりと80cm引き上げた。このとき，物体はもとの位置より32cm高い位置にあった。質量100gの物体にはたらく重力を1Nとし，また，摩擦力やひもの重さはそれぞれ無視できるものとして，次の問いに答えなさい。(8点×3)〔新潟〕

図1

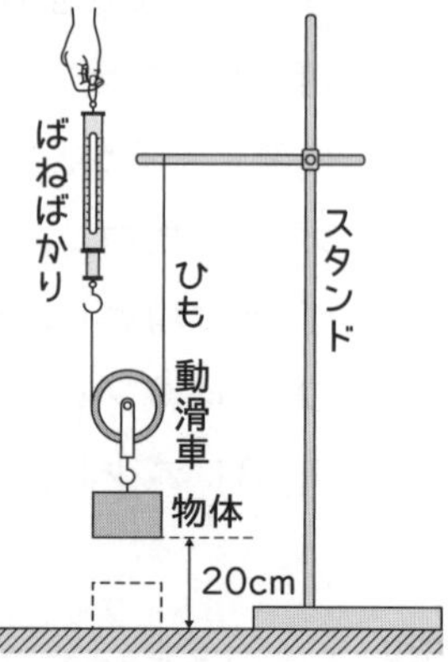

図2

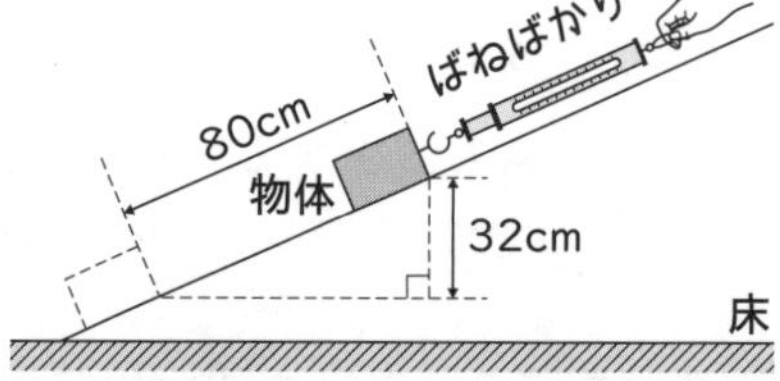

(1) 図1で，動滑車の質量は何gですか。また，物体を20cm引き上げるとき，物体と動滑車を引き上げる力がする仕事は何Jですか。　質量〔　　　〕　仕事〔　　　〕

(2) 図2で物体を引き上げているとき，ばねばかりは何Nを示しますか。　〔　　　〕

2 **[水溶液]** 次の文を読み，あとの問いに答えなさい。(5点×4)〔福島―改〕

水溶液A～Eは，食塩水，砂糖水，うすい塩酸，うすいアンモニア水，うすい炭酸ナトリウム水溶液のいずれかである。水溶液A～Eをそれぞれ加熱したときのようすと，それぞれにマグネシウムリボンを入れたときの変化のようすを調べ，結果を下の表にまとめた。

	A	B	C	D	E
加熱したときのようす	何も残らなかった	白い物質が残った	白い物質が残った	何も残らなかった	こげた
マグネシウムリボンを入れたときの変化のようす	気体が発生した	変化がみられなかった	変化がみられなかった	変化がみられなかった	変化がみられなかった

(1) 水溶液A～Eの中で，有機物が溶けているものを選びなさい。　〔　　　〕

(2) 次の文の空欄にあてはまる数やイオン式を書きなさい。

水溶液Aにマグネシウムリボンを入れると気体が発生した。このとき，マグネシウムリボンの表面では，マグネシウム原子が電子を［　①　］個失って［　②　］となり，水溶液Aの中に溶け出していく。　①〔　　　〕　②〔　　　〕

(3) この実験で，水溶液BとCは同じ結果であった。この2つの水溶液のどちらか一方だけに色の変化が観察されて区別できる方法を，次のア～エから選びなさい。　〔　　　〕

ア 塩化コバルト紙につける。　**イ** 青色のリトマス紙につける。

ウ 二酸化炭素をふきこむ。　**エ** フェノールフタレイン液を加える。

3 [動物のからだ，物質の循環] 次の文について，あとの問いに答えなさい。(6点×6)

　　自然界で生活している生物には，植物のほか，_a草食動物や肉食動物，それらの死がい
やふんを分解する_b微生物などがいる。

記述式 **(1)** 下線部aはシマウマなどである。①シマウマの目のつき方は，肉食動物のライオンと比べ
ると前向き，横向きのどちらですか。また，②その目のつき方は，シマウマの生活にとっ
てどのような点で役立っていますか。

　　　　　　　　　　　　　①〔　　　　　　〕　②〔　　　　　　　　　　　　　　　　　〕

記述式 **(2)** 下線部bのはたらきを調べるため，右
の図のように，落ち葉や土を入れた水
をこし(手順１)，この水を入れたビー
カーAと水のみを入れたビーカーB
にうすいデンプン溶液を同量加え(手
順2)，ふたをした。2～3日後，AとBの液にそれぞれヨウ素液を加えると(手順3)，一方だ
け青紫色に変化した。①色が変化しなかったのは，AとBのどちらの液か。また，②色が変
化しなかったのはなぜですか。①〔　　　　　〕　②〔　　　　　　　　　　　　　　　　〕

(3) 物質の循環に関する次の文の空欄にあてはまる語句を書きなさい。

　　　　　　　　　　　　　①〔　　　　　　〕　②〔　　　　　　　〕

　　自然界で生活している生物は，食べる・食べられるといった　①　の関係でつながって
いる。また，生物のからだをつくる炭素などの物質は，　①　のほかに，生物の　②　，
光合成，分解などのはたらきで，生物のからだと外界との間を循環する。

よく出る **4** [地層] 図1はA～Cの3地点の
標高を示す地図で，図2は各地点
の柱状図である。この地域では
凝灰岩の層は１つしかない。ま
た，地層の上下逆転や断層はなく，
各層は平行に重なり，ある一定の
方向に傾いている。次の問いに答えなさい。(5点×4) 〔栃木〕

(1) 泥岩，砂岩，れき岩，凝灰岩のうち，かつてこの地域の近くで火山の噴火があったことを
示しているのはどれですか。　　　　　　　　　　　　　　　　　　　　〔　　　　　　〕

記述式 **(2)** B地点の石灰岩の層からサンゴの化石が見つかった。この層が堆積した当時，この地域は
どのような環境でしたか。　　　　　　　　　　　　　　〔　　　　　　　　　　　　　〕

(3) 図2のア，イ，ウの層を，堆積した時代が古い順に並べなさい。　〔　　　　　　　　〕

(4) この地域の地層が傾いて低くなっている方角を次のア～エから選び，その記号を書きなさ
い。　　　　　　　　　　　　　　　　　　　　　　　　　　　　　　　〔　　　　　　〕

　　ア 東　　イ 西　　ウ 南　　エ 北

理科

第1日

第2日

第3日

第4日

第5日

第6日

第7日

第8日

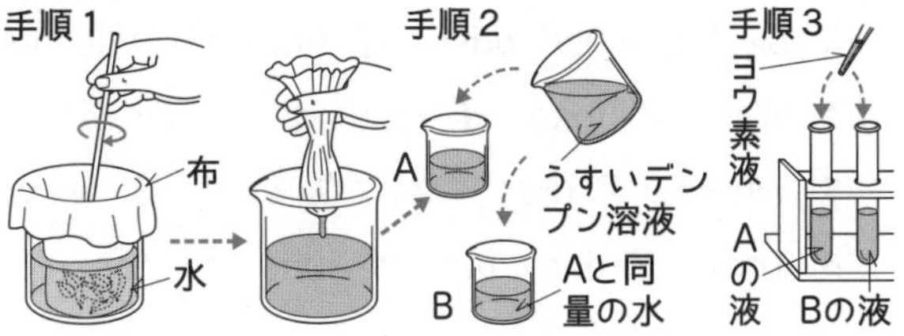

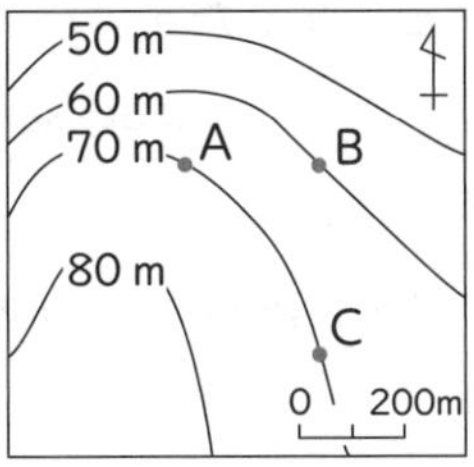

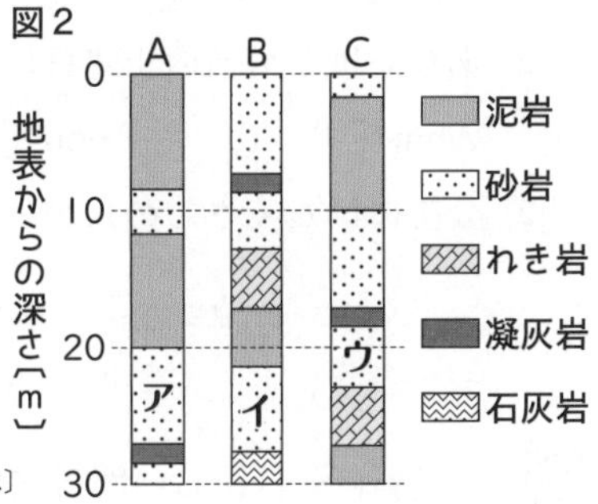

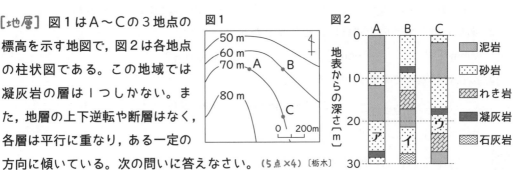

月　日

第1日 時制のまとめ

時間 30分
合格点 80点
得点　点

解答→別冊p.19

1 [適語選択] (　)内から適切な語句を選んで，記号を○で囲みなさい。(3点×6)

(1) I (ア watch　イ watched　ウ am watching　エ will watch) TV last night.

(2) Aya (ア write　イ be writing　ウ writes　エ was writing) a letter then.

(3) My father (ア drive　イ driving　ウ is driving　エ didn't drive) a car now.

(4) Who (ア read　イ reading　ウ will read　エ reads) this book last Sunday?

(5) Where (ア did　イ is　ウ were　エ was) your cats this morning?

(6) Tom, (ア don't run　イ runs　ウ doesn't run　エ ran) here.

よく出る **2** [語形変化] (　)内の語を，正しい形にして[　]内に入れなさい。(4点×3)

(1) When I went out of the house, it [　　　　] rainy. (be)

(2) They were [　　　　] a picture in the garden yesterday morning. (take)

(3) Megumi comes here and [　　　　] English every day. (study)

3 [適語補充] 次の日本語の意味になるように，[　]内に適切な語を入れなさい。(5点×3)

(1) 私の姉は将来，カナダで働くつもりです。

My sister is going [　　　　] [　　　　] in Canada in the future.

(2) あなたはこの前の土曜日に何をしましたか。

What [　　　　] you [　　　　] last Saturday?

(3) 公園にはたくさんの人がいました。

[　　　　] [　　　　] many people in the park.

4 [適語補充] 正しい問答文になるように，[　]内に適切な語を入れなさい。(5点×3)

(1) *A* : [　　　　] that movie interesting?

B : Yes, it was.

(2) *A* : When [　　　　] you going to clean your room?

B : I'm going to clean it tonight.

(3) *A* : [　　　　] you know Tom liked *karaoke*?

B : No, I didn't.

5 **[並べかえ]** 日本語の意味になるように，次の語句を並べかえなさい。ただし，不要なものが1つあります。（6点×2）

(1) カズヤは自分のコンピュータを持っています。
(computer, Kazuya, his own, is having, has).

＿＿＿＿＿＿＿＿＿＿＿＿＿＿＿＿＿＿＿＿＿＿＿＿＿＿＿＿＿＿＿＿.

(2) 机の上に１本のペンがありましたか。
(were, on, a pen, was, the desk, there)?

＿＿＿＿＿＿＿＿＿＿＿＿＿＿＿＿＿＿＿＿＿＿＿＿＿＿＿＿＿＿＿＿?

よく出る
記述式

6 **[書きかえ]** 次の英文を(　)内の指示にしたがって書きかえなさい。（6点×2）

(1) He sat by the window.（過去進行形の文に）

＿＿＿＿＿＿＿＿＿＿＿＿＿＿＿＿＿＿＿＿＿＿＿＿＿＿＿＿＿＿＿＿

(2) Takuya goes to the library.（be going to を用いて未来を表す文に）

＿＿＿＿＿＿＿＿＿＿＿＿＿＿＿＿＿＿＿＿＿＿＿＿＿＿＿＿＿＿＿＿

記述式

7 **[英作文]** 次の日本文を英語に直しなさい。(　)内の語句を参考にすること。（8点×2）

(1) 私の父はこの前の日曜日，東京にいました。(Tokyo)

＿＿＿＿＿＿＿＿＿＿＿＿＿＿＿＿＿＿＿＿＿＿＿＿＿＿＿＿＿＿＿＿

(2) ケンタは昨日，海で泳ぎました。(in the sea)

＿＿＿＿＿＿＿＿＿＿＿＿＿＿＿＿＿＿＿＿＿＿＿＿＿＿＿＿＿＿＿＿

最後にこれだけ確認！

確認チェック

□ 不規則動詞のパターン

・A－A－A型（例）put－put－put, read－read[red]－read[red]
・A－B－A型（例）come－came－come, run－ran－run
・A－B－B型（例）buy－bought－bought, have－had－had
・A－B－C型（例）is / am / are－was / were－been, eat－ate－eaten

◎現在と過去が同じ形の動詞に注意しよう。

I come home at three and **read** books every day.「私は毎日３時に帰宅して本を読みます。」
→ every day があり，come が現在形なので，この read は現在形

I **read** this book yesterday.「私は昨日この本を読みました。」
→ yesterday があるので，この read は過去形

月　　日

第2日 助動詞・接続詞

時間 30分
合格点 80点
得点
点

解答→別冊 p.20

1 〔適語選択〕（　）内から適切な語句を選んで，記号を○で囲みなさい。（2点×4）

(1) You must（ア doing　イ do　ウ does）your homework.

(2) They（ア make　イ will be make　ウ will make）a cake tomorrow.

(3) Hurry up,（ア and　イ or　ウ as）you will miss the last train.

(4)（ア May　イ Shall　ウ Will）I speak to Mary, please?

2 〔適語補充〕次の日本語の意味になるように，〔　〕内に適切な語を入れなさい。（4点×5）

(1) 明日，私を手伝ってくれませんか。― いいですよ。
〔　　　　〕〔　　　　〕help me tomorrow? ― Sure.

(2) 辞書を持ってきましょうか。― はい，お願いします。
〔　　　　〕I bring a dictionary? ― Yes,〔　　　　〕.

(3) 私は今日，この仕事をしなければなりませんか。― いいえ，その必要はありません。
〔　　　　〕I do this work today? ― No, you don't〔　　　　〕〔　　　　〕.

(4) この箱はとても重いので，私は運ぶことができません。
This box is〔　　　　〕heavy〔　　　　〕I can't carry it.

(5) カナと私は２人とも日本語を話します。
〔　　　　〕Kana〔　　　　〕I speak Japanese.

3 〔同意書きかえ〕次の各組の文が同じ意味になるように，〔　〕内に適切な語を入れなさい。
（5点×3）

(1) Let's go to Kobe next Sunday.
〔　　　　〕〔　　　　〕go to Kobe next Sunday?

(2) Don't come into this room.
〔　　　　〕〔　　　　〕not come into this room.

(3) Do your homework at once when you finish lunch.
Do your homework〔　　　　〕〔　　　　〕as you finish lunch.

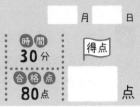

4 [書きかえ] 次の英文を（　）内の指示にしたがって書きかえなさい。(7点×3)

(1) Do you want to have some tea?（would を使って，相手の意向をていねいにたずねる文に）

_____

(2) If you run to the station, you can meet Yui.

（and を使って，「～しなさい，そうすれば…」という文に）

_____

(3) Megumi reads these books.（will を使って，「～できるでしょう」という文に）

_____

 5 [英文和訳] 次の英文を日本語に直しなさい。(9点×2)

(1) Tom had to visit his grandmother last week.

〔　　　　　　　　　　　　　　　　　　　　　　　　　　　　　　　〕

(2) John doesn't have to stay home today.

〔　　　　　　　　　　　　　　　　　　　　　　　　　　　　　　　〕

6 [条件英作文] 次のようなとき，あなたならどのように言いますか。英語で書きなさい。
(1)は指示通りに，(2)は（　）内の語を参考にすること。(9点×2)

(1) 目の前にいる友達に，手伝ってくれるように頼むとき。（will を使った疑問文で）

_____

(2) 自分がイヌもネコも好きではないことを説明する。（or）

_____

英語

第1日
第2日
第3日
第4日
第5日
第6日
第7日
第8日
第9日
第10日

最後にこれだけ確認！

□ **助動詞を使った会話表現**

・依頼する（could, would を使うと，ていねいな表現になる）

Can[Will] you bring my pencil?「私のえんぴつを持ってきてもらえますか。」

Could[Would] you help me with my work?「私の仕事を手伝っていただけますか。」

― All right. / OK.「わかりました。」/ I'm sorry, I can't.「すみませんが，できません。」

・申し出る（自分がすることなので，主語は I）

Shall I help you?「あなたをお手伝いしましょうか。」

― Yes, please.「はい，お願いします。」/ No, thank you.「いいえ，けっこうです。」

・誘う（相手と一緒にすることなので，主語は we）

Shall we go to the movies?「映画に行きましょうか。」

―Yes, let's.「はい，行きましょう。」/ No, let's not.「いいえ，よしましょう。」

月　日

第3日 不定詞・動名詞

時間 30分　合格点 80点　得点　点

解答→別冊p.21

1 ［適語選択］(　)内から適切な語句を選んで，記号を○で囲みなさい。(3点×5)

(1) He wants (ア play　イ to play　ウ playing) baseball.

(2) Aya had a chance (ア to talk　イ talk　ウ talking) with Masato at school.

(3) The baby stopped (ア to cry　イ cry　ウ crying) in my arms.

(4) I'm looking forward to (ア hear　イ hearing　ウ heard) from you.

(5) Why did you go to the library every day?
— (ア Read　イ To read　ウ Reading) a lot of books.

よく出る **2** ［語形変化］(　)内の語を，正しい形にして〔　〕内に入れなさい。2語になる場合もあります。(4点×4)

(1) He had nothing 〔　　　　〕 then. (eat)

(2) My family enjoyed 〔　　　　〕 in Hawaii. (swim)

(3) I decided 〔　　　　〕 a new car. (buy)

(4) My father is good at 〔　　　　〕 the guitar. (play)

前置詞のあとに
動詞を続けるときは
動名詞を使うよ！

3 ［適語補充］次の日本語の意味になるように，〔　〕内に適切な語を入れなさい。(5点×5)

(1) あなたとまた話ができてうれしいです。
I'm happy 〔　　　　〕〔　　　　〕 with you again.

(2) 私に何か温かい飲みものをいただけませんか。
Would you give me something hot 〔　　　　〕〔　　　　〕?

(3) 私に電話してくれてありがとうございます。
Thank you 〔　　　　〕〔　　　　〕 me.

(4) あなたたちの仕事は彼らを手伝うことです。
Your work is 〔　　　　〕〔　　　　〕 them.

(5) 彼は突然，走り始めました。
Suddenly, he started 〔　　　　〕.

英語

第1日
第2日
第3日
第4日
第5日
第6日
第7日
第8日
第9日
第10日

4 ［並べかえ］日本語の意味になるように，次の語句を並べかえなさい。ただし，下線部の語は必要に応じて不定詞か動名詞にかえること。(8点×3)

(1) 私には新しいかばんを買うためのお金がありません。

(buy, have, new, money, I, no, a) bag.

_____ bag.

(2) アユミは1時間でその手紙を書き終えました。

(write, an, finished, in, the letter, Ayumi) hour.

_____ hour.

(3) マコトはその本を買ったことを覚えています。

(buy, Makoto, the book, remembers).

_____ .

5 ［英作文］次の日本文を英語に直しなさい。( )内の語を参考にすること。(10点×2)

(1) あなたは次の日曜日に何をしたいですか。(do)

_____

(2) 京都を訪れてはいかがですか。(how)

_____

■ 最後にこれだけ確認！

□ 不定詞の3つの用法

・名詞的用法：「～すること」の意味。文の主語・目的語・補語になることができる。

My dream is **to visit** France.「私の夢はフランスを訪れることです。」
└→補語…be動詞のあと

・副詞的用法①：「～するために」の意味。目的を表し，動詞や文全体を修飾する。

I went to the shop **to buy** some pens.「私はペンを買うためにその店に行きました。」

副詞的用法②：「～して…だ」の意味。形容詞のあとに置き，感情の原因や理由を表す。

I am sad **to hear** the news.「私はそのニュースを聞いて悲しいです。」
└─形容詞のあと

・形容詞的用法：「～するべき，～するための」の意味。名詞や代名詞を修飾する。

I have a lot of things **to do**.「私にはするべきことがたくさんあります。」
└─things を修飾

第4日 比　較

月　日

時間 30分
合格点 80点
得点
点

解答→別冊 p.21

1 ［適語選択］（　）内から適切な語句を選んで，記号を○で囲みなさい。（3点×4）

(1) This dog is（ア small　イ smaller　ウ the smallest）than that one.

(2) I'm not as（ア taller　イ taller as　ウ tall as　エ the tallest）you.

(3) She likes cats（ア better　イ as better　ウ as best　エ the best）of all animals.

(4) Soccer is（ア much　イ more　ウ most　エ the most）interesting than tennis.

2 ［適語選択］下から適切な語句を選んで，［　］内に入れなさい。ただし，同じものは2度使わないこと。（4点×5）

(1) Kenji swims the［　　　　］of the three.

(2) Which do you like［　　　　］, dogs or cats?

(3) Emi is［　　　　］English speaker in her class.

(4) Who can run［　　　　］than Yuji?

(5) You play the piano as［　　　　］as Miki.

better	fastest	well	faster	the best

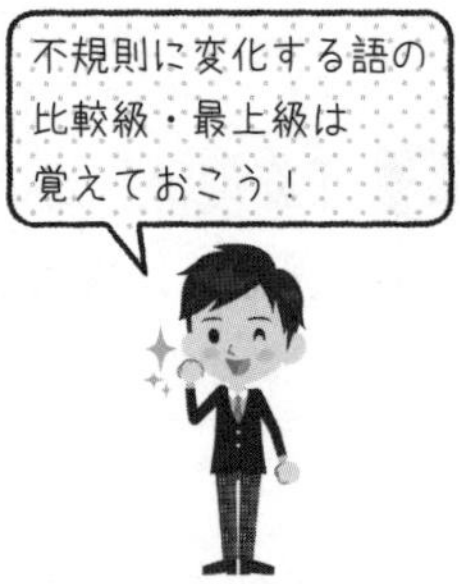

よく出る **3** ［並べかえ］日本語の意味になるように，次の語句を並べかえなさい。ただし，下線部の語は必要に応じて1～2語の正しい形にかえること。（6点×3）

(1) あなたの辞書は私のよりも役に立ちます。

（useful, mine, your, is, than, dictionary）.

____.

(2) 富士山は日本でいちばん高い山です。

（high, is, mountain, in, Mt. Fuji, Japan, the）.

____.

(3) このクラスでだれがいちばん一生けんめい勉強しますか。

（hard, studies, the, class, in, who, this）?

____?

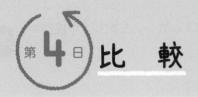

よく出る **4** ［同意書きかえ］次の各組の文が同じ意味になるように，［　］内に適切な語を入れなさい。

（6点×2）

(1) Yumi and Eriko are the same age.
Yumi is as［　　　　］［　　　　］Eriko.

(2) English is easier than any other subject for me.
English is［　　　　］［　　　　］of all subjects for me.

5 ［英文読解］次の英文を読んで，(1)〜(3)が内容に合っていれば○，合っていなければ×を書きなさい。（6点×3）

Naomi is fifteen years old. She was born in Osaka and lives there now. Her friend, Masao, is thirteen years old. He was born in Tokyo and moved to Osaka last month.

One day, Masao made a cake for Naomi. She ate the cake and said, "It's delicious! I can't make a good cake like this." Masao said, "Then, I'll teach you."

（注） was born　生まれた

(1) Masao is younger than Naomi.　［　　　　］
(2) Masao lives in Osaka as long as Naomi.　［　　　　］
(3) Masao can make a cake better than Naomi.　［　　　　］

記述式 **6** ［英作文］次の日本文を英語に直しなさい。（10点×2）

(1) 8月は日本ではいちばん暑い月です。

____

(2) 私のえんぴつはあなたのえんぴつほど長くありません。

____

最後にこれだけ確認！

☐ 比較級・最上級の作り方
・比較級：語尾に -er または -r をつける。つづりが長い語は前に more を置く。
・最上級：語尾に -est または -st をつける。つづりが長い語は前に most を置く。

☐ 不規則に変化する比較級・最上級

原級	比較級	最上級
good「よい」 well「上手に」	better	best
bad「悪い」	worse	worst

第5日 受け身

月　日

時間 30分
合格点 80点
得点　点

解答→別冊 p.22

1 ［適語選択］（　）内から適切な語句を選んで，記号を○で囲みなさい。（3点×4）

(1) Our dinner is usually cooked（ア at　イ to　ウ with　エ by）my mother.

(2) *A*：Classrooms are usually ①（ア cleaned　イ clean　ウ cleaning　エ cleans）by students in Japan.

B：Really?　In America, we don't ②（ア cleaned　イ clean　ウ cleaning　エ cleans）our classrooms.

(3) This picture（ア showed　イ was showing　ウ shown　エ was shown）to me by Tom.

(4) Those houses were covered（ア with　イ at　ウ for　エ to）snow.

よく出る **2** ［語形変化］（　）内の語を，正しい形にして［　］内に入れなさい。（5点×3）

(1) That big apple was［　　　　］by Tom.（eat）

(2) These pictures were［　　　　］by my father.（take）

(3) Three horses were［　　　　］to us by a boy.（bring）

不規則動詞の
過去分詞をたくさん
覚えておこう！

3 ［適語補充］次の日本語の意味になるように，［　］内に適切な語を入れなさい。（7点×3）

(1) この大学では音楽は教えられていません。

Music［　　　　］［　　　　］at this college.

(2) この車は日本製ですか。

Was this car［　　　　］［　　　　］Japan?

(3) この寺はいつ建てられましたか。

［　　　　］［　　　　］this temple built?

英語

第1日

第2日

第3日

第4日

第5日

第6日

第7日

第8日

第9日

第10日

4 ［並べかえ］日本語の意味になるように，次の語を並べかえなさい。ただし，不要なものが1つあります。(8点×2)

(1) あの店は明日，開くかもしれません。

(opened, may, tomorrow, that, be, opens, shop).

_____ .

(2) これらの机はどこで作られましたか。

(desks, made, were, where, these, did)?

_____ ?

5 ［書きかえ］〔 〕内に適切な語を入れて，次の英文を受け身の文に書きかえなさい。

(8点×2)

(1) People don't speak Spanish in this country.

Spanish 〔   〕 not 〔   〕 in this country.

(2) Bob broke this chair last night.

This chair 〔   〕〔   〕〔   〕 Bob last night.

6 ［英作文］受け身を用いて，次の日本文を英語に直しなさい。（   ）内の語を参考にすること。(10点×2)

(1) 英語は多くの生徒によって勉強されています。（many）

_____

(2) この本は簡単な英語で書かれています。（write）　　　　　　　　　〔成蹊高―改〕

_____

最後にこれだけ確認！

□ **助動詞を使った受け身の文**

・〈助動詞のあとは動詞の原形〉＋〈受け身の文は be 動詞＋過去分詞〉というそれぞれのルールを組み合わせて考える。

A lot of cherry trees | can be | seen | in this park.

can＋動詞の原形 ←──────┘　　└──→ **be** 動詞＋過去分詞

「この公園ではたくさんの桜の木が見られます。」

Some foreign students | will be | invited | to the party.

will＋動詞の原形 ←──────┘　　└──→ **be** 動詞＋過去分詞

「何人かの外国の生徒がパーティーに招待されるでしょう。」

月　　日

第6日 現在完了形・現在完了進行形

時間 30分
合格点 80点
得点　　点

解答→別冊 p.22

1 ［適語選択］（　）内から適切な語句を選んで，記号を○で囲みなさい。（2点×5）

(1) Have you ever（ア watched　イ been　ウ lived　エ seen）to Hokkaido?　〔沖縄〕

(2) It has been raining（ア when　イ before　ウ and　エ since）I got up.

(3) How（ア high　イ far　ウ long　エ many）have you studied English?

(4) I have been（ア play　イ played　ウ playing　エ to play）the video game for two hours.

(5) *A* : Have you decided what to give your mother（ア yet　イ never　ウ ever　エ just）?

B : Yes.　How about this white blouse?

記述式 **2** ［適語補充］日本語を参考にして，〔　〕内に適切な語を入れなさい。（4点×5）

(1) We〔　　　〕〔　　　〕Tom for a week.（1週間会っていない）

(2)〔　　　〕you ever〔　　　〕*natto*?（食べたことがあるか）

(3) That train has〔　　　〕〔　　　〕at the station.（ちょうど着いたところだ）

(4) Tom〔　　　〕been〔　　　〕with Ann for thirty minutes.（ずっと話している）

(5) What〔　　　〕you been〔　　　〕since this morning?（何をしているか）

記述式 **3** ［同意書きかえ］次の各組の文が同じ意味になるように，〔　〕内に適切な語を入れなさい。

（5点×3）

(1) Junko got sick last Sunday.　She is still sick.
Junko〔　　　〕〔　　　〕sick〔　　　〕last Sunday.

(2) I started running an hour ago.　I'm still running now.
I have〔　　　〕〔　　　〕for an hour.

(3) His uncle died two years ago.
His uncle〔　　　〕〔　　　〕dead for two years.

よく出る 4 [並べかえ] 正しい英文になるように，次の語句を並べかえなさい。(8点×4)

(1) (read, have, the book, I, already).

_____.

(2) She (interested, been, in, has, computers) since last year.

She _____ since last year.

(3) *Kenji* : (countries, have, how, visited, many, you, ever)?

Tom : Three countries.

_____?

(4) *Masako* : (long, been, for Ken, you, how, waiting, have) here?

Lucy : For two hours.

_____ here?

第1日
第2日
第3日
第4日
第5日
第6日
第7日
第8日
第9日
第10日

5 [用法選択] 次の文と同じ用法の現在完了の文を選び，記号を〇で囲みなさい。(7点)

Have you ever thought about that problem?

　ア Kenji has never cooked his breakfast.

　イ I have known the singer for many years.

　ウ My father has just come home.

記述式 6 [英作文] 次の日本文を現在完了を使って英語に直しなさい。(8点×2)

(1) 私はちょうど昼食をすませたところです。

_____

(2) 私はこのようなものを一度も見たことがありません。　　　　　　〔香川〕

_____

_____

┃最後にこれだけ確認！

☐ 現在完了の継続用法と，現在完了進行形

　・状態が継続しているときは，現在完了〈have[has]＋過去分詞〉で表す。

　My father **has been busy** for three months.

　　　　　　└──→「忙しい」という状態の継続

　・動作が継続しているときは，現在完了進行形〈have[has]＋been＋-ing 形〉で表す。

　My mother **has been watching** a Korean drama since this morning.

　　　　　　└──→「見る」という動作の継続

第7日 関係代名詞・接触節・分詞修飾

月　日

時間 30分　合格点 80点　得点　点

解答→別冊p.23

よく出る **1** ［適語選択］(　)内から適切な語句を選んで，記号を○で囲みなさい。(3点×6)

(1) Look at the girl (ア what　イ who　ウ which　エ when) is running in the park.

(2) Look at that (ア sleeping　イ to sleep　ウ sleeps　エ sleep) cat.　It's very cute.

(3) The car (ア if　イ which　ウ who) I bought last year is small.

(4) She is the teacher (ア which　イ she　ウ her　エ that) I like the best.

(5) The man (ア stood　イ stands　ウ standing　エ who standing) there is my father.

(6) Do you know the story (ア write　イ wrote　ウ to write　エ written) by Ken?

2 ［省略判定］次の英文のうち，関係代名詞を○で囲み，省略できるものには○，省略できないものには×を書きなさい。(3点×3)

(1) This is the flower which I found three days ago.　〔　　　〕

(2) Tom works at the company which makes computers.　〔　　　〕

(3) Canada is the country that I want to visit.　〔　　　〕

よく出る **3** ［適語補充］次の日本語の意味になるように，〔　〕内に適切な語を入れなさい。(4点×3)

(1) 私には中国語を話せる友達がいます。

I have a friend 〔　　　〕 can speak Chinese.　〔文教大付高〕

(2) 私が先週見た映画は，おもしろかったです。

The movie 〔　　　〕〔　　　〕 last week was interesting.

(3) これは私の父のために買われたかばんです。

This is a bag 〔　　　〕〔　　　〕 my father.

記述式 **4** **[書きかえ]**（　）内の指示にしたがって，次の 2 文を 1 文にしなさい。（7点×3）

(1) That's the plane.　I saw it in the sky last week.（下線部を関係代名詞にかえて）

____

(2) The girl looked happy.　You helped her at the station.（関係代名詞を使わずに）

____

(3) Look at that girl.　She is singing.（分詞を用いて）

____

5 **[並べかえ]** 日本語の意味になるように，次の語句を並べかえなさい。ただし，不足する関係代名詞を補うこと。（8点×2）

(1) この街に住んでいる人々はこの図書館を利用できます。

People（live，use，city，in，can，this）this library.

People ________________________________ this library.

(2) 十分な水を必要としているたくさんの人々がいます。

（people，a lot，of，there，need，are）enough water.

________________________________ enough water.

記述式 **6** **[英作文]**（　）内の指示にしたがって，次の日本文を英語に直しなさい。（8点×3）

(1) 私が昨日会った女性は歌手です。（関係代名詞を用いて）

____

(2) あれはあなたが昨日読んだ本ですか。（接触節を用いて）

____

(3) あなたはギターをひいているあの少年を知っていますか。（関係代名詞を用いずに）

____

最後にこれだけ確認！

□ **名詞を修飾する形**

・関係代名詞…①先行詞が人か，人以外か　②主格か目的格か，によって使い分ける。
名詞(先行詞)のあとに置かれる。

I want to eat **the cake** **which[that]** Kumi made.「クミが作ったケーキを食べたい。」

先行詞が the cake(人以外)で主格なので，関係代名詞は which[that]

・接触節…〈主語＋動詞〉の形。**必ず名詞のあと**に置かれる。

I know **the boy** **you saw** at the station.「私はあなたが駅で会った少年を知っています。」

〈主語＋動詞 〜〉が前の the boy を修飾

・分詞…①分詞を単独で用いるときは，**名詞の前**に置く。
②他の修飾語とともに用いるときは，**名詞のあと**に置く。

月　日

第8日 仮定法・いろいろな文構造

時間 30分
合格点 80点
得点
点

解答→別冊 p.24

1 ［適語選択］（　）内から適切な語句を選んで，記号を○で囲みなさい。（3点×4）

(1) I wish I（ア were　イ are　ウ is　エ be）a movie star.

(2) My classmates call（ア mine　イ me　ウ I　エ my）Emi.

(3) Ken's letter makes Aya（ア to be happy　イ be happy　ウ happy　エ is happy）.

(4) If it were sunny, I（ア will　イ would　ウ are　エ were）go fishing.

よく出る **2** ［同意書きかえ］次の各組の文が同じ意味になるように，［　］内に適切な語を入れなさい。（4点×3）

(1) When you read this book, you will be sad.
This book will［　　　　］you sad.

(2) I didn't buy him the book.
I didn't buy the book［　　　　］him.

(3) I won't go abroad because I'm not rich.
I［　　　　］go abroad if I［　　　　］rich.

記述式 **3** ［英文和訳］次の英文を日本語に直しなさい。（7点×4）

(1) My sister made Ken a cake.
［　　　　　　　　　　　　　　　　　　　　　　　　　］

(2) If I were you, I would not buy that book.
［　　　　　　　　　　　　　　　　　　　　　　　　　］

(3) My sister made Bill angry.
［　　　　　　　　　　　　　　　　　　　　　　　　　］

(4) If you helped her, she would not be busy.
［　　　　　　　　　　　　　　　　　　　　　　　　　］

4 **［適語補充］** 次の日本語の意味になるように，［　］内に適切な語を入れなさい。（6点×2）

(1) もしあなたが一生けんめい働いていれば，その車を買えるのに。

You ［　　　　］ buy the car if you ［　　　　］ hard.

(2) 彼は彼の車をきれいに保っていますか。

Does he ［　　　　］ his car ［　　　　］?

5 **［並べかえ］** 正しい英文になるように，次の語句を並べかえなさい。（8点×2）

(1) (here, I, he, wish, were).

______________________________.

(2) He (Kenji, his son, name, will).

He ______________________________.

記述式 **6** **［英作文］** 次の日本文を英語に直しなさい。（10点×2）

(1) 私は友人たちにヒロ（Hiro）と呼ばれています。

____

(2) あなたが私の姉だったらなあ。

____

最後にこれだけ確認！

□ **仮定法過去の文**

現在の事実に反することを，「もし～なら，…なのに」と表す。

〈if＋主語＋(助)動詞の過去形，主語＋would［could］＋動詞の原形.〉

「もし時間があったら，映画に行くのになあ。」→実際には，今は時間がないので行けない。

If I **had** time, I **would go** to the movies.

　　└→過去形　└→過去形

□ **条件を表す文**

「もし明日時間があったら，映画に行きます。」→時間があって行ける可能性がある。

If I **have** time tomorrow, I **will go** to the movies.

　　└→現在形　　　　　　└→未来

月　　日

第9日 間接疑問文・不定詞/原形不定詞の用法

時間 30分
合格点 80点
得点　　点

解答→別冊 p.25

1 ［適語選択］(　)内から適切な語句を選んで，記号を○で囲みなさい。(3点×5)

(1) I don't know (ア how　イ what　ウ who) Mike finished his homework in an hour.

(2) I asked my teacher (ア what　イ what to　ウ to what　エ what is) do next.

(3) It is difficult (ア by　イ of　ウ for　エ to) me to solve the question.

(4) Sachi asked her father (ア go　イ went　ウ going　エ to go) to the museum with her next Sunday. 〔栃木〕

(5) Please let me (ア went　イ go　ウ to go　エ going) to the festival.

2 ［適所選択］あとの(　)内の語が入る適切な位置を選んで，記号を○で囲みなさい。(4点×3)

(1) I　want　you　study　English hard. (to)
　ア　　イ　　ウ　　エ

(2) Did you　tell　him　to　you? (help)
　ア　イ　ウ　エ

(3) Kumi　asked　me　cook　dinner soon. (to)
　ア　　イ　　ウ　　エ

よく出る **3** ［並べかえ］正しい英文になるように，次の語句を並べかえなさい。(6点×3)

(1) Could you (to, me, how, tell, get) to the city hall?

Could you ______________________ to the city hall?

(2) *A* : Hiroshi (me, always, Japanese, helps, study).

B : Really?　He is so kind.

Hiroshi ______________________.

(3) I don't know (Andy, is, old, how). 〔沖縄〕

I don't know ______________________.

4 〔適語補充〕次の日本語の意味になるように，〔　〕内に適切な語を入れなさい。（5点×3）

(1) 駅に連れていってくれるなんて，あなたは親切ですね。

It is kind 〔　　　〕 you 〔　　　〕〔　　　〕 me to the station.

(2) ユミは私にその箱を運ぶように頼みました。

Yumi asked 〔　　　〕〔　　　〕〔　　　〕 the box.

(3) だれがこのケーキを作ったのか知りたいです。

I want to know 〔　　　〕〔　　　〕 this cake.

5 〔同意書きかえ〕次の各組の文が同じ意味になるように，〔　〕内に適切な語を入れなさい。

（8点×3）

(1) Do you know his address?
Do you know 〔　　　〕 he 〔　　　〕?

(2) Where should I go?　Please tell me.
Please tell me 〔　　　〕〔　　　〕 go.

(3) When do they have to go to the station?　Do they know it?
Do they know 〔　　　〕〔　　　〕 go to the station?

間接疑問文では
疑問詞のあとは
肯定文の語順だよ！

記述式 **6** 〔英作文〕（　）内の指示にしたがって，次の日本文を英語に直しなさい。（8点×2）

(1) 英語を話すことは私にとって簡単です。（It を主語にして）

＿＿＿＿＿＿＿＿＿＿＿＿＿＿＿＿＿＿＿＿

(2) 私は彼に私のコンピュータを使わせませんでした。

＿＿＿＿＿＿＿＿＿＿＿＿＿＿＿＿＿＿＿＿

最後にこれだけ確認！

□ 原形不定詞（**to** を使わない不定詞）

〈let＋人＋動詞の原形〉「人に～させる」

Let me **wash** the dishes.「私にお皿を洗わせてください。」

〈help＋人＋動詞の原形〉「人が～するのを手伝う」

I will **help** you **take** the garbage out.「あなたがごみを出すのを手伝いましょう。」

※「人の～を手伝う」というときは〈help＋人＋with＋名詞〉

I will **help** you with **your work**.「あなたの仕事を手伝いましょう。」

└→ 名詞

第10日 仕上げテスト

時間 30分
合格点 70点
得点 　　点

解答→別冊 p.26

1 ［適語選択］(　)内から適切な語句を選んで，記号を○で囲みなさい。(3点×6)

(1) I have (ア having　イ have had　ウ been　エ had) a cat since last year and I like it very much.

(2) My parents (ア tell　イ call　ウ say　エ speak) me Sho.

(3) This is the thing (ア used　イ using　ウ uses　エ use) for cleaning windows.

(4) Could you tell me (ア where　イ where to　ウ to where　エ where is) get a taxi?

(5) Study hard, (ア then　イ and　ウ if　エ or) you can't pass the exam.

(6) We practiced hard (ア win　イ won　ウ to win　エ is won) the game.

2 ［適語補充］次の日本語の意味になるように，［　］内に適切な語を入れなさい。(5点×4)

(1) この写真は昨年，トムに撮られました。

This picture [　　　　] [　　　　] by Tom last year.

(2) サッカーをするのは見るのよりもわくわくする。

Playing soccer is [　　　　] exciting [　　　　] watching it.

(3) 私たちは3時間ずっとサッカーの練習をしています。

We have [　　　　] [　　　　] soccer for three hours.

(4) あれはあなたをここまで乗せてきたバスですか。

Is that the bus [　　　　] brought you here?

3 ［並べかえ］対話文が自然な流れになるように，(　)内の語句を並べかえなさい。(6点×3)

(1) *A* : Do you know (home, she, when, comes)?

B : Around four o'clock.

Do you know ______________________________?

(2) *A* : I miss Aya so much.

B : Me, too. I (were, she, wish, here) with us.

I ______________________________ with us.

(3) *A* : Oh, Emi. Do you have any plans for this weekend?

B : On Saturday, I'm (do, my mother, going, help, to) her housework.

On Saturday, I'm ______________________________ her housework.

4 **[長文読解]** 次の英文は，日本人の裕太(*Yuta*)と，裕太の家にホームステイをしているアメリカ人のマイク(*Mike*)との会話です。これを読んで，あとの問いに答えなさい。

(*Mike and Yuta are at Yuta's house.*) 〔静岡一改〕

Yuta : Here is our *kotatsu*, Mike.

Mike : Wow! This is my first time to see a *kotatsu*. Show me how to use it.

Yuta : It's easy. Switch on, and get in. Come here, Mike.

Mike : Oh, it's warm, and it's nice to sit on the floor!

Yuta : Is that (①) for you?

Mike : Yes. Usually, we Americans don't do that .... So what do you do at a *kotatsu*?

Yuta : We just sit and talk. And, we always drink tea here after dinner.

Mike : [②]

Yuta : Well, on New Year's Day, we sit at a *kotatsu* and watch TV together almost all day. We also talk a lot.

Mike : I see. It's important (③) talk with your family. Is communication among family members easier at a *kotatsu*?

Yuta : [④] A *kotatsu* is useful for talking more. Oh, there is another good thing. When I do my homework here, I can always find someone to help me.

Mike : That's nice. Family members can help each other.

Yuta : Yes, I've found good things about the *kotatsu*. But, Mike, there is one thing you should remember. If you sleep here, you'll catch a cold.

(注) *kotatsu* こたつ　switch on スイッチを入れる

(1) ①，③の(　)内に適切な語をそれぞれ次のア～エから選んで，記号を○で囲みなさい。 (6点×2)

① ア cold　イ delicious　ウ popular　エ special

③ ア when　イ for　ウ to　エ that

(2) 会話が自然な流れになるように，②，④の[　]に適切な文をそれぞれ次のア～ウから選んで，記号を○で囲みなさい。(8点×2)

② ア Really?　イ Pardon?　ウ Anything else?

④ ア I don't agree.　イ That's too bad.　ウ I think so.

(3) 次の問いと答えが，本文の内容に合うように，[　]に適切な語を入れなさい。(16点)

問い：[　　　] [　　　] does Yuta's family sit at the *kotatsu* on New Year's Day?

答え：Almost all day.

8 書物を交換する、というのは、じぶんの体験した異質の世界を見せあう、ということである。そして、だれにでも経験のあることだろうが、自分が読んでみて、ほんとうにいい本だ、と思った本は、ひとにも読ませたくなるものだ。読んでいるあいだは、完全にじぶんだけの世界だが、その世界に、じぶんの親しいひとをひきずりこんで経験を共有したくなるのである。そういう③経験の交換が、家族のそれぞれの読書生活のなかでおこなわれるのは、すばらしいことだ。

9 ひとの日記や私信を読むのは失礼なことだ。だが、書物は、いっぽうで私的でありながら、他方では共有のゆるされるものである。夫婦のあいだで、あるいは親子のあいだで、お互いの本をとりかえて読むことで、家族は個人を尊重しながら、相互のより深い理解への道をあゆむことができるかもしれない。

（加藤秀俊《かとうひでとし》「暮《くら》しの思想」）

(1) 【内容理解】――線①とあるが、これと同じ内容を表している言葉を、6段落から抜き出して書きなさい。（20点）

〔　　　　〕

よく出る

(2) 【内容理解】――線②とあるが、これを説明したものとして最も適切なものを次から選び、記号で答えなさい。（20点）〔　　〕

ア 他の備品は家族内で同じように使えるが、書物は個人の好みに従って楽しむという私的な面があるということ。

イ 他の備品は家族で使うものだが、書物は世間の事柄を取り上げているために多くの人が使用できるということ。

ウ 他の備品は家族であればだれでも使えるものだが、書物は同じ感性をもつ場合に限って共有できるということ。

エ 他の備品は家族内でいつでも使えるが、書物はその持ち主が読んでいないときにだけ借りて読めるということ。

記述式

(3) 【理由説明】――線③とあるが、それはなぜか。その理由を、「経験の交換」の内容を明らかにして、五十字以内で書きなさい。（30点）

よく出る

(4) 【内容理解】本文の内容を説明したものとして最も適切なものを次から選び、記号で答えなさい。（30点）〔　　〕

ア 書物の意味を検討し、読書を軽視しがちな現代の傾向を指摘してその対応について論じている。

イ 書物の性質を確認し、読書を個人的なものとする認識を批判してその欠点について論じている。

ウ 書物の歴史を分析し、読書形態の移り変わりを挙げてその共通点と相違点について論じている。

エ 書物の特性を考察し、読書のひとつのあり方を提案してその意義や可能性について論じている。

第10日 仕上げテスト

時間 30分
合格点 70点
得点　　点

月　日

解答→別冊30ページ

1 次の文章を読んで、あとの問いに答えなさい。〔栃木〕

[1] 本を読むことは、よいことだ。たとえ、それが住居の貧困の反映であっても、個人が自由な想像力によって、それぞれの①精神の個室をもつのはのぞましいことだ。じっさい、そもそも「個人」というのは、そういうふうにして成長してゆくものだからである。

[2] しかし、家庭のなかの書物というものを考えてみると、これはずいぶん、ふしぎな品物のような気がする。なぜなら、本は家庭の備品のひとつではありながら、結局のところ、個人にぞくするものであるからだ。家庭の本棚にならんでいる何十冊、あるいは何百冊の本の背表紙は、家族のみんなが毎日ながめているのに、その中身は、家族共有のものではないのである。②その点で、家庭にある他のもろもろの備品と書物とは、性質がちがうのだ。

[3] それはそれでよい。ちょうど、個室をのぞきこまないことが礼儀であるように、精神の個室ものぞきこまないほうがよいのかもしれぬ。お互い、好きな本を読んで、それぞれの世界をたのしめば、それでよい、というべきなのかもしれぬ。

[4] しかし、本は、いっぽうで個人にぞくするものでありながら、同時に、だれでもが入ることのできる個室、つまりホテルの部屋のような社会性ももっている。だれかが使用中であるかぎり、そこにふみこんではならないが、空室になったときには、だれが使ってもかまわない。主婦が買いこんだ文学全集を夫や子どもが読むことはいっこうにさしつかえないことだし、子どものマンガを親が読んだっていい。表題はまったくちんぷんかんぷんであっても、夫の読んでいた経営学の本を、妻がひもといてみてもかまわないはずだ。

[5] そして、わたしは、そういう密室の交換がこれからの家庭ではたいへんだいじなことであるような気がする。

[6] 人間がことばで表現できるものは、きわめてかぎられている、と哲学者はいう。それは家族のなかの人間関係についても真実だ。夫婦、親子、毎日顔をつきあわせておしゃべりは果てしなくつづけられているけれども、それによって、はたしてお互いがどれだけ「理解」しあっているかは、わからない。相手の心の深い部分が、どんな構造になっているのかは、ほんとうに、見当がつかないのである。

[7] その見当のつかない部分を知ることはできないし、また、知る必要もない。「個人」どうしのつきあいというのは、そういうものなのだ。しかし、もしも、その心の奥深い部分をつくっているもののひとつが書物であるとするならば、まえにのべたような理由によって、お互いの書物は交換することが家庭のなかで考えられてもよいのではないか。

知らず。学問の道は他無し、其の放心を求むるのみ、と。
＊孟子＝中国古代の思想家。「孟子」は彼の書いた書物。
＊仁＝人を広く愛する心。　＊義＝人として行うべき正しい道。

よく出る
(1) 【指示語】——線「之」とは、何か。文中から抜き出して書きなさい。〔　　〕

(2) 【要旨】この文章の内容に合うものとして最も適切なものを次から選び、記号で答えなさい。〔　　〕

ア 人間は、正しいことだとわかっていても実行できないことがある。学問を通じて、正義を貫く強い心を身に付けることが大切である。

イ 人間は、身近なものがなくなると探すが、大切な心を失っても探そうとしない。学問で重要なのは、その心を取り戻すことである。

ウ 人間は、一度きりの学習で何かを習得することは難しい。学問の真の楽しみは、復習により知識を確かなものにするところにある。

エ 人間は、日ごろ表面的に交わることが多い。学問の良さは、競い合い励まし合うことで真の友情を築くことができるところにある。

3 次の文章を読んで、あとの問いに答えなさい。〔福島〕

〔沖《ちゅう》は、＊魏《ぎ》の＊太祖《たいそ》の子である。沖が五、六歳であったころ、＊呉《ご》の＊孫《そん》権《けん》が、太祖に大きな象を贈ってきた。〕

太祖その斤重《きんぢう》を知らんと欲《ほっ》し（重さを知りたいと思い）、これを群下に訪《と》ふも、よくその理を出《い》だすなし（多くの臣下に尋ねたが、その方法を考えつくことのできる者はいなかった。）。沖いはく、「象を大船の上に置きて、その水痕の至る所を刻み、物をはかつてもつてこれに載すれば、則ち校し（比べて）てそれ知るべし。」と。太祖大いに悦《よろこ》び、即《すなは》ち施《ほどこ》し行ふ（すぐに実行した。）。
（「蒙求《もうぎゅう》」）

＊魏＝中国にあった国の名。
＊太祖＝王朝を開いた人。ここでは魏の王、曹操《そうそう》のこと。
＊呉＝中国にあった国の名。
＊孫権＝呉の王の名。

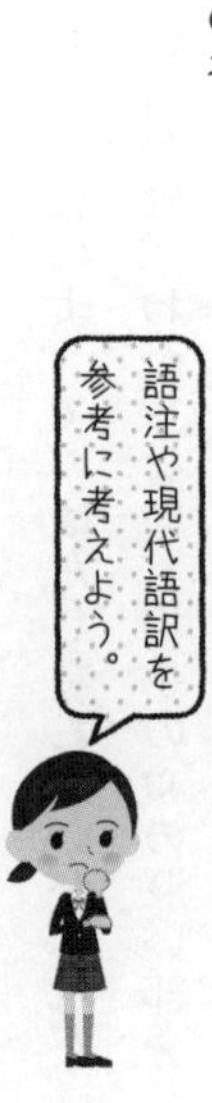

よく出る
(1) 【歴史的かなづかい】……線を現代かなづかいに直し、すべてひらがなで書きなさい。（10点）〔　　〕

(2) 【内容理解】次の文章は、沖の話した内容を説明したものである。[a]・[b]に入る言葉を、文中から[a]は二字、[b]は六字で抜き出して書きなさい。（10点×2）

・象を載せた[a]の側面に、水面の位置で印をつけ、象を降ろす。
・つけた印のところまで[a]が沈むように、[b]載せていく。
・象の重さは、載せた物の重さと同じである。

a
b

これだけ確認！
□漢詩の代表的な形式である絶句と律詩を覚える。
□送りがなや返り点の規則を覚える。
□漢文独特の表現や言い回しを理解し、内容を読み取る。

月　日

解答→別冊30ページ

1 次の漢詩と解説文を読んで、あとの問いに答えなさい。〔兵庫〕

蜀道《しよくだう》期に後る　張説《ちやうえつ》

客心　日月と争ひ
来往　予《あらかじ》め程を期す
秋風　相待たず
先《ま》づ至る　洛陽《らくやう》城

蜀道後レル期ニ　張説

客心①争ヒ日月ト
来往予メ期レス程ヲ
秋風不二相待一タ
先ヅ至ル洛陽城

【解説文】
この詩は、作者が蜀の国から故郷の洛陽へ帰るときの旅人としての思いを詠《よ》んだものであり、「蜀の街道で予定の期日に遅れる」と題されている。まず、第一句では、日や月のめぐる早さと競うほど［A］という気持ちを述べ、第二句で、そのために旅の日程をあらかじめ定めていたと詠んでいる。第三句では、吹き始めた秋風に視点を転じ、第四句で、自分より先に［B］が洛陽の都へたどりついてしまったと述べて、秋までには帰るつもりだったのになあという気持ちをうたった詩である。

よく出る
(1)【返り点】――線①が、書き下し文の読み方になるように、返り点をつけなさい。（15点）

［争ヒ　日　月ト］

(2)【語意】――線②という意味で使われている言葉を、漢詩の中から抜き出して書きなさい。（15点）

［　　　］

(3)【空欄補充】［A］・［B］に入る言葉をそれぞれ書きなさい。ただし、Aは自分で考えた言葉を書き、Bは適切なものを次から選び、記号で答えなさい。（10点×2）

ア 日月　**イ** 来往　**ウ** 程　**エ** 秋風

A［　　　］
B［　　　］

2 次の漢文を読んで、あとの問いに答えなさい。（10点×2）〔群馬〕

＊孟《まう》子《し》曰《い》ハク、＊仁ハ人ノ心也《なり》。＊義ハ人ノ路《みち》也。舎《す》テテ二其《そ》ノ路一ヲ（捨てて）（その道に従おうとしない）而弗《ず》レ由《よ》ラ、放チテ二其ノ心一ヲ（失って）而不レ知レ求ムルヲ。哀《かな》シイ哉《かな》。人、有ラバ二鶏犬ノ放タル一（逃げるもの）則《すなは》チ知レル求レムルヲ之《これ》ヲ。有リテ二放心一而不レ知レ求ムルヲ。学問之《の》道ハ無レシ他、求ムル二其ノ放心一ヲ而《の》已《み》矣ト。（「孟子」）

孟子曰はく、仁は人の心なり。義は人の路なり。その路を舎てて由らず、其の心を放ちて求むるを知らず。哀しいかな。人、鶏犬の放たるる有らば則ち之を求むるを知る。放心有りて求むるを

よく出る
② 【内容理解】「住めるかた」を人に譲った①の人物が、旅の支度をしている様子が書かれた部分を探し、初めと終わりの三字を書きなさい。

□□□ ～ □□□

(5) 【俳句の鑑賞】——線dの季語と季節を答えなさい。また、この句に使われている切れ字を答えなさい。（5点×3）

季語〔　　〕　季節〔　　〕

切れ字〔　　〕

2 次の文章を読んで、あとの問いに答えなさい。〔群馬―改〕

*三代の栄耀《えいえう》一睡のうちにして、*大門《だいもん》の跡は一里こなたにあり。秀衡《ひでひら》が跡は田野《でんや》になりて、*金鶏山《きんけいざん》のみ形を残す。まづ、*高館《たかだち》に登れば、北上川《きたかみがは》南部より流るる大河なり。衣川《ころもがは》は、*和泉《いづみ》が城《じやう》をめぐりて、高館の下にて大河に落ち入る。*泰衡《やすひら》らが旧跡は、衣が関を隔てて*南部口をさし固め、えぞを防ぐと見えたり。さても*義臣すぐつてこの城にこもり、功名一時の草むらとなる。「国破れて山河あり、城春にして草青みたり」と、かさうち敷きて、時のうつるまでなみだを落としはべりぬ。

夏草やつはものどもが夢の跡

（「おくのほそ道」）

*三代の栄耀＝藤原清衡《ふじわらのきよひら》・基衡《もとひら》・秀衡の三代にわたった栄華。
*大門＝藤原三代の居館、平泉館《ひらいずみかん》の南大門。
*金鶏山＝秀衡が金の鶏を埋め、富士山《ふじさん》に擬して築いた山。
*高館＝源 義経《みなもとのよしつね》の館。　*和泉が城＝秀衡の三男忠衡《ただひら》の館。
*泰衡＝秀衡の次男。　*南部口＝平泉から南部地方への道の出入り口。
*義臣すぐつて＝（義経が）忠義の家臣をえりすぐって。

(1) 【現代語訳】——線①にこめられている意味として最も適切なものを次から選び、記号で答えなさい。（8点）〔　　〕

ア 静かで心地よいこと　イ 常に変わらないこと
ウ 短くてはかないこと　エ 華やかで盛んなこと

(2) 【指示語】——線②とは、何を指しているか。文中から抜き出して書きなさい。（10点）

〔　　〕

(3) 【文学史】——線③は、だれの何という漢詩を引用しているか、それぞれ漢字で答えなさい。（5点×2）

だれ〔　　〕　漢詩〔　　〕

よく出る
(4) 【俳句鑑賞】——線④から読み取れる作者の気持ちとして適切なものを次から選び、記号で答えなさい。（10点）〔　　〕

ア 昔の武将たちの勇ましい戦いぶりに感動している。
イ 高館から見た、旧跡の雄大な景色に満足している。
ウ 自然の永遠性と、人の世のはかなさを感じている。
エ 戦場の跡を見て、平和の大切さを実感している。

(5) 【文学史】「おくのほそ道」について説明した次の a ・ b に入る言葉を書きなさい。ただし、 a は自分で考えて書き、 b はあとから選び、記号で答えなさい。（5点×2）

「おくのほそ道」は、江戸時代に a が書いた b である。

ア 紀行文　イ 物語　ウ 随筆　エ 歌集

a〔　　〕　b〔　　〕

第8日 古典①（古文）

時間 30分
合格点 70点
得点 点

これだけ確認！
- □ 歴史的かなづかいを現代かなづかいに直せるようにする。
- □ 省略された言葉を補って、文章の流れをおさえる。
- □ 語注を参考に、文章を正確に読み取る。

月 日

解答→別冊30ページ

1 次の文章を読んで、あとの問いに答えなさい。

月日は百代《はくたい》の過客《くわかく》にして、行きかふ年もまた旅人なり。a舟の上に生涯を浮かべ、馬の口とらへて老いを迎ふる者は、日々旅にして旅をすみかとす。*古人も多く旅に死せるあり。予もいづれの年よりか、片雲の風にさそはれて、漂泊の思ひやまず、海浜にさすらへ、去年《こぞ》の秋、*江上《かうしやう》の破屋に蜘蛛《くも》の古巣をはらひて、やや年も暮れ、春立てる霞《かすみ》の空に*白河《しらかは》のb関越えんと、*そぞろ神の物につきて心をくるはせ、*道祖神《だうそじん》の招きにあひて、取るもの手につかず、股引《ももひき》の破れをつづり、笠《かさ》の緒付けかへて、*三里に灸《きう》すうるより、*松島《まつしま》の月まづ心にかかりて、c住めるかたは人に譲り、*杉風《さんぷう》が別墅《べつしよ》に移るに、

d草の戸も住み替はる代ぞ雛《ひな》の家

*表八句を庵《いほり》の柱に懸け置く。

（「おくのほそ道」）

*古人＝李白《りはく》・杜甫《とほ》・西行《さいぎやう》・宗祇《そうぎ》など、人生の大半を旅に過ごし詩歌《しいか》を究めた人々。李白・杜甫は中国唐《とう》代の詩人。宗祇は室町《むろまち》時代の連歌《れんが》師。
*江上の破屋＝江戸深川《ふかがわ》（今の東京都江東《こうとう》区の西部）にあった芭蕉庵《ばしょうあん》のこと。
*白河の関＝今の福島県白河市にあった、奥州《おうしゅう》路への関所。
*そぞろ神＝人の心を誘惑し、落ち着かせない神。
*道祖神＝道行く人の安全を守る神。
*三里＝ひざ頭の下部の外側のくぼんだところ。ここに灸《きゅう》をすえると、足を丈夫にし、また、万病に効くといわれる。
*松島＝宮城県松島湾一帯の地。日本三景の一つとして知られる名勝。
*杉風＝杉山《すぎやま》杉風。芭蕉の門人。その別荘は「採荼庵《さいとあん》」（「さいだあん」とも）といい、芭蕉庵の近くにあった。
*表八句＝俳諧の連句百句を二つ折りにした懐紙四枚に書くとき、一枚目の表に記す八句をいう。

よく出る
(1) 【歴史的かなづかい】……線を現代かなづかいに直し、すべてひらがなで書きなさい。（5点）
〔　　〕

(2) 【内容理解】――線aとは、だれか。最も適切なものを次から選び、記号で答えなさい。（8点）
〔　　〕

ア 武士　イ 馬子　ウ 農民
エ 船頭　オ 商人

よく出る
(3) 【現代語訳】――線bの現代語訳として最も適切なものを次から選び、記号で答えなさい。（8点）
〔　　〕

ア 越えない　イ 越えるだろう
ウ 越えたい　エ 越えてもよい

(4) ――線cについて、次の問いに答えなさい。（8点×2）

① 【動作主】「住めるかた」を人に譲って、「杉風」の別荘に移ったのは、だれか。文中から抜き出して書きなさい。
〔　　〕

C　つきぬけて天上の紺*曼珠沙華《まんじゅしゃげ》　　山口誓子《やまぐちせいし》

D　冬菊のまとふは*おのがひかりのみ　　水原秋櫻子《みずはらしゅうおうし》

*まさをなる＝真っ青な。　*曼珠沙華＝「ひがんばな」の別称。

*おのが＝おのれの。

(1)【情景理解】一面に広がる美しい花の情景が、色彩の対比と共に詠《よ》まれている句をA～Dから選び、記号で答えなさい。(10点)　[　　]

よく出る

(2)【表現技法】まっすぐに伸びる花の様子を鮮やかな色彩の対比と共に、体言止めを使って表現した句をA～Dから選び、記号で答えなさい。(10点)　[　　]

(3)【俳句の鑑賞】次のA～Dの中のある句の鑑賞文の[a]・[b]に入る言葉を、[a]は、その句の中から三字で抜き出して書き、[b]はあとから最も適切なものを選び、記号で答えなさい。(10点×2)

> 人は花を見るときに、美しさや可憐《かれん》さに心をときめかせるばかりでなく、その花に自らの思いを託して見ることがあるものです。
>
> 作者には、この花が、厳しい季節のにぶい日ざしの中で、外から受ける光ではなく、自らの放つ光に包まれ輝いているように見えたというのです。そのことを、「光を『[a]』」という擬人法を用いて表しています。作者は、この花の姿に、周囲に左右されずに、自らの[b]を大切にして生きていきたいという自分自身の思いを重ね合わせたのです。

ア　想像　　イ　現実　　ウ　理屈　　エ　理想

a [　　　]　　b [　　]

3　次の短歌と鑑賞文を読んで、あとの問いに答えなさい。〔福島—改〕

A　夏はきぬ相模《さがみ》の海の南風にわが瞳燃ゆわがこころ燃ゆ　　吉井《よしい》勇《いさむ》

B　しらしらと氷かがやき
千鳥なく
釧路《くしろ》の海の冬の月かな　　石川啄木《いしかわたくぼく》

【鑑賞文】Aの短歌は、新たな季節の訪れを実感し、潮風を身に受け、期待感に胸が躍るような心情をうたっている。「[a]」という言葉が、前の句と対応して力強いリズムを生み出すとともに、心情の高まりを率直に表現している。

また、Bの短歌は自然の厳しさが作り出した風景を「[b]」という言葉で視覚的に表現した後に、聴覚で感じ取った対象を詠み込み、歌全体として、月が照らし出す印象的な海の情景を表現している。

(1)【短歌の鑑賞】[a]・[b]に入る最も適切な言葉を、短歌の中から[a]は七字、[b]は十字でそのまま抜き出して書きなさい。(5点×2)

a [　　　　　　　]　　b [　　　　　　　　　　]

(2)【内容理解】Bの短歌で感動の中心が詠まれている句を、抜き出して書きなさい。(10点)　[　　]

第7日 詩・短歌・俳句

時間 30分

合格点 70点

得点　　点

これだけ確認！

- □ 音数や内容に注意して、詩歌《しいか》の種類や形式をとらえる。
- □ 表現技法を理解し、情景や作者の心情を読み取る。
- □ 作者の感動の中心をおさえ、主題を読み取る。

月　　日

解答→別冊29ページ

1 次の詩と鑑賞文を読んで、あとの問いに答えなさい。〔兵庫〕

蕾《つぼみ》　杉山平一《すぎやまへいいち》

誰がつくった文字なのだろう
くさかんむりに雷とかいて
つぼみと読むのは素晴らしい

とき至って野山に
花は爆発するのだ
遠い遠い花火のように
その音はまだ
この世にはとどいてこない

【鑑賞文】 作者は、雷のようなエネルギーが「［A］」の中にこめられているという着想を得て、開花を「爆発」になぞらえている。そして、「とき至って野山に」花が咲いても、「遠い遠い花火のように」、その［B］けれど、その音は聞こえない。しかし、「まだ……とどいてこない」という表現からは、花の生命力が［C］ことが読み取れる。

(1) 【心情理解】――線にこめられた作者の心情として最も適切なものを次から選び、記号で答えなさい。(10点)　〔　　〕

ア 物の本質をとらえた文字に気づいたときめき。
イ 難解な文字の知識が増えたことに対する満足。
ウ 物の形に似せて作られた文字を見つけた喜び。
エ 理屈に合わない文字の成り立ちに対する疑問。

(2) 【詩の鑑賞】［A］～［C］に入る言葉を書きなさい。ただし、［A］は詩の中から抜き出した言葉を、［B］は自分で考えた五字以内の言葉を書き、［C］は次から最も適切なものを選び、記号で答えなさい。(10点×3)

ア 音としては感じられないとあきらめている
イ 音としてとどきつつあると実感している
ウ 音になってとどくかもしれないと期待している
エ 音になって消えてしまうことを惜しんでいる

A〔　　〕

B［　　　　　］

C〔　　〕

2 次の俳句を読んで、あとの問いに答えなさい。〔福島―改〕

A ＊まさをなる空よりしだれざくらかな　富安風生《とみやすふうせい》

B 菜の花や月は東に日は西に　与謝蕪村《よさぶそん》

2 **【資料の読み取り】** 次のグラフA～Cは、「高校生の勉強と生活に関する意識調査」の中の、学校生活や勉強についての質問に対する、日本、アメリカ、中国の高校生の回答結果の一部を表したものである。

　これらのグラフを使って、まとまりのある二段落構成の文章を書きなさい。第一段落には、グラフを見て気づいたことを書きなさい。それをふまえ、第二段落には、あなたが今後の学校生活で大切にしたいことを、自分の体験や見聞きしたことを含めて書きなさい。ただし、あとの《注意》に従うこと。（50点）〔山形〕

グラフA

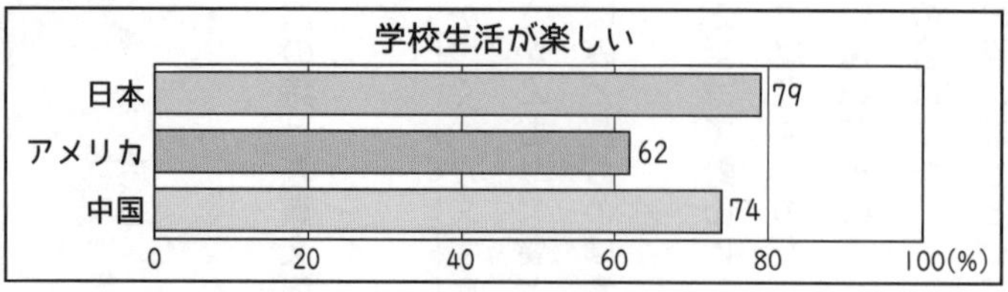

グラフB

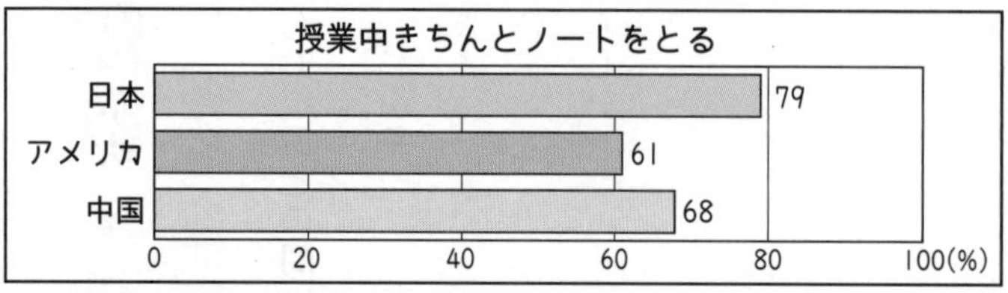

グラフC

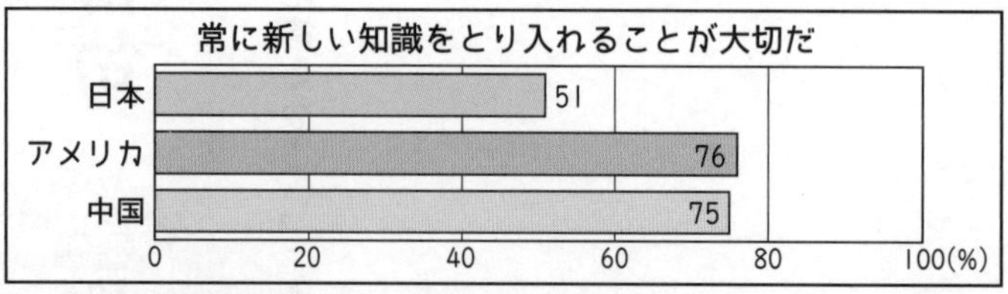

注：グラフAの数値は「楽しい」，グラフBの数値は「よくある」，グラフCの数値は「とても大切だ」と回答した割合である。

国立青少年教育振興機構「高校生の勉強と生活に関する意識調査」（H29年度調査）により作成

《注意》
① 「題名」は書かないこと。
② 二段落構成とすること。
③ 二〇〇字以上、二四〇字以内で書くこと。
④ 文字は、正しく、整えて書くこと。
⑤ グラフの数値を使う場合は、次の例にならって書くこと。
　（例）四二％　五〇％

第6日

図表・資料などの読み取り

時間 30分

合格点 70点

得点 　点

これだけ確認！

□ グラフや図表などの資料を設問にあわせて読み取る。

□ 資料の特に目立つ点に注目して、具体的な数値を示す。

□ 資料からわかることや、自分の意見をまとめて書く。

月　日

1 【資料の読み取り】 日本を訪れる外国人の数は年々増加しており、ますます多くなることが予想される。次のグラフは、訪日した外国人旅行者が旅行中に困ったことの上位三つをまとめたものである。今後、外国人旅行者に日本で快適に過ごしてもらうためには、どうしたらよいか。グラフから気付いたことをふまえて、あなたの考えを、あとの《条件》に従って書きなさい。（50点）〔秋田〕

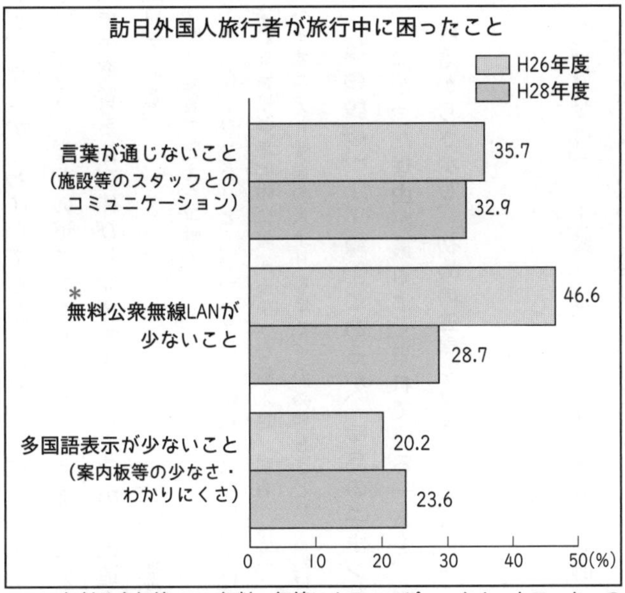

＊無料公衆無線LAN＝無料で無線によるコンピュータネットワークへの接続を提供すること。

観光庁「訪日外国人観光者の国内における受入環境整備に関するアンケート」結果（H28年度調査）により作成

《条件》

① 題名は不要。

② 字数は、二〇〇字以上、二五〇字以内。

③ グラフ中の英字や数字、記号を書く際は、例のように書くこと。（例）H28年度　35・7%　LAN

解答→別冊29ページ

いが、そこからわずかでも踏み出せば、広大な楽しい世界が開けるであろう。学問の道でも同じことがいえる。自分がもっている独自の資質を伸び伸びと発揮することこそが、創造力を生み出す源泉である。

（河合雅雄《かわいまさを》「学問の冒険」）

＊沃野＝地質の肥えた平野。
＊不離一体＝ぴったりとくっついていて離れられない関係にあること。
＊幸島＝宮崎県串間《くしま》市に属する小さな無人島。別名、猿島《さるじま》。
＊パイオニア＝普通の人よりも早くその必要をさとり、実行した人。

(1) 【理由説明】——線①とあるが、幸島のニホンザルが海に入らなかった理由が最もよく表れている一文を、文中の1〜4段落からさがし、初めの五字を書きなさい。（15点）

□□□□□

(2) 【係り受け】——線②は、どの言葉を直接修飾しているか。適切な言葉を次から選び、記号で答えなさい。（10点）〔　〕

ア 続けとばかり　イ 拾う
ウ 入るように　エ なった

(3) 【脱文挿入】次の一文は、文中の(a)〜(d)のどこに入れるのが適切か。記号で答えなさい。（15点）

海は、かれらの生活に広がりと豊かさを与えてくれたのである。〔　〕

(4) 【文章の構成】この文章の2〜5の四つの段落を、内容のまとまりを考えていくつかに分けるとすると、その分け方はどうなるか。最も適切なものを次から選び、記号で答えなさい。（15点）〔　〕

ア 2／3 4／5　イ 2 3 4／5
ウ 2／3 4 5　エ 2 3／4 5

(5) よく出る 【接続語補充】A・Bに共通して入る言葉を次から選び、記号で答えなさい。（10点）〔　〕

ア そして　イ ところで
ウ しかし　エ なぜなら

(6) 記述式 【指示語】——線③は、何を指しているか。文中の言葉を使って書きなさい。（20点）

〔　〕

(7) よく出る 【内容理解】この文章で述べられている筆者の考え方と合っているものはどれか。最も適切なものを次から選び、記号で答えなさい。（15点）〔　〕

ア 過不足のない人生を歩み、安全な世界に浸る未来を考える若者たちは、広大な楽しい世界を発見できる。
イ 子供の頃から危険を排除されたまま成長した若者でも、自分の力で危険を切り抜ける方法は身につけている。
ウ 学問の道においても、自分独自の資質を自由に発揮することこそが、創造力を生み出すもとになる。
エ 人間の世界でもサルの世界でも、未知の世界へ立ち向かう欲求をもたないと生きていくことができない。

第5日

説明文・論説文

時間 30分

合格点 70点

得点　　点

これだけ確認！

□ 問題提起や結論部分から、筆者の主張をとらえる。
□ 段落の働きや相互関係をおさえ、文章の構成を理解する。
□ 事実と意見（感想）を区別して、要旨を読み取る。

月　　日

解答→別冊28ページ

1 次の文章を読んで、あとの問いに答えなさい。〔岐阜―改〕

[1] 独創的な仕事は、学問の世界においても旺盛な探検精神なくしては生まれ得ない。未知の世界、広々とした精神の＊沃野への知的探検こそ、独創への第一歩である。探検には常に危険が伴う。アフリカのジャングルへの探検に限らず、探検とは危険を冒すこと、すなわち冒険と＊不離一体のものであることを忘れてはならない。子供の頃から危険を排除されたまま成長した若者は、危険を自分の力で克服する術《すべ》を知らない。(a)同じことがサルの中でもいえる。

[2] ＊幸島《こうじま》のニホンザルは四方を海に囲まれた小島に暮らしていながら、①まったく海に入らなかった。イモ洗いで水に親しむようになってからも、せいぜい足や手をぬらす程度だった。海は大変危険な所で、一度その中に入ったらひどい目に遭うということが、かれらの体に染《し》みついていたからである。(b)

[3] ところがある日、二歳になるエゴと名付けられたメスが、海に撒《ま》かれた餌を拾うために、勇敢にも水の中へ飛び込んだのである。このオ女のサルこそ幸島の水泳ザルの＊パイオニアであった。②やがて他のサルたちもエゴに続けとばかり、餌を拾うために海へ入るようになった。海という未知の世界に飛び込むのは冒険であったが、それを乗り越えたがために、かれらの世界が広がったわけである。

[4] 若いサルたちはやがて餌を拾うために入るのではなく、海に入ること自体の面白さを発見した。ことに夏の日盛りにこの紺碧《こんぺき》の海に入ると、涼しくて気持ちのよいことを知り、今度は岩からダイビングする遊びも覚えた。[A]泳ぐだけでなく、そのうちに潜ることも覚え、海底から藻をつかんできたりするようにもなった。(c)

[5] だが、年寄りのオトナのサルたちは決して海へ入ろうとしなかった。かれらは保守的で、もはや未知の世界へ挑戦する欲求を失っていた。あえてそんな危険を冒さなくとも、今の生活に安住する道をかれらは選んだ。海が危険だということが強く体に染みついた身には、海に入るなどという冒険はとんでもないことなのだ。(d)イモ洗いにしろ、ムギ洗いにしろ、新しい行動を開発したのは全て少年少女のサルだった。[B]、年取ったオトナはそれを拒否した。③これは人間世界でも同じことがいえる。

[6] いつの時代にも冒険は若者の特権であった。そして未知の世界を探り、未知のことを調べていくこと、そこには必ず危険がつきまとい、また保守的な力がその伸張を阻止するが、若者たちは自分の力でそれを克服し、広い広い世界へ羽ばたいてきたのである。若者たちにはそれを可能にする力が、元来備わっているのである。

[7] 過不足のない人生を歩み、安全な世界に浸る未来も悪くはな

犀星が帰京した次の日、私は、
「夏中の私からのおみやげよ」
と言って、セルロイドの箱を渡した。犀星は一瞬はっとしたような表情をしたが、
「君はあのこおろぎの小箱をみたのだな」
と言った。こおろぎのミイラと同じに、蟬のぬけ殻をも、犀星は自分のおもちゃとしてくれた。今でも＊ナフタリン一個と共に、犀星の写真の前に飾ってある。
犀星は、君がこのようなものに興味を持ったということは、一歩の進歩だし、面白いことだ、と言った。冗談を言いながらも、見すごしてしまえばそれまでの、小さいぬけ殻に注意をはらって集めた、そのことだけを、犀星はほめてくれたのであった。

（室生朝子《むろうあさこ》「父犀星の贈りもの」）

＊犀星＝室生犀星。金沢市出身の詩人、小説家。　＊ナフタリン＝防虫用の薬品。

(1) 【内容理解】――線①とあるが、それはどんなことか。最も適切なものを次から選び、記号で答えなさい。(10点)　〔　　〕

ア 娘の小箱を黙って持っていったこと。
イ こおろぎを捕まえていたこと。
ウ こおろぎをミイラにして保存していたこと。
エ 大切なものを棚に隠していたこと。

(2) 【表現技法】――線②とあるが、この部分に使われている表現技法として適切なものを次から選び、記号で答えなさい。(5点)　〔　　〕

ア 倒置法　イ 擬人法　ウ 反復法　エ 省略法

記述式
(3) 【内容理解】――線③とあるが、このことから、犀星はどのような態度で文学作品を創作していたと考えられるか。文中の言葉を使って書きなさい。(20点)

〔　　　　　　　　〕

記述式
(4) 【理由説明】――線④とあるが、「私」はなぜつまんでみようと思ったのか。文中の言葉を使って書きなさい。(20点)

〔　　　　　　　　〕

記述式
(5) 【内容理解】――線⑤とあるが、どのように変わったのか。二十五字以内で書きなさい。(20点)

記述式
(6) 【主題理解】この文章は『父犀星の贈りもの』という本の一部だが、ここで父犀星が贈り物としてくれたのは、どのような心か、書きなさい。(25点)

〔　　　　　　　　〕

第4日 随筆

1 次の文章を読んで、あとの問いに答えなさい。〔石川―改〕

　私が女学生であった頃、仲よし五人とクリスマスに交換した贈り物のなかで、朱塗りの小箱があった。だが、その小箱は何時《いつ》か私の手元から消えていってしまっていた。そして私も小箱のことを忘れていた。ある夏、小物類の並んでいる棚に、朱塗りの小箱がほかの古い木箱の中で鮮やかにあるのを見つけた。思いがけない思いが、私はした。*犀星《さいせい》はその時お風呂にはいっていた。私はそっと蓋を開けた。白い脱脂綿の敷かれた中に、五匹のこおろぎのミイラが、きちんと並んでいた。どれも足一本、鬚《ひげ》一本折れてはおらず、完全な形をしていた。私は犀星の①小さい秘密を見たと思った。秋ちかくなって②夏のつとめを終えたこおろぎを、毎日日光にあてて完全なミイラにするまでに、どれほど細心の注意と神経、小さいものの失われた生命を大切にするか、その時の犀星の気持ちを考えた時、私は、③このこおろぎ達も父の文学作品のひとつであると思った。

　母が元気でいた頃、夏の夜、母は大きな声で私を呼んだ。押入れの襖《ふすま》に、一匹の蟬《せみ》が、今、からからはい出て生まれる厳粛な、瞬間であった。何故《なぜ》その蟬は、家の中の襖などに止まって、脱皮しようとしているのか。不思議でならなかった。私と母は息をころしてじっと見ていた。このようなものを実際に、目で見られることすら珍しいことであった。うすい白っぽい緑色の羽は、空気にあたると、すぐにうす茶色に変化していった。余りにこまかいことは、私は忘れてしまったが、その美しさと生まれて来る瞬間が、表現しがたいほどの素晴らしさであったことだけは、よく覚えている。そして立派に脱皮した大きい蟬を、庭の杏《あんず》の木にそっと止まらせてやった。私は襖にじっと止まっている蟬のぬけ殻を、眺めていた。それは実に不思議なものとして、目に映った。たった今まで大事な役目をしていながら、脱皮が終わると同時に、それは無用のものとなるのである。④私はそっとつまんでみた。だが、ぬけ殻は襖の織り目にしっかりとつかまっていて、容易にはとれなかった。役目は終わったものの、まだぬけ殻は蟬を抱いていると同じ状態であった。私はセルロイドのすき透《とお》った箱に、綿を敷いてそっといれた。そして次の日から、⑤私の庭掃除の態度は変わった。今までにも蟬のぬけ殻は、いくつもあったが、ごみと一緒にはき捨ててしまっていた。だが、あの茶の間の襖でのぬけ殻を見てからは、私は注意して庭中のぬけ殻を集めてみた。椎《しい》の木の幹についているものもみつけた。落葉と一緒に箒《ほうき》の先についているものもあった。九月の末までの間に、私は八個のぬけ殻を庭から拾うことが出来た。それはやはりどれも満足な完全な形をしていた。

解答→別冊28ページ

時間 30分

合格点 70点

得点
　　点

これだけ確認！

- □ 随筆の特色を知り、文章を書くきっかけをとらえる。
- □「いつ・どこで・だれが・どうした」をおさえる。
- □ 事実と意見(感想)を区別して、主題を読み取る。

月　日

「妙だなあ」

ぼくはタバコを口からはなした。

「だって君、スルメはイカだろう。イカは海の魚だね。すると、つまり、川の魚が海の魚を食うんだね？……」

いってから、しまったとぼくは思った。この理屈はにがい潮だ。d貝は蓋を閉じてしまう。やりなおしだと思って体を起こしかけると、それよりさきに太郎がいった。

「エビガニはね」

彼はせきこんで早口にいった。

「エビガニはね、スルメの匂いが好きなんだよ。だって、ぼく、もう先に田舎ではそうやってたんだもの」

太郎の明るい薄茶色の瞳には、はっきりそれとわかる抗議の表情があった。eぼくは鍵がはまってカチンと音をたてるのを聞いたような気がした。

（開高《かいこう》 健《たけし》「裸の王様」）

＊エビガニ＝アメリカザリガニ。　＊グワッシュ＝不透明の水彩絵の具。

よく出る

(1)【適語補充】□に入る言葉として最も適切なものを次から選び、記号で答えなさい。(10点)　［　　］

ア あおった　イ たてた　ウ ふるった　エ とばした

(2)【表現理解】——線aは、「彼」が二十七匹のエビガニを捕らえた思い出にひたっている様子を表現している。同様に「彼」のこのような様子を表現している言葉を、文中から抜き出して書きなさい。(15点)　［　　］

記述式

(3)【内容理解】——線bとあるが、これを説明した次の文の□に入る言葉を、十五字以内で書きなさい。(20点)

太郎は□ので、画を見に行こうとして立ち上がった。

記述式

(4)【表現理解】——線dの比喩表現について、それを説明した次の文の□に入る言葉を、十五字以内で書きなさい。(20点)

「ぼく」の不用意な発言によって、□ということ。

(5)——線c・eについて、次の問いに答えなさい。

よく出る

①【心情理解】——線c〜eにいたるまでの「ぼく」の気持ちの変化を、本文の流れに沿って次のようにたどった場合、A・Bに入る言葉として最も適切なものをあとから選び、記号で答えなさい。(10点×2)

予感→A→B→喜び

ア 後悔　イ 苦悩　ウ 期待　エ あこがれ

A［　　］　B［　　］

②【理由説明】——線eのように「ぼく」が感じた理由を説明した次の文の□に入る言葉を、五字前後で書きなさい。(15点)

太郎が抗議の表情を浮かべながら、エビガニの釣り方について、□ことから、太郎の心が大きく変わり始めていると確信したため。

小説

時間 30分
合格点 80点
得点 　点

これだけ確認！

- □ 時・場所・人・出来事をおさえ、あらすじをつかむ。
- □ 人物の言動に注意して、心情の変化を読み取る。
- □ 感動的な場面や山場、人物の心情から主題をとらえる。

月　日

解答↓別冊28ページ

1 次の文章を読んで、あとの問いに答えなさい。〔兵庫〕

ある子供が描くエビガニ*の画《え》をきっかけにして、周囲の誰ともうちとけなかった小学校二年生の太郎に、絵画教室の先生である「ぼく」が話しかける。

「お兄ちゃん、二十七匹だぜ。エビガニが二十七匹だぜ！」

彼はぼくから紙をひったくると、a うっとりした足どりでアトリエの隅へもどってゆき、床にしゃがみこむと、鼻をすすりながら画を描きだした。彼は一匹描きあげるたびにため息ついて筆をおき、近所の仲間にそのエビガニがほかの一匹とどんなにちがっていたか、どんなに泥穴の底からひっぱりだすとおかしげに跳ねまわったかと雄弁を［　　］。

「……なにしろ肩まで泥ンなかにつかったもんなあ」

彼はそういって、まだ爪にのこっている川泥を鉛筆のさきでせせりだしてみせた。仲間はおもしろがって三人、五人と彼のまわりに集まり、口ぐちに自分の意見や経験をしゃべった。アトリエの隅はだんだん黒山だかりに子供が集まり、騒ぎが大きくなった。

するとそれまでひとりぼっちで絵筆をなぶっていたb 太郎がひょいとたちあがったのである。みていると彼はすたすた仲間のところへ近づき、人だかりのうしろから背のびしてエビガニの画をのぞきこんだ。しばらくそうやって彼は画をみていたが、やがて興味を失ったらしく、いつもの遠慮深げな足どりで自分の場所へもどっていった。ぼくのそばをとおりながらなにげなく彼のつぶやくのが耳に入った。

「スルメで釣ればいいのに……」

c ぼくは小さな鍵を感じて、子供のために練っていたグワッシュ*の瓶をおいた。ぼくは太郎のところへゆき、いっしょにあぐらをかいて床にすわった。

「ねえ。エビガニはスルメで釣れるって、ほんとかい？」

ぼくは単刀直入にきりこんだ。ふいに話しかけられたので太郎はおびえたように体を起こした。ぼくはタバコに火をつけて、一息吸った。

「ぼくは、ドバミミズで釣ったことがあるけれど、スルメでエビガニというのは聞きはじめだよ」

ぼくが笑うと太郎は安心したように肩をおとし、筆の穂で画用紙を軽くたたきながらしばらく考えこんでいたが、やがて顔をあげると、キッパリした口調で、

「スルメだよ。ミミズもいいけれど、スルメなら一本で何匹も釣れる」

「へえ。いちいちとりかえなくってもいいんだね？」

「うん」

2 〔付属語〕次の文中から助詞と助動詞をすべて探して、それぞれ順にそのまま抜き出して書きなさい。（10点×2）

昨日のことですが、あなたは何も知りませんか。

助詞	助動詞

よく出る 3 〔敬語〕次の問いに答えなさい。（5点×3）〔(1)埼玉・(2)栃木・(3)沖縄〕

(1) 次の会話には、生徒（山田さん）の言葉遣いに、不適切な部分がある。言葉遣いが正しくなるように——線を直したものとして最も適切なものをあとから選び、記号で答えなさい。

先生「山田さんのお母さんもそうおっしゃっているのですか。」
生徒「はい、私のお母さんもそうおっしゃっていました。」

ア 母もそう申しておりました
イ 母もそう話されていました
ウ お母さんもそう申し上げていました
エ お母さんもそう言われていました

(2) 次の文の——線のうち、意味がほかの三つと異なるものを選び、記号で答えなさい。

ア 私のピアノの演奏を、学校の先生が聞きにいらっしゃる。
イ 留学中にお世話になった方が、私に会いにいらっしゃる。
ウ 明日、本校に県外から有名な作家が講演にいらっしゃる。
エ 奉仕作業で、地域の方々が正午まで学校にいらっしゃる。

(3) 次の——線の敬語と同じ種類の敬語を含んでいる文をあとから選び、記号で答えなさい。

昨日、お隣からおいしいミカンをいただきました。

ア 明日の三時に会社へうかがいます。よろしいでしょうか。
イ 母の手作りのケーキです。どうぞ召し上がってください。
ウ 先生のおっしゃった言葉は、今でも胸に残っています。
エ ピカソの絵画展には、もうおいでになりましたか。

(1)	(2)	(3)

よく出る 4 〔まぎらわしい品詞の識別〕次の各文の——線の言葉と同じ意味・用法のものをあとからそれぞれ選び、記号で答えなさい。（15点×2）〔(1)福島—改・(2)京都〕

(1) ぴったり呼吸の合うことをいったようである。

ア この弁当箱は弟のだ。
イ 姉の見たがっていた映画。
ウ 母の自転車。
エ 景色を見るのが楽しみだ。

(2) 「乱暴」な振る舞いに仰天するかもしれない。

ア ひまわりがきれいに咲いている。
イ 彼はまだ若いのにしっかりしている。
ウ 彼女は今日も楽しそうに笑っている。
エ 動物園のシロクマが暑さにまいっている。

(1)	(2)

第2日 文法

時間 30分

合格点 70点

得点　　点

これだけ確認！

□ 文節の関係や用言の活用など、基本的な知識をおさえる。
□ 尊敬語と謙譲語を区別して、正しい敬語を覚える。
□ 助詞・助動詞を把握し、品詞の識別をする。

月　　日

1 次の文章を読んで、あとの問いに答えなさい。

頭の中で、あれこれ考えていても、①いっこうに筋道が立たない。混沌《こんとん》としたままである。ことによく調べて、材料がありあまるほど②あるというときほど、混乱が③いちじるしい。いくらなんでも④このままで書き始めるわけには行かないから、もうすこし構想をしっかりしてというのが論文を書こうとする多くの人に共通の気持《きもち》である。それがまずい。

気軽に書いてアみればいい。あまり大論文をイ書こうと気負わないことである。力がウ入ると力作にならないで、上すべりした長篇《ちょうへん》に終《おわ》ってしまいがちである。いいものを書きたいと思わない人はあるまいが、エ思えば書けるわけではない。むしろ、そういう気持をすてた方がうまく行く。論文でなく、報告書、レポートでも同じだ。

こどものとき実にいい字を書いたのに、大人になると、⑤どうしてこんなことになったのかというほどあわれな字を書く人がすくなくない。こどものときは、無心である。うまく書こうとは思わないから、かえって、のびのびしたいい字になった。すこしほめられたりして自信がつくと、こんどは上手に書いて、ほめられたいという気持が⑥おこってくる。そうすると、なかなか上達しない。文章を書くのも同じであって、欲を出すと逆効果になる。

（外山滋比古《とやましげひこ》「思考の整理学」）

解答→別冊27ページ

よく出る
(1) 【品詞の識別】――線①～④の単語の品詞名を次から選び、記号で答えなさい。（5点×4）

ア 動詞　イ 形容詞　ウ 形容動詞
エ 副詞　オ 連体詞

(2) 【活用の種類】‖線ア～エの動詞から、活用の種類がほかの三つとは異なるものを選び、記号で答えなさい。（5点）

よく出る
(3) 【係り受け】――線⑤が修飾している言葉を次から選び、記号で答えなさい。（5点）

ア こんな　イ なったのかと
ウ あわれな　エ すくなくない

(4) 【文節の関係】――線⑥の文節の関係を次から選び、記号で答えなさい。（5点）

ア 主語・述語の関係　イ 修飾・被修飾の関係
ウ 補助・被補助の関係　エ 並立(対等)の関係

(1)		(2)	(3)	(4)
①	③			
②	④			

第2日
第3日
第4日
第5日
第6日
第7日
第8日
第9日
第10日

4 [同音異義語・同訓異字] 次の――線の漢字として適切なものをあとから選び、記号で答えなさい。(3点×4) [青森—改]

(1) 友人の努力する姿に成功をカクシンした。
ア 革新　イ 核心　ウ 革進　エ 確信

(2) コウミョウなやり方で難を逃れた。
ア 功名　イ 巧妙　ウ 高名　エ 光明

(3) 話し合いで解決をハカる。
ア 図　イ 量　ウ 測　エ 諮

(4) 自分のコウガクのために話をうかがう。
ア 向学　イ 好学　ウ 後学　エ 工学

(1)	(2)	(3)	(4)

5 [熟語の構成] 次の熟語と構成(組み立て)が同じものを選び、記号で答えなさい。(3点×4) [(1)栃木・(2)岐阜]

(1) 外国　ア 県営　イ 温暖　ウ 新人　エ 永久
(2) 消滅　ア 終了　イ 善悪　ウ 快走　エ 腹痛
(3) 主従　ア 護身　イ 満足　ウ 過去　エ 断続
(4) 着陸　ア 幸福　イ 開会　ウ 再会　エ 日没

(1)	(2)	(3)	(4)

6 [ことわざ・四字熟語] 次のことわざと同じ意味を表す四字熟語として適切なものをあとから選び、記号で答えなさい。(3点)

蓼食う虫も好き好き
ア 用意周到　イ 因果応報
ウ 十人十色　エ 馬耳東風

7 [書写・部首・画数] 次の問いに答えなさい。[(1)宮城・(2)三重—改]

(1) 次の行書で書かれた漢字の部首と組み合わせたとき、正しい漢字になるものをあとから選び、記号で答えなさい。(3点)

間

ア 大　イ 井　ウ 木　エ 寸

(2) 行書で書かれた漢字を楷書で書いた場合に、次の漢字と総画数が同じになるものをあとから選び、記号で答えなさい。(3点×2)

① 帰　② 極

ア 無　イ 染　ウ 孫　エ 探

(1)		(2)	
		①	②

国語

第1日

漢字・語句

時間 30分

合格点 80点

得点　　点

これだけ確認！

確認チェック

□形の似た字や、同音異義語・同訓異字を確かめる。

□熟語の構成や部首などの基本的な知識をおさえる。

□四字熟語やことわざなどの意味と用法を確かめる。

月　　日

よく出る

1 〔漢字の読み書き〕

次の——線の漢字はひらがなに、カタカナは漢字に直して書きなさい。（4点×8）〔(1)(2)(5)〜(7)神奈川・(3)(4)(8)山梨〕

(1) 緊急の事態に迅速に対応する。

(2) 両者が提出した案を折衷する。

(3) 暁の空を見上げる。

(4) 新しい仕事を請ける。

(5) 百年のデントウがある学校に通う。

(6) 意欲的に知識をキュウシュウする。

(7) 時間をゲンシュするよう心がける。

(8) 寺院にある仏像をオガむ。

(1)	(2)	(3)

(4)	(5)	(6)
ける		

(7)	(8)
	む

2 〔複数の意味〕

次の漢字と同様の意味で用いられている熟語を選び、記号で答えなさい。（6点×2）

(1) 背信　ア 背面　イ 背徳

(2) 負担　ア 負荷　イ 抱負

(1)	(2)

解答↓別冊27ページ

よく出る

3 〔熟語の読み方〕

次の——線の二字熟語の読み方をあとから選び、記号で答えなさい。（4点×5）

(1) 浅瀬を渡る。　(2) 台所に立つ。

(3) 文句をつける。　(4) 湯気が上がる。

(5) 座敷に通される。

ア 上の字も下の字も音読み

イ 上の字も下の字も訓読み

ウ 上の字は音読み、下の字は訓読み（重箱読み）

エ 上の字は訓読み、下の字は音読み（湯桶《ゆとう》読み）

(1)	(2)	(3)	(4)	(5)

本書に関する最新情報は，当社ホームページにある**本書の「サポート情報」**をご覧ください。(開設していない場合もございます。)

中学3年間　復習ワーク　5科

編著者　高校入試問題研究会
発行者　岡本泰治
印刷所　寿印刷

発行所　受験研究社

〒550-0013 大阪市西区新町2丁目19番15号
注文・不良品などについて：(06)6532-1581(代表)／本の内容について：(06)6532-1586(編集)

Printed in Japan　高廣製本
落丁・乱丁本はお取り替えします。

ひっぱると，はずして使えます。

中学 3年間

5科 復習ワーク

《解答編》

解答編

中学3年間／復習ワーク5科

数学

第1日 数の計算 ―― p.4～p.5

1 (1) 37　(2) $-\dfrac{7}{8}$

2 (1) ± 6　(2) ± 0.9　(3) $\pm\sqrt{5}$　(4) $\pm\sqrt{\dfrac{3}{7}}$

3 (1) 4　(2) $\dfrac{3}{5}$　(3) 10　(4) 4

4 (1) $8<\sqrt{65}$　(2) $\sqrt{15}<4<3\sqrt{2}$

5 (1) 11個　(2) 4個　(3) $a=5$

6 (1)ア，エ，オ　(2)イ，ウ

7 (1) $-12\sqrt{6}$　(2) $\sqrt{6}$　(3) $-3\sqrt{30}$

8 (1) $\dfrac{\sqrt{5}}{5}$　(2) $\dfrac{\sqrt{21}}{7}$　(3) $\dfrac{\sqrt{14}}{6}$

9 (1) $7\sqrt{3}$　(2) $3\sqrt{2}$　(3) $\sqrt{5}$　(4) $\sqrt{2}$
(5) $3\sqrt{7}$　(6) $4\sqrt{2}$

10 (1) $5\sqrt{3}$　(2) $2\sqrt{2}$　(3) $3+2\sqrt{6}$
(4) $8-4\sqrt{3}$　(5) 2　(6) $9+2\sqrt{5}$

解説

1 (2)与式 $=\dfrac{2}{8}-3\times\dfrac{3}{8}=\dfrac{2}{8}-\dfrac{9}{8}=-\dfrac{7}{8}$

4 (2) $4^2=16$，$(3\sqrt{2})^2=18$，$(\sqrt{15})^2=15$ だから，$\sqrt{15}<4<3\sqrt{2}$（不等号の向きをそろえる。）

5 (1) $2^2<(\sqrt{a})^2<4^2$ から，$4<a<16$
a は正の整数だから，
$a=5$，6，…，15 の11個。
(2) $3<\sqrt{10}<4$，$7<\sqrt{50}<8$ だから，
4，5，6，7の4個。
(3) $\sqrt{45a}=\sqrt{3^2\times5\times a}$ だから，$a=5$ にすればよい。

7 (3)与式 $=-\dfrac{9\sqrt{5}\times\sqrt{2}}{\sqrt{3}}=-\dfrac{9\sqrt{10}}{\sqrt{3}}$
$=-\dfrac{9\sqrt{10}\times\sqrt{3}}{\sqrt{3}\times\sqrt{3}}=-\dfrac{9\sqrt{30}}{3}=-3\sqrt{30}$

8 (3) $\dfrac{\sqrt{7}}{\sqrt{18}}=\dfrac{\sqrt{7}}{3\sqrt{2}}=\dfrac{\sqrt{7}\times\sqrt{2}}{3\sqrt{2}\times\sqrt{2}}=\dfrac{\sqrt{14}}{6}$

9 (6)与式 $=5\sqrt{2}+2\sqrt{2}-3\sqrt{2}=4\sqrt{2}$

10 (1)与式 $=2\sqrt{3}+3\sqrt{3}=5\sqrt{3}$
(2)与式 $=3\sqrt{2}-\sqrt{6}+\sqrt{6}-\sqrt{2}=2\sqrt{2}$
(6)与式 $=5+4\sqrt{5}+4-2\sqrt{5}=9+2\sqrt{5}$

第2日 式の計算 ―― p.6～p.7

1 (1) $11x-1$　(2) $-2x+y$

2 (1) $-3b$　(2) $3x^2-14xy+8y^2$

3 (1) $-23a+13$　(2) $\dfrac{3x+4y}{6}$

4 (1) x^2-x-6　(2) $x^2-7xy+12y^2$
(3) $x^2-12x+36$　(4) $25x^2-y^2$

5 (1) $6x+7$　(2) $a^2+24a-73$

6 (1) $(7x+5)(7x-5)$
(2) $(2x-y)^2$　(3) $(x-5)(x-7)$
(4) $(x+4)(x-3)$

7 (1) $3(x+3)(x-3)$　(2) $-4(x-2)(x-3)$

8 -3

9 最も小さい数を n としたとき，中央の数は $n+1$，最も大きい数は $n+2$ と表される。
最も大きい数と中央の数との積から，中央の数と最も小さい数との積をひいた差は，
$(n+2)(n+1)-n(n+1)$
$=(n+2-n)(n+1)=2(n+1)$
したがって，中央の数の2倍になる。

解説

1 (2)与式 $=7x-4y-9x+5y$
$=-2x+y$

2 (1)与式 $=36a^2b^2\div(-3a)\div4ab$
$=36a^2b^2\times\dfrac{1}{-3a}\times\dfrac{1}{4ab}$
$=-\dfrac{36a^2b^2}{3a\times4ab}=-3b$

3 (2)与式 $=\dfrac{2(2x+y)-(x-2y)}{6}$
$=\dfrac{4x+2y-x+2y}{6}=\dfrac{3x+4y}{6}$

4 (4)与式$=(5x)^2-y^2=25x^2-y^2$

5 (1)与式$=x^2+4x+4-(x^2-2x-3)$
$=x^2+4x+4-x^2+2x+3=6x+7$
(2)与式$=4a^2-25-3(a^2-8a+16)$
$=4a^2-25-3a^2+24a-48$
$=a^2+24a-73$

6 (2)与式$=(2x)^2-2\times2x\times y+y^2=(2x-y)^2$

7 (1)与式$=3(x^2-9)=3(x+3)(x-3)$
(2)与式$=-4(x^2-5x+6)$
$=-4(x-2)(x-3)$

8 与式$=-3(a^2+4ab+4b^2)$
$=-3(a+2b)^2$
$=-3\times\{3+2\times(-2)\}^2$
$=-3\times(-1)^2=-3$

> 覚えておこう **式の値**
> 式の値は，式を簡単にしてから，文字に数を代入するとミスが少ない。
> 負の数を代入するときは，(　)をつけて代入する。

9 $(n+2)(n+1)-n(n+1)$
$=n^2+3n+2-n^2-n=2n+2=2(n+1)$
としてもよい。

第3日 方程式 ———— p.8~p.9

1 (1)$x=\dfrac{11}{2}$　(2)$x=-\dfrac{26}{5}$

2 (1)$x=-3$，$y=-10$
(2)$x=8$，$y=-2$
(3)$x=2$，$y=3$

3 (1)$x=\pm5$　(2)$x=\pm\dfrac{\sqrt{5}}{2}$

4 (1)$x=1$，$x=-3$　(2)$x=3\pm\sqrt{5}$

5 (1)$x=2\pm\sqrt{6}$　(2)$x=-4\pm\sqrt{10}$

6 (1)$x=\dfrac{2\pm\sqrt{10}}{3}$　(2)$x=-\dfrac{1}{2}$，$x=3$

7 (1)$x=-3$，$x=-6$　(2)$x=2$，$x=-12$
(3)$x=0$，$x=\dfrac{3}{2}$　(4)$x=3$，$x=-7$

8 (1)$x=-1$，$x=6$　(2)$x=1$，$x=3$

9 $a=5$，他の解 $x=2$

10 大きい数…12，小さい数…7

11 2 m

解説

1 (2)両辺に分母の最小公倍数の 12 をかけると，
$4x-24=9x+2$　$-5x=26$
$x=-\dfrac{26}{5}$

2 (3)$\begin{cases}4x-3y=-1\\5x-2y-5=-1\end{cases}$ の形に書き直して解けばよい。

3 (2) $4x^2=5$　$x^2=\dfrac{5}{4}$　$x=\pm\sqrt{\dfrac{5}{4}}$　$x=\pm\dfrac{\sqrt{5}}{2}$

4 (1) $x+1=\pm2$　$x=-1\pm2$　$x=1$，$x=-3$
(2) $(x-3)^2=5$　$x-3=\pm\sqrt{5}$　$x=3\pm\sqrt{5}$

5 (1) $x^2-4x=2$　$x^2-4x+4=2+4$
$(x-2)^2=6$　$x-2=\pm\sqrt{6}$　$x=2\pm\sqrt{6}$
(2) $x^2+8x=-6$　$x^2+8x+16=-6+16$
$(x+4)^2=10$　$x+4=\pm\sqrt{10}$　$x=-4\pm\sqrt{10}$

> 覚えておこう **平方完成による解き方**
> $x^2+px+q=0$ を $(x+m)^2=n$ の形に変形するには，$x^2+px=-q$ の両辺に $\left(\dfrac{p}{2}\right)^2$ を加える。

6 2次方程式 $ax^2+bx+c=0$ の解は，
$x=\dfrac{-b\pm\sqrt{b^2-4ac}}{2a}$ で求めることができる。
(1) $x=\dfrac{-(-4)\pm\sqrt{(-4)^2-4\times3\times(-2)}}{2\times3}$
$=\dfrac{4\pm2\sqrt{10}}{6}=\dfrac{2\pm\sqrt{10}}{3}$

7 (1) $(x+3)(x+6)=0$　$x=-3$，$x=-6$
(3) $2x^2-3x=0$　$x(2x-3)=0$　$x=0$，$x=\dfrac{3}{2}$
(4) $x^2+4x-21=0$　$(x-3)(x+7)=0$
$x=3$，$x=-7$

8 (1) $x^2+5x+6=2x^2$　$x^2-5x-6=0$
$(x+1)(x-6)=0$　$x=-1$，$x=6$
(2)$\{(2x-3)+x\}\{(2x-3)-x\}=0$
$(3x-3)(x-3)=0$　$x=1$，$x=3$

9 $x=3$ を方程式に代入すると，
$3^2-a\times3+6=0$　$9-3a+6=0$　$a=5$
$a=5$ を方程式に代入すると，
$x^2-5x+6=0$　$(x-2)(x-3)=0$
$x=2$，$x=3$ よって，他の解は $x=2$

10 小さい数を x とすると，大きい数は $x+5$ だから，$x(x+5)=5(x+x+5)-11$

$x^2-5x-14=0$　$(x+2)(x-7)=0$
$x=-2$，$x=7$
x は自然数だから，$x=7$
大きい数は，$7+5=12$

11 右の図のように，縦の道を右に，横の道を下によせて考える。道の幅を x m とすると，

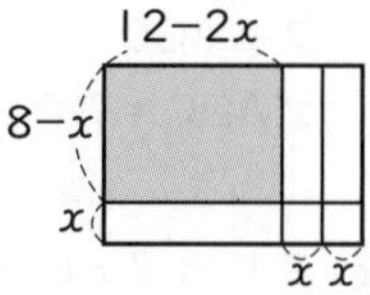

$(8-x)(12-2x)=8\times12\times\dfrac{1}{2}$
これを解くと，$x=2$，$x=12$
$0<x<6$ より，$x=2$

第4日 関　数 ―――― p.10〜p.11

1 (1) $y=-\dfrac{1}{2}x$　(2) $y=\dfrac{28}{x}$
2 (1) $y=\dfrac{5}{8}x+\dfrac{13}{2}$　(2) $y=5x+7$
3 (1) $y=2x^2$　(2) $x=\pm4$　(3) $\dfrac{1}{4}$ 倍になる。
4 (1)ア，ウ，エ　(2)オ　(3)イとエ
5 (1) $-8\leqq y\leqq0$　(2) $a=\dfrac{4}{3}$
6 (1) -15　(2) $a=1$
7 (1) $a=\dfrac{1}{4}$　(2) $y=x+3$　(3) 9

解説

1 (2) $y=\dfrac{a}{x}$ に $x=4$，$y=7$ を代入すると，
$7=\dfrac{a}{4}$　$a=4\times7=28$　$y=\dfrac{28}{x}$

2 (2)直線 $y=5x-2$ に平行だから，求める直線の傾きは5　$y=5x+b$ とおくと，
点 $(-2,\ -3)$ を通るから，$-3=5\times(-2)+b$
$b=7$

覚えておこう　平行な2直線
2直線 $y=ax+b$ と $y=a'x+b'$ が平行であるとき，$a=a'$

3 (1) $y=ax^2$ に $x=2$，$y=8$ を代入すると，
$8=a\times2^2$　$8=4a$　$a=2$　よって，$y=2x^2$
(2) $y=2x^2$ に $y=32$ を代入すると，$32=2x^2$
$16=x^2$　$x=\pm4$

4 (1) $y=ax^2$ で，$a>0$ のもの。
(2) $y=ax^2$ で，a の絶対値が最も小さいもの。
(3) $y=ax^2$ で，a の絶対値が等しく，符号が反対のもの。

覚えておこう　$y=ax^2$ のグラフの特徴
・$a>0$ のとき…上に開く
　$a<0$ のとき…下に開く
・a の絶対値が大きいほど，開き方は小さい。

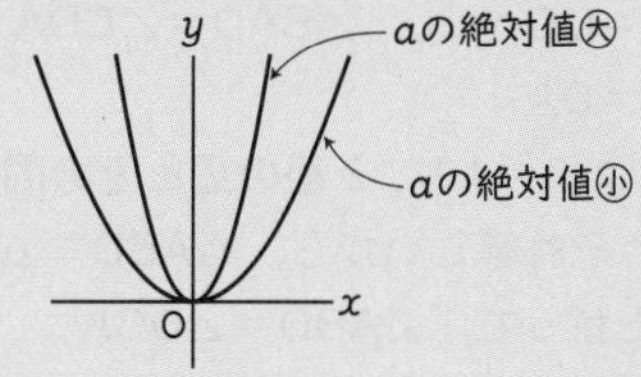

・$y=ax^2$ と $y=-ax^2$ のグラフは，x 軸について対称である。

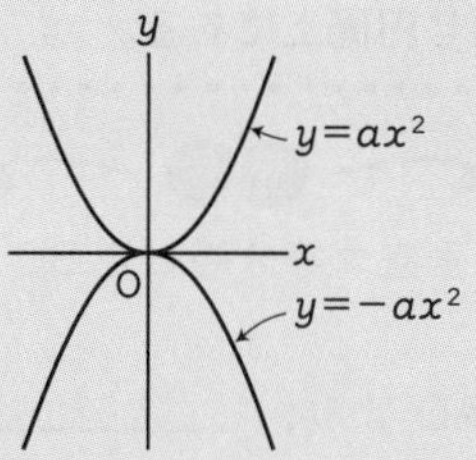

5 (2) $y\geqq0$ だから，$a>0$
$x=-3$ のとき　$y=12$ だから，$12=a\times(-3)^2$
$12=9a$　$a=\dfrac{4}{3}$

6 (2) $y=x^2$ では，$x=a$ のとき，$y=a^2$
$x=a+3$ のとき，$y=(a+3)^2=a^2+6a+9$
x の増加量は，$(a+3)-a=3$
y の増加量は，$(a^2+6a+9)-a^2=6a+9$
変化の割合$=\dfrac{6a+9}{3}=2a+3$
$y=5x+1$ では，変化の割合は5
$2a+3=5$ より，$a=1$

覚えておこう　変化の割合
変化の割合$=\dfrac{y\text{の増加量}}{x\text{の増加量}}$

7 (3)直線 AB と y 軸との交点を C とすると，
C(0，3)
△PAB＝2△OAB となるのは，
PC＝2CO のとき，
つまり，PO＝3CO のときだから，P(0，9)

第5日 平面図形の性質 ―――― p.12～p.13

1 右の図

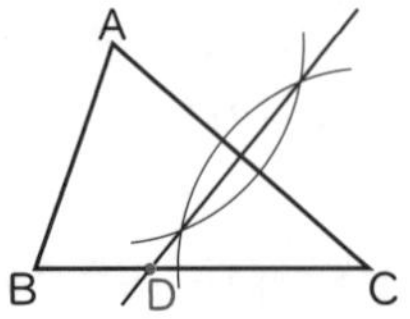

2 (1) 45°　(2) 47°
(3) 33°

3 25°

4 80°

5 (1) 113°　(2) 28°　(3) 35°　(4) 28°

6 △ABD と △DCA で
AB＝DC …①，∠BAD＝∠CDA …②，
AD＝DA …③
①，②，③より，2 組の辺とその間の角がそれぞれ等しいから，△ABD≡△DCA
したがって，∠ABD＝∠DCA
点BとCは直線 AD の同じ側にあって，
∠ABD＝∠ACD だから，4 点 A，B，C，D は同じ円周上にある。

解説

1 辺 AC の垂直二等分線と辺 BC との交点がDである。

2 (3) AB＝AC より，
∠a＝(180°－30°)÷2＝75°
ℓ // m より，
∠b＝42°
∠x＝∠a－∠b
＝75°－42°＝33°

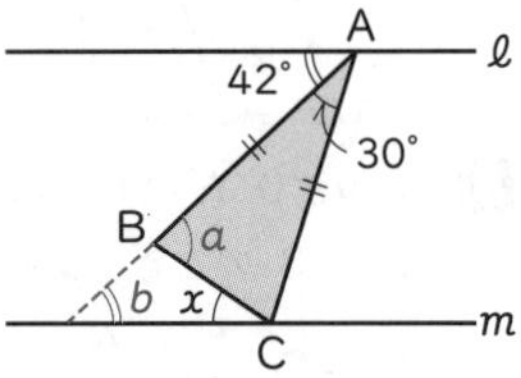

3 ∠D＝180°×(5－2)÷5＝108°
△PCD で，∠x＝180°－(47°＋108°)＝25°

4 条件より，四角形 ABMD，AMCD はともに平行四辺形といえる。よって，AB // DM，AM // DC から，平行線の同位角は等しいことを利用して求める。∠DMC＝∠ABM＝60°
∠DCM＝∠AMB＝180°－40°－60°＝80°

覚えておこう　平行四辺形になるための条件
①2 組の対辺がそれぞれ平行である。(定義)
②2 組の対辺がそれぞれ等しい。
③2 組の対角がそれぞれ等しい。
④対角線がそれぞれの中点で交わる。
⑤1 組の対辺が平行で等しい。

5 (1) ∠x＝$\frac{1}{2}$×(360°－134°)＝113°
(2) A と E を結ぶ。
∠OEA＝(180°－100°)÷2＝40°
∠AEC＝∠ADC＝68°
よって，∠x＝68°－40°＝28°
(3) ∠ACD＝∠ABD＝55°
∠ADC＝90°
よって，∠x＝180°－(55°＋90°)＝35°

6 同じ円周上にあることを証明するには，円周角の定理の逆を利用すればよい。

覚えておこう　円周角の定理の逆
点 C，P が直線 AB の同じ側にあって，
∠APB＝∠ACB
ならば，
4 点 A，B，C，P は同じ円周上にある。

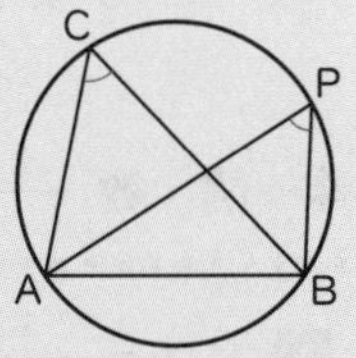

第6日 空間図形の性質 ―――― p.14～p.15

1 (1)辺 CF，辺 DF，辺 EF
(2)面 ABED，面 BCFE，面 ACFD
(3)面 ABED

2 12π cm^3

3 (1) 36π cm^3　(2) 64π cm^2

4 (1) 162 cm^3　(2)イ

5 ウ

解説

1 (1)辺 AB と交わらず，平行でない辺を答える。

覚えておこう　ねじれの位置
ねじれの位置にある 2 直線は，同じ平面上にない。

2 $\pi\times3^2\times1+\frac{1}{3}\times\pi\times3^2\times1=12\pi$ (cm^3)

3 (1) $\frac{4}{3}\pi\times3^3=36\pi$ (cm^3)
(2) $4\pi\times(8\div2)^2=64\pi$ (cm^2)

4 (1) $6\times6\times6-\frac{1}{2}\times3\times6\times6=162$ (cm^3)

5 四角錐《しかくすい》を真上から見ると四角形，正面から見ると三角形である。

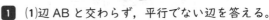

第7日 合同と相似 ―― $p.16 \sim p.17$

1 (1) △PBC と △QDC で，
△BDC は正三角形だから，BC＝DC…①
△CPQ は正三角形だから，PC＝QC…②
また，
∠PCB＝∠PCQ－∠BCQ＝60°－∠BCQ
∠QCD＝∠BCD－∠BCQ＝60°－∠BCQ
よって，∠PCB＝∠QCD…③
①，②，③より，2 組の辺とその間の角がそれぞれ等しいから，△PBC≡△QDC
(2) (1)より，PB＝QD
△CPQ が正三角形より，PC＝PQ
∠APC＝120° で，△CPQ は正三角形より，点Q は線分 AD 上にあるから，
PA＋PB＋PC＝PA＋QD＋PQ
＝AP＋PQ＋QD＝AD

2 (1) $x=9$　(2) $x=\dfrac{21}{5}$

3 (1) $x=\dfrac{5}{2}$，$y=\dfrac{33}{5}$　(2) $x=3$，$y=\dfrac{21}{4}$

4 6 cm

5 (1) △EFQ と △DPQ で，
対頂角は等しいから，
∠EQF＝∠DQP……①
点 E，F は辺 AB，AD の中点だから，
中点連結定理より，EF // BD
平行線の錯角は等しいから，
∠FEQ＝∠PDQ……②
①，②より，2 組の角がそれぞれ等しいから，△EFQ∽△DPQ
(2) $\dfrac{6}{5}$ cm

6 (1) 4：9　(2) 8：27

解説

1 (1) ∠PCB＝∠QCD は，∠PCQ と ∠BCD が正三角形の角で等しいことと，∠BCQ が共通な角であることに着目して示す。

2 (1) AD：AB＝DE：BC　8：(8＋4)＝6：x
$8x=72$　$x=9$
(2) EA：AC＝ED：BC　x：7＝6：10
$10x=42$　$x=\dfrac{21}{5}$

3 (1) x：10＝2：(2＋6)　$8x=20$　$x=\dfrac{5}{2}$
$2:6=\dfrac{11}{5}:y$　$2y=\dfrac{66}{5}$　$y=\dfrac{33}{5}$
(2) $x:6=4:8$　$8x=24$　$x=3$
$y:x=7:4$　$y:3=7:4$　$4y=21$
$y=\dfrac{21}{4}$

4 △ABE と △DCE で，AB // CD だから，
AE：DE＝AB：DC＝10：15＝2：3
△DAB で，EF // AB だから，
EF：AB＝DE：DA＝3：(3＋2)
EF＝x cm とすると，x：10＝3：5
$5x=30$　$x=6$

5 (2) △DFP∽△BCP だから，
DP：BP＝DF：BC＝1：2
よって，DP＝$\dfrac{1}{3}$BD
△ABD で，中点連結定理より，EF＝$\dfrac{1}{2}$BD
EF：DP＝$\dfrac{1}{2}$BD：$\dfrac{1}{3}$BD＝3：2
△EFQ∽△DPQ だから，
FQ：PQ＝EF：DP＝3：2
よって，PQ＝$\dfrac{2}{5}$FP＝$\dfrac{2}{5}\times 3=\dfrac{6}{5}$ (cm)

6 (1) $2^2:3^2=4:9$　(2) $2^3:3^3=8:27$

覚えておこう　**相似な図形の面積比・体積比**
相似な平面図形
　相似比が $m:n$ ならば，面積比 $m^2:n^2$
相似な立体
　相似比が $m:n$ ならば，
　表面積の比 $m^2:n^2$　　体積比 $m^3:n^3$

第8日 三平方の定理 ―― $p.18 \sim p.19$

1 (1) $x=10$　(2) $x=2\sqrt{10}$　(3) $x=4$

2 イ，ウ

3 (1) $16\sqrt{3}$ cm²　(2) $18\sqrt{5}$ cm²

4 (1) $2\sqrt{10}$ cm　(2) $\dfrac{15}{2}$ cm²

5 7 cm

6 (1) $5\sqrt{3}$ cm　(2) $\dfrac{125\sqrt{3}}{3}\pi$ cm³
(3) 75π cm²

7 (1) $2\sqrt{21}$ cm²　(2) $\dfrac{8\sqrt{21}}{3}$ cm³

解説

1 (1) $x^2=6^2+8^2=100$ $x=\pm10$

$x>0$ だから，$x=10$

(2) $x^2+3^2=7^2$ $x^2=7^2-3^2=40$

$x=\pm2\sqrt{10}$

$x>0$ だから，$x=2\sqrt{10}$

2 ３辺 a，b，c で，最も長い辺を c とするとき，$a^2+b^2=c^2$ が成り立てば，直角三角形である。

3 (1)高さを h cm とすると，三平方の定理より，

$h^2=8^2-4^2=48$，$h=\pm4\sqrt{3}$

$h>0$ だから，$h=4\sqrt{3}$

よって，面積は，$\frac{1}{2}\times8\times4\sqrt{3}=16\sqrt{3}$ (cm^2)

(別解)頂点Aから辺BCに垂線AHをひくと，30°，60°，90°の角をもつ直角三角形ABHができる。BH：AB：AH＝1：2：$\sqrt{3}$ より，AH＝$4\sqrt{3}$ cm を求めることもできる。

覚えておこう　**特別な直角三角形の３辺の比**

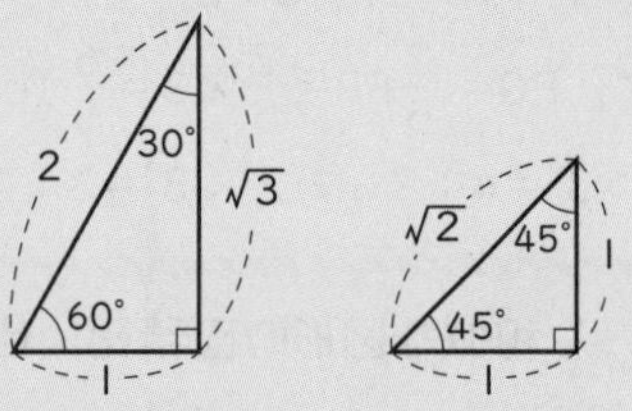

4 (1) $BO=\frac{1}{2}BD=\frac{1}{2}\times(4+6)=5$ (cm)

$OH=5-4=1$ (cm)

△ABH で，$AH^2=5^2-4^2=9$

$AH>0$ だから，$AH=3$ (cm)

△AHO で，$AO^2=3^2+1^2=10$

$AO>0$ だから，$AO=\sqrt{10}$ (cm)

よって，$AC=2AO=2\times\sqrt{10}=2\sqrt{10}$ (cm)

(2) $BD=4+6=10$ (cm)

$\triangle ABD=\frac{1}{2}\times10\times3=15$ (cm^2)

BO＝OD より，$\triangle AOD=\frac{1}{2}\triangle ABD=\frac{15}{2}$ (cm^2)

5 右の展開図のように，点Pが線分AG上にあるとき，AP＋PGの長さが最短になる。

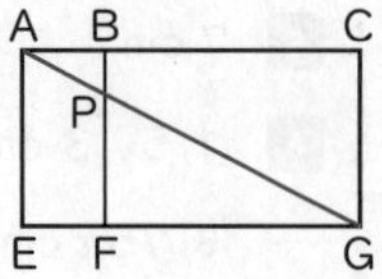

△ABP∽△GFP だから，

BP：FP＝AB：GF＝2：6＝1：3

よって，$FP=\frac{3}{4}BF=3$ (cm) だから，

$PH=\sqrt{2^2+6^2+3^2}=7$ (cm)

6 (1) $AO^2=10^2-5^2=75$

$AO>0$ だから，$AO=\sqrt{75}=5\sqrt{3}$ (cm)

(2) $\frac{1}{3}\pi\times5^2\times5\sqrt{3}=\frac{125\sqrt{3}}{3}\pi$ (cm^3)

(3)円錐《えんすい》の展開図のおうぎ形の中心角を x° とすると，$(2\pi\times5):(2\pi\times10)=x:360$ より，$x=180$　円錐の表面積は，

$\pi\times5^2+\pi\times10^2\times\frac{180}{360}=75\pi$ (cm^2)

7 (1) △AHD は AH＝DH＝5 cm の二等辺三角形である。AD を底辺としたときの高さを h cm とすると，$h^2=5^2-2^2=21$，$h=\pm\sqrt{21}$

$h>0$ だから，$h=\sqrt{21}$

よって，面積は，$\frac{1}{2}\times4\times\sqrt{21}=2\sqrt{21}$ (cm^2)

(2)四面体 ABCD の体積は，四面体 BAHD の体積と，四面体 CAHD の体積の和だから，

$\frac{1}{3}\times2\sqrt{21}\times2\times2=\frac{8\sqrt{21}}{3}$ (cm^3)

第9日 データの整理と確率 ―― *p.*20～*p.*21

1

貸出し冊数(冊)	度数(日)	相対度数	累積度数《るいせきどすう》	累積相対度数
以上 未満 0 ～ 5	1	0.05	1	0.05
5 ～ 10	3	0.15	4	0.20
10 ～ 15	8	0.40	12	0.60
15 ～ 20	7	0.35	19	0.95
20 ～ 25	1	0.05	20	1.00
計	20	1.00		

2 (1) 14 回　(2) 5.5 回　(3) 18.5 回

(4) 13 回

3 $\frac{1}{9}$

4 (1) $\frac{2}{5}$　(2) $\frac{1}{5}$

5 およそ 1250 個

解説

1 (相対度数)＝$\frac{(その階級の度数)}{(度数の合計)}$ だから，

５冊以上 10 冊未満の階級の相対度数は，

$\frac{3}{20}=0.15$

累積度数は，$1+3=4$（日）
累積相対度数は，$0.05+0.15=0.20$

2 まず，データを小さい順に並べかえると，
2, 3, 4, 7, 9, 13, 14, 17, 18, 18, 19, 24, 24である。
(1)第2四分位数《しぶんいすう》(中央値)は，小さいほうから7番目の14回である。
(2)1番目から6番目までの値のうちの中央値となるから，$(4+7)\div 2=5.5$（回）
(3)8番目から13番目までの値のうちの中央値となるから，$(18+19)\div 2=18.5$（回）
(4)四分位範囲は，第1四分位数と第3四分位数との差なので，$18.5-5.5=13$（回）

3 2つのさいころの目の出方は，全部で36通り。そのうち点Pが $y=\dfrac{12}{x}$ のグラフ上にあるのは，a と b の積が12になる場合で，$(a,\ b)=(2,\ 6),\ (3,\ 4),\ (4,\ 3),\ (6,\ 2)$ の4通り。
よって，確率は $\dfrac{4}{36}=\dfrac{1}{9}$

4 すべての取り出し方は，次の10通り。

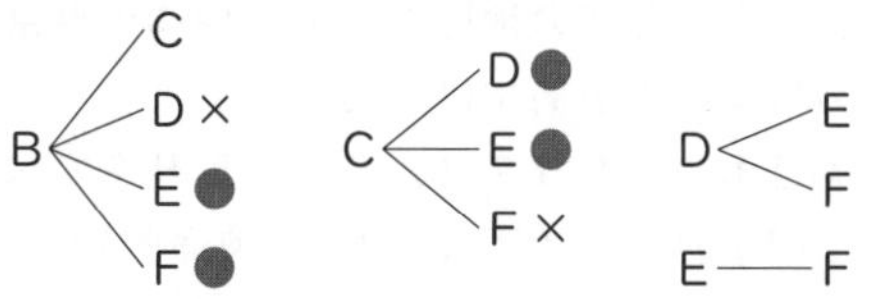

(1)直角三角形になる取り出し方は●をつけた4通りだから，確率は $\dfrac{4}{10}=\dfrac{2}{5}$
(2)三角形にならない取り出し方は×をつけた2通りだから，確率は $\dfrac{2}{10}=\dfrac{1}{5}$

5 箱の中のビー玉の数を x 個とすると，
$x:100=50:4$ より，$x=1250$

第10日 仕上げテスト ―――― p.22～p.23

1 (1) $2a^2+2b^2$ (2) $(x+7)(x-5)$
(3) $3\sqrt{2}-\dfrac{5\sqrt{6}}{3}$ (4) $x=2,\ x=-\dfrac{1}{2}$

2 13 cm

3 28 cm^3

4 (1) $(-2,\ 2)$ (2) 12 (3) $(2,\ 2)$

5 (1) △DEF と △APC で，
対頂角は等しいので，∠FDE＝∠CDB
$\overset{\frown}{BC}$ に対する円周角は等しいので，
∠CAP＝∠CDB
これより，∠FDE＝∠CAP…①
FE // BC より，錯角は等しいので，
∠EFD＝∠BCP
仮定より，∠PCA＝∠BCP
これより，∠EFD＝∠PCA…②
①，②より，2組の角がそれぞれ等しいから，△DEF∽△APC
(2) $\dfrac{7}{3}$ cm (3) 49：81

解説

1 (3) 与式 $=3\sqrt{2}+\dfrac{\sqrt{6}}{3}-2\sqrt{6}=3\sqrt{2}-\dfrac{5\sqrt{6}}{3}$

(4) $x=\dfrac{-(-3)\pm\sqrt{(-3)^2-4\times 2\times(-2)}}{2\times 2}$

$x=\dfrac{3\pm 5}{4}$ よって，$x=2,\ x=-\dfrac{1}{2}$

2 もとの正方形の厚紙の1辺の長さを x cm とすると，$2(x-4)^2=162$ これを解くと，
$x=13,\ x=-5$ $x>4$ より，$x=13$

3 (四角錐《しかくすい》OABCD)∽(四角錐OEFGH)，
正四角錐OABCDの体積を V とすると，
$V=\dfrac{1}{3}\times 4\times 4\times 6=32$ (cm^3)
OE：OA＝1：2 より，立体Kの体積は，
$V-V\times\left(\dfrac{1}{2}\right)^3=\dfrac{7}{8}V$ だから，
$32\times\dfrac{7}{8}=28$ (cm^3)

4 (1) $\dfrac{1}{2}x^2=x+4$
これを解くと，$x=-2,\ x=4$
(A の x 座標)＜(B の x 座標) だから，点Aの x 座標は -2 $A(-2,\ 2)$

覚えておこう 放物線と直線の交点
$y=ax^2$ と $y=mx+n$ のグラフの交点の x 座標は，方程式 $ax^2=mx+n$ を解いて求められる。

(2) $A(-2,\ 2)$，$B(4,\ 8)$
直線②と y 軸の交点をCとすると，$C(0,\ 4)$
△OAB＝△OAC＋△OBC
$=\dfrac{1}{2}\times 4\times 2+\dfrac{1}{2}\times 4\times 4=12$

(3)右の図で，
AB∥OP ならば，
△AOB＝△APB
である。
直線OPは，
傾きが1で
原点を通るから，
直線の式は，$y=x$

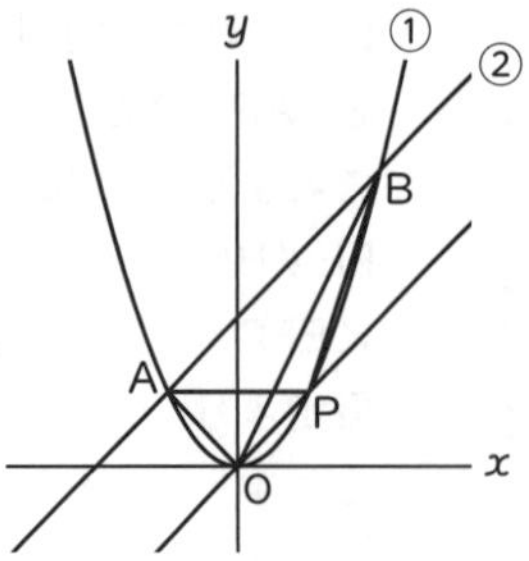

$\frac{1}{2}x^2=x$ より，$x=0$，2
点Pは原点とは異なる点だから，P(2，2)

5 (2) $CH=x$ cm とすると，$BH=(3-x)$ cm
△BAHは直角三角形より，
$AH^2=BA^2-BH^2=2^2-(3-x)^2$…①
△CAHは直角三角形より，
$AH^2=CA^2-CH^2=3^2-x^2$…②
①，②より，$2^2-(3-x)^2=3^2-x^2$
$6x=14$　$x=\frac{7}{3}$
(3) △ABCは二等辺三角形で，(1)より，
∠APC＝∠DEF＝90°
平行線の錯角より，∠DEF＝∠EBC＝90°
よって，△CAH∽△CEB
CA：CE＝CH：CB
$3:CE=\frac{7}{3}:3$　$CE=\frac{27}{7}$ (cm)…①
∠ECF＝∠EFC より，EC＝EF…②
①，②より，
$BC:EF=BC:CE=3:\frac{27}{7}=7:9$
△DBC∽△DEF より，
$△DBC:△DEF=7^2:9^2=49:81$

社会

第1日 世界と日本のすがた—— p.24～p.25

1 (1)太平洋
(2)赤道が通る地点：④　州：**ウ**
(3)**エ**
(4)内陸国
(5)**イ**　(6)**ウ**　(7)**ア**

2 (1)**イ**
(2)環太平洋造山帯
(3)日本アルプス
(4)やませ
(5)扇状地
(6)**ウ**

解説

1 (2)赤道は，アフリカ州ではギニア湾沖，アジア州ではインドネシア，南アメリカ州では④のブラジルやエクアドルを通る。
(3)地図Ⅱは，中心からの距離と方位が正しい正距方位図法の地図なので，中心の東京から最も遠い**エ**があてはまる。
(4)日本やイギリスのように，周りをすべて海で囲まれている国は，島国(海洋国)という。
(6)**ア**はキリスト教，**イ**はヒンドゥー教，**エ**は仏教。

覚えておこう　**赤道の位置など**
赤道や，北緯《ほくい》40度の緯線(イタリア，ペキン，秋田県，岩手県，ニューヨークなどが目印)の位置に注意する。

2 (1)A－Bは，山形県，新潟県，福島県，宮城県の県境。
(4)やませがもたらす霧や冷気によって日照不足が引きおこされ，夏でも気温が上がらない日が続く。このことから，稲が十分に生長せず，不作になることがある。
(6)bは日本海側に位置し，冬に雪が多く降ることから，**ウ**があてはまる。**ア**は冬でも温暖なことからd，**イ**は一年を通じて降水量が少ないことからc，**エ**は冬の気温が特に低いことからa。

覚えておこう　日本の地形・自然

環太平洋造山帯に属する。静岡市と新潟県糸魚川市を結ぶ断層のフォッサマグナで東北日本と西南日本に区分。河川で**扇状地**や**三角州**が形成される。

第2日　世界のさまざまな地域 —— *p.*26～*p.*27

1 (1)X：アルプス山脈　Y：サハラ砂漠
(2)**イ**　(3)**ウ**　(4)EU

2 (1)X：アンデス山脈　Y：アマゾン川
(2)パンパ　(3)**ウ**

3 (1)①ロッキー山脈　②サンベルト
(2)①**エ**　②**イ**
(3)①例 夏季に降水量が少なく，冬季に降水量が多い。
②石炭

解説

1 (2)Zは地中海。地中海周辺では，地中海式農業がさかん。**ア**は混合農業，**ウ**は酪農。
(3)アフリカ州のコートジボワールやAのガーナが上位であることから，カカオ豆があてはまる。

2 (3)Aはブラジル。ブラジルやオーストラリアが上位であることから，鉄鉱石である。**ア**の石油はサウジアラビアやロシア，**イ**の石炭は中国，**エ**の天然ガスはアメリカ合衆国やロシアで生産量が多い。

覚えておこう　南アメリカの鉱産資源

- **石油**…ベネズエラ　・**銅**…チリ，ペルー
- **鉄鉱石**…ブラジル→カラジャス鉄山
- **すず**…ペルー，ボリビア
- **レアメタル**…チリ，アルゼンチン

3 (1)A国はアメリカ合衆国。②サンベルトに含まれる，サンフランシスコ郊外にあるシリコンバレーには，情報通信技術(ICT)産業の企業や研究所が集中している。
(2)B国は中国(中華人民共和国)。①**ア**のペキンは中国の首都で，北部に位置する。
②面積が広く人口密度の高い**イ**があてはまる。**ア**は日本，**ウ**はアメリカ合衆国，**エ**はオーストラリア。

第3日　日本のさまざまな地域 —— *p.*28～*p.*29

1 (1)例 出入りが多く複雑な海岸線である。
(2)**ア**
(3)記号：**い**　県名：三重県
(4)**ウ**

2 (1)**イ**
(2)①●：水力　▲：原子力　■：火力
②**エ**
(3)青森県：**イ**　**い**の県：**ア**
(4)①地方中枢《ちゅうすう》都市　②**ウ**

解説

1 (1)▒で示された区域は若狭《わかさ》湾。
(3)**あ**は滋賀県，**い**は三重県，**う**は奈良県，**え**は兵庫県。海面漁業生産量からaとdは兵庫県か三重県のいずれかがあてはまり，人口の多いdが兵庫県，aが三重県とわかる。bは滋賀県，cは奈良県。
(4)B，C，全国で最も高い割合のXが第三次産業，最も割合が少ないZが第一次産業，残ったYが第二次産業である。

覚えておこう　産業の分類

- **第一次産業**…農業，林業，漁業
- **第二次産業**…鉱業，建設業，製造業　など
- **第三次産業**…物の生産に直接かかわらない産業

2 (1)**ア**は津軽《つがる》平野，**ウ**は庄内《しょうない》平野，**エ**は仙台平野。**イ**の三陸海岸南部では，出入りの多いリアス海岸が見られる。
(3)**あ**は秋田県，**い**は茨城県，**う**は神奈川県。耕地面積が最も小さい**エ**は神奈川県。残る**ア**～**ウ**のうち，果樹園の割合が最も高い**イ**が青森県となる。**ウ**は水田の割合が高いことから秋田県，残る**ア**が茨城県となる。

覚えておこう　リアス海岸

陸地が沈んでできた，出入りが激しくなっている海岸。**三陸海岸**や**若狭湾**，**英虞《あご》湾**など。

(4)②Zは宮城県の県庁所在地である仙台《せんだい》市である。仙台市は東北地方の政治や経済の中心である地方中枢都市でもあるので，事業所数

や小売業年間商品販売額が表中で最も多い**ウ**が宮城県である。面積が表中で最も大きく，農業産出額が表中で最も多い**ア**は岩手県，面積が表中で２番目に大きい**イ**が福島県，農業産出額が表中で２番目に多い**エ**が山形県である。

第4日 文明のおこりと古代の日本 — *p.*30～*p.*31

1 (1)**イ**
(2)メソポタミア文明

2 (1)**イ**
(2)**エ**

3 (1)**イ**
(2)**エ**

4 (1)①**ウ**　②法隆寺
(2)例 仏教の力で国を守るため。

5 (1)①仮名文字《かなもじ》　②**イ**，**ウ**
(2)例 自分の娘を天皇《てんのう》のきさきにし，生まれた子どもを天皇にして，天皇が幼いときには摂政《せっしょう》，成人すれば関白《かんぱく》となって政治の実権を握った。
(3)**イ**

解説

1 (1)**ア**はナイル川流域に栄えたエジプト文明，**ウ**はインダス川流域に栄えたインダス文明，**エ**は黄河《こうが》《ホワンホー》・長江《ちょうこう》《チャンチアン》流域に栄えた中国文明。

2 (2)天平文化は，聖武《しょうむ》天皇が国を治めていた時代に最も栄えた文化。**ア**は古墳《こふん》時代，**イ**は飛鳥《あすか》時代につくられた。**ウ**は室町《むろまち》時代に輸入され，日本でも流通した通貨。

3 (2)古墳の表面や周りには，人や馬などの形をしたはにわが置かれていた。**ア**，**イ**は縄文時代につくられたもの，**ウ**は弥生《やよい》時代に稲作とともに大陸から日本に伝わり，おもに祭りのための宝物《ほうもつ》として使われていた。

4 (1)①聖徳太子《しょうとくたいし》(厩戸皇子《うまやどの》)は，607年，小野妹子《おののいもこ》らを遣隋使《けんずいし》として隋に派遣した。②法隆寺は奈良県にある。

5 (1)①平仮名《ひらがな》と片仮名《かたかな》を合わせて仮名《かな》文字という。②『源氏物語《げんじものがたり》』は紫式部《むらさきしきぶ》，『枕草子《まくらのそうし》』は清少納言《せいしょうなごん》の作品。『古事記《こじき》』と『日本書紀《にほんしょき》』は奈良時代につくられた。

(3)平等院鳳凰堂《びょうどういんほうおうどう》は国風文化の代表的建物。**ア**の唐招提寺《とうしょうだいじ》は奈良時代に鑑真《がんじん》が，**ウ**の中尊寺《ちゅうそんじ》は平安時代に奥州藤原氏《おうしゅうふじわらし》が，**エ**の東求堂《とうぐどう》は室町時代に足利義政《あしかがよしまさ》が建てた。

> **覚えておこう　古代の文化**
> ・飛鳥時代：飛鳥文化
> ・奈良時代：天平《てんぴょう》文化
> ・平安時代：国風文化

第5日 中世の日本 — *p.*32～*p.*33

1 (1)**ウ**
(2)武士：御家人　機関：六波羅探題《ろくはらたんだい》
(3)例 守護大名にかわって，戦国大名が国を支配するようになった。

2 (1)フビライ(・ハン)
(2)**ウ**

3 (1)A：**ア**　B：**カ**　C：**オ**
(2)後醍醐《ごだいご》天皇
(3)ことがら：c　人物：**ウ**　(4)**エ**　(5)**ア**

4 (1)勘合《かんごう》貿易
(2)例 正式な貿易船と倭寇《わこう》とを区別するため。

解説

1 (1)御成敗式目《ごせいばいしきもく》(貞永《じょうえい》式目)は鎌倉《かまくら》時代に北条泰時《ほうじょうやすとき》によって定められた。**ア**の分国法は室町(戦国)時代に各地の戦国大名がつくったもの，**イ**の楽市《らくいち》・楽座《らくざ》は安土桃山時代に織田信長《おだのぶなが》が行ったこと，**エ**の武家諸法度《ぶけしょはっと》は江戸《えど》時代に江戸幕府が定めたもの。

2 (2)**ア**の文禄《ぶんろく》の役《えき》と慶長《けいちょう》の役とは，1590年代に豊臣秀吉《とよとみひでよし》が朝鮮出兵したときの戦いである。**イ**の防人《さきもり》は律令制度で人々に課せられた，九州北部の沿岸の防備にあたった兵役《へいえき》である。**エ**は元軍の攻撃を退けたが，新しい土地を得たわけではなかったので，武士は幕府からの十分な恩賞《おんしょう》はもらえなかった。

3 (4)**ア**は鎌倉《かまくら》時代に禅宗《ぜんしゅう》を中国の宋《そう》から伝え，曹洞《そうとう》宗を開いた人物。**イ**は平安《へいあん》時代に天台《てんだい》宗を伝えた人物。**ウ**は法然《ほうねん》の弟子で法然の教えを受け継ぎ，悪人であるほど阿弥陀仏《あみだぶつ》によって救われると説き，浄土真宗《じょうどしんしゅう》(一向《いっこう》宗)を開いた人物。

(5)**イ**・**エ**は江戸時代，**ウ**は弥生時代の農業のようすである。

4 (1)・(2)倭寇《わこう》は，朝鮮半島や中国沿岸に出没し，金品などをうばった武装集団のこと。この倭寇と正式な貿易船とを区別するために，勘合という割札(合い札)が用いられたことから，日本と明の貿易は勘合貿易と呼ばれた。日明貿易ともいう。

覚えておこう　14世紀～15世紀の周辺国

- **朝鮮国**…14世紀末に高麗をほろぼした李成桂によって建国される。
- **琉球王国**…15世紀初めに尚氏が沖縄島を統一し，首里を首都とした琉球王国を建国する。
- **アイヌ民族**…蝦夷地の先住民。15世紀に本州の人々が蝦夷地に進出。

第6日　近世の日本 ―――― *p.*34～*p.*35

1 (1)語句：刀狩　記号：**イ**

(2)**ア**

2 (1)記号：**ア**

戦い方：例 鉄砲を有効に使った戦い方

(2)**エ**

3 (1)①外様大名

②参勤交代

(2)**ア**　(3)C

4 (1)タイ

(2)(朝鮮)通信使

解説

1 (2)**イ**は，大阪などに置かれた，藩《はん》の年貢米や特産物を保管，販売していた建物である。**ウ**は，室町《むろまち》時代に商人や手工業者でつくられた同業者組合で，武士や貴族，寺社に税を納めることで保護を受け，営業を独占する権利が認められていた。**エ**は，室町時代の農村の自治組織である。

2 (2)**ア**は戦国大名がその領国を治めるために制定した分国法，**イ**は飛鳥《あすか》時代に聖徳太子《しょうとくたいし》が定めた十七条《じゅうしちじょう》の憲法《けんぽう》(憲法十七条)，**ウ**は鎌倉《かまくら》時代に執権《しっけん》・北条泰時《ほうじょうやすとき》が制定した御成敗式目《ごせいばいしきもく》(貞永《じょうえい》式目)についての説明である。

3 (1)①徳川氏一門の大名を親藩，関ヶ原の戦い以前から徳川氏に従っていた大名を譜代大名という。②参勤交代は，大名統制を目的として第３代将軍徳川家光が制度化した。

4 (2)対馬藩《つしまはん》が朝鮮との外交を担当していた。

覚えておこう　江戸時代の三大改革

- **享保《きょうほう》の改革**：徳川吉宗《とくがわよしむね》(上げ米の制，目安箱，公《く》事方御定書《じかたおさだめがき》)
- **寛政《かんせい》の改革**：松平定信《まつだいらさだのぶ》(囲い米，旗本《はたもと》や御家人《ごけにん》の借金帳消し，寛政異学の禁《きん》)
- **天保《てんぽう》の改革**：水野忠邦《みずのただくに》(株仲間の解散，人返し令，上知令《あげちれい》)

第7日　近・現代の日本 ―――― *p.*36～*p.*37

1 (1)①**ア**，**ウ**

②領事裁判権(治外法権)の撤廃

③ブロック経済

(2)①**エ**→**イ**→**ウ**→**ア**　②**イ**

(3)**ウ**，**エ**

2 (1)サンフランシスコ

(2)①国際連盟

②例 賃金の上昇が物価の上昇に追いつかず，労働者の生活は苦しかった。

(3)**ア**

(4)**イ**→**エ**→**ウ**→**ア**

(5)**ア**

解説

1 (1)①日米和親条約によって開かれたのは下田(静岡県)と函館(北海道)の２港。神奈川と長崎は，1858年に締結した日米修好通商条約によって，函館・新潟・兵庫(神戸《こうべ》)とともに開かれた。②不平等条約の改正内容としては，領事裁判権(治外法権)の撤廃のほか，関税自主権の回復があげられる。これは1911年の日米間の条約改正により達成された。③ブロック経済は，本国と植民地との経済的結束を固めることを目的とし，フランスでも行われた。

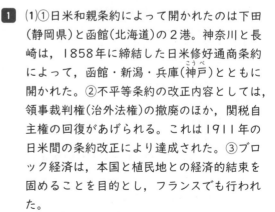

覚えておこう　**日米和親条約と日米修好通商条約**

・**日米和親条約**…1854年に江戸幕府とアメリカ合衆国の間で結ばれる。函館・下田の２港を開港し，アメリカ船への燃料や食料，水などを供給すること，下田に領事をおくことを定めた。

・**日米修好通商条約**…1858年に江戸幕府とアメリカ合衆国との間で結ばれる。函館・神奈川・新潟・兵庫・長崎の５港を開港し，アメリカ合衆国の領事裁判権を認め，日本に関税自主権を認めない，日本にとって不平等な内容の条約であった。

2 (2)①国際連盟は，第一次世界大戦の講和条約であるベルサイユ条約で規約が決められ，1920年に発足した。②図Ⅰでは，日本は輸出額が輸入額を上回っており，輸出の方が多いと好景気となる。図Ⅱでは，賃金の上昇率よりも物価の上昇率の方が高くなっていることが読み取れる。物価の上昇率の方が高いと，労働者の生活は苦しくなる。

(3)治安維持法は，社会主義運動を取りしまるために制定された。

覚えておこう　**サンフランシスコ平和条約と日米安全保障条約**

・**サンフランシスコ平和条約**…1951年に日本がアメリカ合衆国など48か国と結んだ講和条約。

・**日米安全保障条約**…サンフランシスコ平和条約と同時に結ばれた条約。占領終結後もアメリカ軍の日本における駐留が認められた。

第8日　日本国憲法と政治・経済 — *p.38～p.39*

1 (1)**イ**　(2)**ア**　(3)**ウ**　(4)**イ**

(5)①**審査**

②**弾劾《だんがい》裁判**

2 (1)**発券**

(2)①**ウ**

②**ア**

③例 **国民の生活に大きな影響を与えるため。**

(3)**公的扶助，社会福祉**

解説

1 (1)労働者の権利に関して規定されていることから，社会権があてはまる。社会権は，すべての国民が人間らしく生活することを保障する権利。

(2)日本国憲法は国の最高法規であり，その改正には法律よりも慎重な手続きが必要とされている。

2 (3)公的扶助は，生活が困難な者に対し，最低限度の生活を保障するため生活費などを給付するもの。社会福祉は，児童や高齢者，障がい者などの生活を保障するため施設やサービスを提供するもの。

覚えておこう　**基本的人権の種類**

日本国憲法が保障している基本的人権には，平等権，自由権，社会権，基本的人権を守るための権利(参政権，請求権など)がある。

第9日　国際社会と世界平和 ——— *p.40～p.41*

1 (1)**主権国家**

(2)**イ**

(3)**イ**

(4)**公海自由の原則**

(5)**国際司法裁判所**

2 (1)**平和**

(2)**経済社会理事会**

(3)**エ**

(4)**ウ**

(5)**④**

3 (1)**IMF**

(2)**WTO**

(3)**ウ**

(4)**南北問題**

(5)**地域主義(リージョナリズム)**

4 (1)①**ウ**　②**イ**

③**エ**　④**ア**

(2)**非核三原則**

解説

1 (2)国家の領域は，領土，領空，領海からなり，領土，領海の上空で大気圏内を領空という。

2 (3)**ア**のNPOは民間の非営利組織，**イ**のODAは政府開発援助，**ウ**のNGOは非政府組織である。

(4)**ア**のILOは国際労働機関，**イ**のUNESCO《ユネスコ》は国連教育科学文化機関，**エ**のUNICEF《ユニセフ》は国連児童基金である。

3 (3)**ア**のAPEC《エイペック》はアジア太平洋経済協力会議，**イ**のASEAN《アセアン》は東南アジア諸国連合，**ウ**のEUはヨーロッパ連合，**エ**のUSMCAは米国・メキシコ・カナダ協定の略称である。NAFTA《ナフタ》に代わる新協定として2020年7月に発効した。

覚えておこう **国際連合**

総会では1国が1票をもち，重要問題は3分の2以上，その他は過半数の賛成で決定される。

第10日 仕上げテスト p.42～p.43

1 (1)**ア**
(2)D
(3)①18世紀
②**イ**
③冷たい戦争(冷戦)
(4)**イ→ウ→ア**

2 (1)①**ウ**　②男女共同参画社会基本法
(2)**エ**
(3)①**ア**
②例 預金に対する利子の比率よりも，貸し出しに対する利子の比率を高く設定する。
(4)①**エ**
②国際法

解説

1 (1)**あ**の都市と長崎の時差は7時間ある。経度15度で1時間の時差が生じるから，**あ**の都市と長崎の経度差は15×7＝105で105度。**あ**の都市は東経にあり，日本の標準時子午線は東経135度を通るから，135－105＝30で，東経30度となる。

(3)②X国はアメリカ合衆国である。アメリカ合衆国は，世界恐慌の対策として，公共事業を増やして失業者を救おうとしたニューディール(新規まき直し)政策を行った。

(4)**ア**は明治時代，**イ**は飛鳥時代。**ウ**は鎌倉時代のできごとである。

覚えておこう **時差の計算**

2地点間の標準時子午線の経度の差÷15＝時差
西へ行くほど時間が戻る。

2 (1)①日本国憲法第14条は，すべての個人が人間として等しく扱われるという平等権について定めている。

(4)①排他的経済水域は，領海の外側で，沿岸から200海里以内の水域のことをいう。その範囲の水産資源や鉱産資源を利用する権利は沿岸国がもつ。②国際法には，条約と国際慣習法とがある。

覚えておこう **排他的経済水域**

領海をのぞく，沿岸から200海里以内の水域。水産資源・鉱産資源を利用する権利を沿岸国が有する。

理科

第1日　身のまわりの現象，電流 — p.44～p.45

1 (1)エ　(2)30 cm　(3)同じ(等しい)
2 (1)①ア　②イ　③ア　(2)2.5 秒
3 (1)6 cm　(2)22 cm
4 (1)2.0 V　(2)40 Ω
(3)① 0.40　② 0.75
5 (1)エ
(2)①誘導電流　②イ
③例 磁石をすばやく動かす。磁石の磁力を強くする。コイルの巻数をふやす。(など)

解説

1 (1)実像は物体と比べて上下左右が逆になる。
(2)(3) 30 cm は焦点距離の２倍だから，凸レンズから 30 cm はなれた位置に実物と同じ大きさの実像ができる。

2 (1)モノコードでは，弦の長さを短くする，弦の太さを細くする，弦を強く張るほど，振動数が多くなり，音が高くなる。
(2) $\frac{850\ \mathrm{m}}{340\ \mathrm{m/s}}=2.5\ \mathrm{s}$

3 (1)表より，ばねは 0.4 N の力を加えると，2 cm のびることがわかる。0.4 N の力が加わっているときのばねの長さが 8 cm なので，おもりをつるしていないときのばねの長さは，
　8 cm－2 cm＝6 cm
(2) 3.2 N のおもりをつるすと，ばねは，
$2\ \mathrm{cm}\times\frac{3.2\ \mathrm{N}}{0.4\ \mathrm{N}}=16\ \mathrm{cm}$ のびるので，ばねの長さは，6 cm＋16 cm＝22 cm

4 (2)図１より，$\frac{4.0\ \mathrm{V}}{0.1\ \mathrm{A}}=40\ \Omega$
(3)①電熱線 a，b の両端には同じ大きさの電圧が加わるので，それぞれに加わる電圧は 4.0 V，電熱線 b に流れる電流は 0.40 A。
②電熱線 a，b に流れる電流の和になる。
　0.15 A＋0.60 A＝0.75 A

5 (1)右手の人差し指から小指までを電流の向きに合わせてコイルをにぎったとき，開いた親指の向きがコイルの内側に生じる磁界の向きになる。
(2)②出し入れする磁石の極を変えると，流れる電流の向きが変わる。
③磁界の変化が大きいほど，流れる電流の大きさは大きくなる。

第2日　身のまわりの物質と化学変化 — p.46～p.47

1 (1)ウ　(2)24 %
(3)例 物質Aの溶解度は，10 ℃でも 32 g より大きいため。
2 (1)ア
(2)記号：C
理由：例 試験管Cの液体は水を多く含み，エタノールをほとんど含まないから。
3 (1)イ　(2)塩化コバルト紙
4 ①酸素　②酸化マグネシウム　③還元
④二酸化炭素　⑤酸化
5 (1) $Fe+S \longrightarrow FeS$　(2) 15.7 g

解説

1 (1)溶解度が 32 g より小さくなると，溶けきれなくなった硝酸カリウムが結晶として出てくる。
(2) $\frac{32}{32+100}\times100=24.2\cdots$ ➡ 24 %

2 (1)混合物では沸点は一定にならないが，含まれているそれぞれの物質の沸点に近いところでグラフが水平に近くなる。
(2)沸点の低いエタノールを多く含む気体が先に出て試験管A，Bに集められ，その後，水を多く含む気体が出て試験管Cに集められた。

3 炭酸水素ナトリウム ⟶ 炭酸ナトリウム＋二酸化炭素＋水
(1)二酸化炭素は色やにおいがなく，石灰水を白く濁らせる性質がある。
(2)塩化コバルト紙(青色)に水をつけると，うすい赤色に変わる。

4 酸化銅と炭素の混合物を加熱すると，酸化銅は還元されて銅になり，炭素は酸化されて二酸化炭素になる。

覚えておこう　**還元と酸化**
酸化物から酸素をとり除く反応を**還元**という。
このとき，酸素を奪った物質は**酸化**される。

5 (1)鉄と硫黄が化合し，硫化鉄ができる。

(2)鉄７ｇと硫黄４ｇから硫化鉄 11 ｇができるから，鉄 10ｇからできる硫化鉄の質量を xｇとすると，10：x＝7：11

x＝15.71…➡ 15.7 g

第3日 運動のようすとエネルギー ― p.48～p.49

1 (1)エ　(2) 0.6 N

2 (1) 40 cm/s

(2)例 速さは時間とともに増加している。

(3)イ　(4)右図

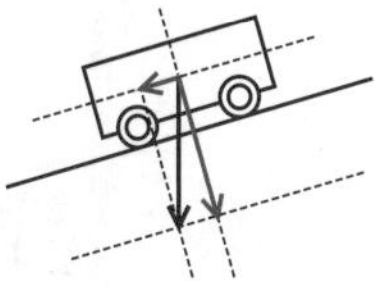

3 ①位置　②最大　③0　④運動　⑤0

⑥力学的　⑦位置　⑧運動　⑨一定

4 (1) 3 J　(2)① 100 cm　② 3 N

(3)① $\frac{1}{2}$　② 2 倍　③同じ

(4)① 0.3 W　②小さくなる。

解説

1 (1)水圧は，面に対して垂直にはたらき，その大きさは水深に比例して大きくなる。

(2)物体にはたらく浮力＝物体にはたらく重力－物体を水中に入れたときのばねばかりの値より，

1.5 N－0.9 N＝0.6 N

2 (1) 1 区間(6 打点)にかかる時間は，

$\frac{1}{60}$×6＝0.1〔s〕より，

$\frac{4\ \text{cm}}{0.1\ \text{s}}$＝40 cm/s

(2)テープの打点間隔が広くなっていることから，時間とともに速さが増加していることがわかる。

(3)速さのふえ方が大きくなっているので，斜面の角度が大きくなり，斜面にそった力が大きくなったと考えられる。

(4)重力の矢印を対角線とする長方形の２辺。

3 位置エネルギーが最大のとき，運動エネルギーは0，位置エネルギーが0のとき，運動エネルギーは最大になる。

4 (1)仕事〔J〕＝物体に加えた力〔N〕×力の向きに移動させた距離〔m〕より，

6 N×0.5 m＝3 J

(2)(3)動滑車を使うと力の大きさは半分になるが，ひもを引く長さは移動距離の２倍になる。

(4)① 5 cm/s の速さでひもを引くので，50 cm 引くのには，50 cm÷5 cm/s＝10 s かかる。

$$\text{仕事率〔W〕}=\frac{\text{仕事〔J〕}}{\text{仕事にかかった時間〔s〕}}$$

より，$\frac{3\ \text{J}}{10\ \text{s}}$＝0.3 W

②ひもを引く長さが長くなると，ひもを引く時間も長くなるため，仕事率は小さくなる。

覚えておこう　仕事の原理

道具を使っても，手で直接仕事をしても，仕事の大きさは同じになる。

第4日 水溶液の性質とイオン ― p.50～p.51

1 ①非電解　②電離　③電解　④陽

⑤陰　⑥ Cl^-　⑦ Cu^{2+}　⑧イオン式

2 (1)イ　(2) $CuCl_2 \longrightarrow Cu + Cl_2$　(3)エ

3 (1)例 気泡が生じる(気体が発生する)。

(2)ア

4 (1) $HCl \longrightarrow H^+ + Cl^-$

(2)青色　(3) c

5 (1)水溶液の色：黄色　反応：中和

(2)① Na^+　② H^+

解説

1 水に溶かしたとき，電離して陽イオンと陰イオンに分かれる物質を電解質といい，水溶液には電流が流れる。

2 (1)陽極では Cl^- が電子を失って Cl になる。

(2)塩化銅 ⟶ 銅＋塩素 となる。

3 (1)銅板の表面から水素が発生する。

(2)電解質の水溶液に異なる２種類の金属を入れて導線でつなぐと，金属と金属の間に電圧が生じる。

4 (2)塩酸などの酸性の水溶液は，青色のリトマス紙の色を赤色に変える。

(3)水素イオンが陰極に引かれて移動するので，c の方向に色が変わっていく。

5 (1)塩酸は，電離して H^+ を生じる酸性の水溶液である。

(2)Na^+ と OH^- を加えていくと，

$H^+ + OH^- \longrightarrow H_2O$

となって H^+ が減少し，Na^+ が増加する。

覚えておこう **中　和**

酸の水素イオンとアルカリの水酸化物イオンが結びついて水ができ，互いの性質を打ち消し合うことを**中和**という。

第5日 生物のからだ ———— *p.*52～*p.*53

1 (1)ア：めしべ　イ：おしべ　ウ：がく
(2)花弁が1枚ずつ離れている。

2 (1)①主根　②ひげ根　(2)イ
(3)①2　②双子葉　③1　④単子葉

3 (1)aとb：例 光合成には光が必要であること。
bとc：例 光合成は葉の緑色の部分で行われること。
(2)核

4 (1)胎生
(2)例 まわりの温度が変化しても，体温はほぼ一定に保たれている。

5 (1)X：感覚神経　Y：運動神経
(2)Ⅰ：ア　Ⅱ：ウ

6 (1)C　(2)イ

解説

1 (2)エンドウは離弁花類。ツツジやアサガオは合弁花類である。

2 ホウセンカは双子葉類，トウモロコシは単子葉類に分けられる。
(2)茎の維管束は，単子葉類では全体に散らばっているが，双子葉類では輪のように並んでいる。また，道管は茎の中心側にある。

3 (1)反応のあったbと比べて，aには光があたらず，cには葉緑体がない。
(2)どちらの細胞にも核がある。

4 (1)Aは卵をうんでなかまをふやす卵生である。
(2)Cはまわりの温度の変化にともない体温が変化する変温動物，Dはまわりの温度の変化にかかわらず，体温がほぼ一定に保たれる恒温動物である。

5 (1)Xは感覚器官で受けとった刺激を伝える。
(2)反射では，受けとった刺激が脳に伝わる前に脊髄から筋肉に伝わるので，反応が起こるまでの時間が短い。

覚えておこう **意識して起こる反応**

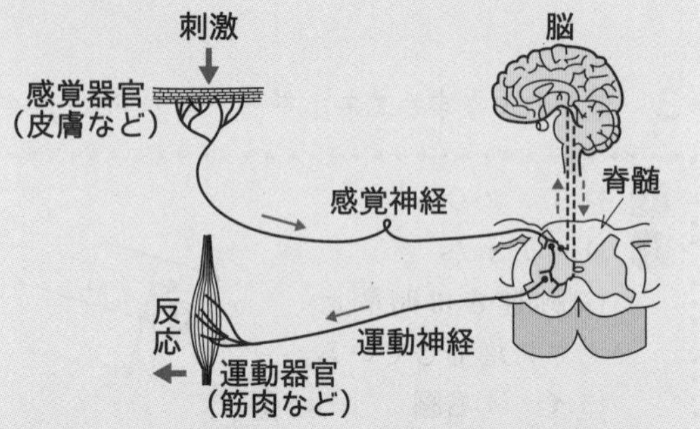

意識して起こる反応は，感覚器官で刺激を受けとり，信号が脊髄を通って脳に伝えられ，脳から出された命令が運動器官に伝わって起こる。

6 (1)栄養分は小腸で吸収され，血液中に入る。
(2)アンモニアは肝臓で尿素になり，じん臓でこし出される。

覚えておこう **肝臓のはたらき**

アンモニアを尿素につくり変える，胆汁をつくる，栄養分をたくわえるなど，多くのはたらきがある。

第6日 地球のなりたちと天気の変化 — *p.*54～*p.*55

1 (1)凝灰岩　(2)示準化石
(3)例 泥はれきより粒が小さく，遠くまで運ばれるので，Dの層のほうが遠かった。

2 (1)規模(エネルギーの大きさ)
(2)例 震源からの距離が遠いほど，初期微動継続時間が長くなる(関係)。
(3)①イ　②大陸プレート

3 (1)例 マグマが地表近くで急に冷え固まってできた。
(2)等粒状組織　(3)エ

4 (1)①イ　②ウ　(2)露点

5 (1)ウ
(2)停滞前線
(3)右図

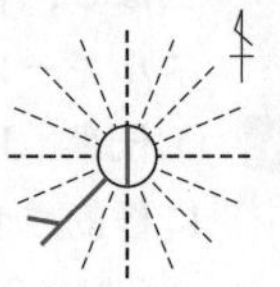

(4) 22 ℃

解説

1 (2)示準化石は，広い範囲にわたって生息し，限られた期間栄えた生物の化石である。
(3)粒の大きいれきは河口の近くで沈み，泥のほうが遠くまで運ばれると考えられる。

2 (2)図から判断して，地点Aと地点Bで，震源からの距離が遠く，初期微動継続時間が長いのは地点Bである。
(3)海洋プレートに大陸プレートが引きこまれ，ゆがみにたえられなくなって壊れるのが原因と考えられている。

3 (1)火山岩は石基の中に斑晶という大きな結晶が散らばった斑状組織をもつ。
(2)マグマが地下深くでゆっくり冷えると結晶が大きく成長し，等粒状組織になる。
(3)無色鉱物はセキエイである。カクセン石，カンラン石，キ石は有色鉱物である。

4 空気は膨張すると温度が下がる。露点は，空気中の水蒸気量と飽和水蒸気量が等しくなるときの温度である。

5 (1)Aのまわりの等圧線の一部が停滞前線にかかっているので，Aは低気圧の中心である。
(4)9時の空気 1 m^3 中の水蒸気量は，
$24.4 \times 0.70 = 17.08\ g/m^3$
18時の飽和水蒸気量は，
$17.08 \div 0.88 = 19.4\cdots\ g/m^3$
よって，表より気温は 22 ℃ である。

覚えておこう　前線

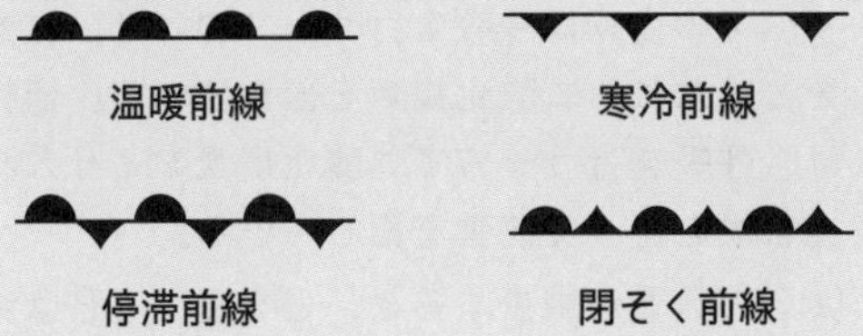

第7日　生命のつながり　p.56～p.57

1 (1)染色体　(2)ウ
(3)(A)→D→B→C→E
2 (1)C　(2)ア
(3)a：細胞分裂(分裂)　b：大きく
3 (1)ウ　(2)胚　(3)無性生殖
4 (1)①AA　②aa　③Aa　(2)イ
5 (1)相同器官　(2)進化

解説

1 (2)染色体の数は，細胞分裂の前後で変わらない。
(3)分裂を始める前にそれぞれの染色体が複製され(A)，核の形が消えて染色体が見えるようになる(D)。染色体が細胞の中央付近に集まり(B)，２本の染色体がそれぞれ分かれて細胞の両端に移動する(C)。その後，細胞質が２つに分かれ始めて(E)，２個の細胞ができる。

2 (1)(2)細胞分裂がさかんに起こるのは，根の先端付近である。
(3)根の先端付近では，細胞分裂によって細胞の数がふえ，その後，１つ１つの細胞が大きくなることで成長する。

3 (1)親から生殖細胞ができるとき，染色体の数は半分になる。
(3)ヒキガエルのように，受精によってふえることを有性生殖，雌雄に関係なくふえることを無性生殖という。

覚えておこう　減数分裂
生殖細胞をつくるとき，染色体の数が半分になるが，受精によって，もとの数にもどる。

4 (1)まるい種子をつくる純系のエンドウの遺伝子の組み合わせはAA，しわのある種子をつくる純系のエンドウの遺伝子の組み合わせはaaである。これらをかけ合わせると，遺伝子の組み合わせがすべてAaのまるい種子ができる。

	A	A
a	Aa	Aa
a	Aa	Aa

5 ワニの前あし，ハトの翼，ヒトのうでなどは，形やはたらきは異なるものの，骨格に共通点がある。そのため，同じ基本的なつくりをもつ共通の祖先から進化し，それぞれが生息する環境につごうのよいように変化したと考えられる。

第8日 地球と宇宙 ―― *p.*58～*p.*59

1 (1)恒星
(2)例 まわりの部分よりも温度が低いから。
(3)①自転　②球

2 (1)内惑星　(2)木星　(3)衛星

3 (1)エ　(2)ウ

4 (1)ア
(2)例 地球が地軸を傾けたまま，太陽のまわりを公転しているから。

5 (1)a　(2)さそり座　(3)秋
(4)同じ長さになる。

6 (1)B　(2)新月

解説

1 (2)太陽の表面の温度は約6000℃。一方，黒点の表面の温度は約4000℃なので，まわりより黒く見える。

2 (1)水星，金星は内惑星。
(2)木星はおもに気体からできていて，大型ではあるが密度は小さい。
(3)月は地球の衛星である。

3 (2)南中時刻は1か月に約2時間はやくなるから，約1か月後になる。

4 (1)日本では，冬の日の出の位置は真東より南寄りで，太陽の南中高度は低い。
(2)地軸の傾きにより，季節によって太陽の光のあたり方が違う。

5 (1)北極側から見て反時計まわりに公転する。
(2)真夜中に南中する星は太陽と反対側にある。
(3)地軸の北極側が太陽のほうに傾いているAが夏である。したがって，地球の位置がBのときは秋である。
(4)季節の変化は生じなくなる。

覚えておこう　季節の変化
地球が地軸を傾けたまま太陽のまわりを公転しているため，季節の変化が生じる。

6 (1)月食は，太陽―地球―月 の順に一直線に並んだときに起こり，このときは満月である。
(2)日食は，太陽―月―地球 の順に一直線に並んだときに起こり，このときは新月である。

第9日 エネルギーと自然とのかかわり ― *p.*60～*p.*61

1 (1)①運動　②電気　③運動
(2)例 エネルギーの一部が熱や音に変わったから。

2 (1)①化学　②運動　③電気
(2)太陽光発電，風力発電(など)

3 ①酸素　②二酸化炭素
③生産者　④消費者
⑤分解者

4 (1)食物連鎖　(2)エ

5 (1)a　(2)イ

解説

1 (1)手回し発電機aのハンドルを手で回して電気を起こし，その電気で手回し発電機bのハンドルを回している。
(2)熱や音などの失われるエネルギーも含めれば，エネルギーを変換する前後でエネルギーの総量は変化しない。このように，エネルギーの総量が一定に保たれることをエネルギーの保存という。

2 (1)化石燃料がもつ化学エネルギーが，燃焼によって熱エネルギーに変わり，水を高温の水蒸気に変えてタービンを回すことにより，運動エネルギーが電気エネルギーに変わっている。
(2)ほかに地熱発電，バイオマス発電などをあげてもよい。

3 すべての生物は呼吸を行う。このとき，酸素をとり入れ，二酸化炭素を出している。植物は，呼吸を行う一方で二酸化炭素をとり入れ，光合成を行って酸素を出している。

4 (2)Cの数量が減少すると，Cを食べるBは減少し，Bを食べるAも減少する。Dは食べられる量が減るので増加する。

5 土の中の微生物がデンプンを分解するので，aでは土のまわりが青紫色にならない。bでは微生物は死滅している。

覚えておこう　分解者
土の中の小動物や菌類・細菌類を**分解者**といい，有機物を無機物に分解する。

第10日 仕上げテスト ―― p.62～p.63

1 (1)質量：40 g　仕事：0.48 J
(2)0.8 N

2 (1)E　(2)①2　②Mg^{2+}　(3)エ

3 (1)①横向き
②例 広い範囲を見ることができる。
(2)①A
②例 デンプンが微生物のはたらきによって分解されたから。
(3)①食物連鎖　②呼吸

4 (1)凝灰岩　(2)あたたかくて浅い海
(3)イ→ウ→ア　(4)イ

解説

1 (1)動滑車にはたらく重力を x〔N〕とすると，$x+2=1.2\times2$ より，$x=0.4$〔N〕だから，動滑車の質量は40 gである。よって，物体と動滑車を引き上げる力がする仕事は，

$(2+0.4)\ \mathrm{N}\times0.2\ \mathrm{m}=0.48\ \mathrm{J}$

(2)物体にはたらく重力の斜面方向の分力の大きさ＝重力×$\dfrac{高さ}{斜面の長さ}$ より，

$2\ \mathrm{N}\times\dfrac{32\ \mathrm{cm}}{80\ \mathrm{cm}}=0.8\ \mathrm{N}$

2 加熱したときにこげるのは有機物だから，水溶液Eは砂糖水である。加熱しても何も残らないのは気体の水溶液で，マグネシウムと反応する水溶液Aはうすい塩酸，水溶液Dはアンモニア水である。
(3)炭酸ナトリウム水溶液はアルカリ性，食塩水は中性である。アルカリ性の水溶液は，フェノールフタレイン液を赤色に変える。

3 (2)落ち葉や土には微生物がいて，有機物を分解する。
(3)炭素は有機物や無機物（二酸化炭素）として自然界を循環している。

4 (4)凝灰岩の層の上面の標高は，Aでは70 m－27 m＝43 m，同様に，Bでは53 m，Cでは53 mである。
よって，BよりもAのほうが低くなっている。

英語

第1日 時制のまとめ ―― p.64～p.65

1 (1)イ　(2)エ　(3)ウ　(4)ア　(5)ウ　(6)ア

2 (1)was　(2)taking　(3)studies

3 (1)to work　(2)did, do　(3)There were

4 (1)Was　(2)are　(3)Did

5 (1)Kazuya has his own computer
(2)Was there a pen on the desk

6 (1)He was sitting by the window.
(2)Takuya is going to go to the library.

7 (1)My father was[stayed] in Tokyo last Sunday.
(2)Kenta swam in the sea yesterday.

解説

1 (1)last night＝「昨夜」とあるので，過去形watchedを選ぶ。　(2)then＝「そのとき」とあるので，過去進行形の文にする。　(4)last Sunday「この前の日曜日」とあるので，過去形のreadを選ぶ。　(5)this morning＝「今朝」より過去形になる。主語が複数なのでwereを選ぶ。　(6)命令文。Tomの部分は呼びかけで，主語ではない。

2 (1)Whenのあとが過去形なので，it以下も時制を合わせる。itに合うbe動詞の過去形はwas。　(2)wereがあるので，過去進行形の文にすると考え，動詞は-ing形にする。
(3)現在の習慣について言うときは現在の文にする。

3 (1)be going toに続く動詞は原形にする。
(3)There is[are]～.＝「～がいる[ある]。」の過去の文は，be動詞を過去形にする。

4 (1)(2)*B*の応答文より，*A*の空所に入る動詞を考える。　(3)*B*のdidn'tから，過去の疑問文だと考える。

5 (1)haveが「所有する」の意味のときは，進行形にはしないことに注意する。is havingが不要。　(2)a penは単数なのでbe動詞はwas。wereが不要。

6 (1)過去進行形は〈was / were＋-ing形〉で表す。sitはsittingとする。

7 (2)「泳いだ」なので，不規則動詞のswimを過

去形 swam にする。

覚えておこう ①注意したい動詞の活用

・〈子音字＋y〉で終わる規則動詞の過去形・過去分詞
　→ y を i にかえて -ed　study－stud*i*ed
・〈短母音＋子音字〉で終わる動詞の ing 形
　→最後の子音字を重ねて -ing
　swim－swim*m*ing，plan－plan*n*ing

②「～だと思いました」の文

「～だと思いました」，「～だと知っていました」と過去のことについて言うときは，that のあとも時制を合わせて過去の文にする。

・I thought (that) she **was** beautiful.
　(私は彼女は美しいと思いました。)
・I knew (that) he **liked** soccer.
　(私は彼はサッカーが好きだと知っていました。)

第2日 助動詞・接続詞 ―――― *p.*66～*p.*67

1 (1)イ　(2)ウ　(3)イ　(4)ア

2 (1)Will[Can] you　(2)Shall, please
(3)Must, have to　(4)so, that
(5)Both, and

3 (1)Shall we　(2)You must
(3)as soon

4 (1)Would you like (to have) some tea?
(2)Run to the station, and you can meet Yui.
(3)Megumi will be able to read these books.

5 (1)トムは先週，彼のおばあさんを訪ねなければなりませんでした。
(2)ジョンは今日，家にいる必要はありません。

6 (1)Will you help me?
(2)I don't like either dogs or cats.

解説

1 (1)must＝「～しなければならない」のあとに続く動詞は原形。　(3)「急ぎなさい」と，「最終電車に乗り遅れますよ」をつなぐ。「さもないと」を表す or が適切。〈命令文，or ....〉で「～しなさい，さもないと…。」という意味。　(4)電話で「メアリーをお願いします。」と言う決まった表現。

2 (1)Will[Can] you～?＝「～してくれませんか。」
(2)相手に「～しましょうか。」と申し出るときは Shall I ～?　(3)「～する必要はない」は don't have to ～ で表す。　(4)「とても～なので…できない」は〈so ～ that＋主語＋can't ...〉で表す。　(5)「*A* と *B* の両方とも」は both *A* and *B*。

3 (1)どちらも「～しましょう」という表現。

4 (1)ていねいに相手の意向をたずねるときは Would you like (to) ～? を使う。　(2)〈命令文，and ....〉で「～しなさい，そうすれば…。」という意味。　(3)「～できる」を表す can と will は並べて使えないので，will のあとに be able to を使って「～できるでしょう」の意味を表す。

5 (1)had to ～＝「～しなければならなかった」
(2)have to ～ は，否定文では「～する必要がない」という意味になる。

6 (1)「私を手伝ってくれませんか。」
(2)「私はイヌもネコも好きではありません。」

覚えておこう ①should の意味

・「～したほうがよい」(提案・アドバイス)
　You **should** go to the hospital.
　(あなたは病院に行ったほうがいいですよ。)
・「～すべきである」(義務)
　You **should** be quiet.
　(あなたは静かにしているべきです。)

②may の意味

・「～してもよい」(許可)
　May I open the window**?**
　(窓を開けてもいいですか。)
　※ May I speak to ～? は，電話で「～さんをお願いできますか。」という決まった表現。

③both, either の意味

・both *A* and *B*「*A* と *B* の両方」
　Both Kate **and** I play the piano.
　(ケイトと私は２人ともピアノをひきます。)
・either *A* or *B*「*A* と *B* のどちらか」
　Either Jim **or** Sam will come.
　(ジムかサムのどちらかが来るでしょう。)

第3日 不定詞・動名詞 ——— p.68~p.69

1 (1)イ (2)ア (3)ウ (4)イ (5)イ

2 (1)to eat (2)swimming (3)to buy
(4)playing

3 (1)to talk[speak] (2)to drink
(3)for calling (4)to help (5)running

4 (1)I have no money to buy a new
(2)Ayumi finished writing the letter in an
(3)Makoto remembers buying the book

5 (1)What do you want to do next Sunday?
(2)How about visiting Kyoto?

解説

1 (1) want to ～＝「～したい」 (2)不定詞の形容詞的用法。「アヤは学校でマサトと話す機会がありました。」の意味。 (5)目的を表す不定詞。「あなたはなぜ毎日図書館に行ったのですか。―たくさんの本を読むためです。」

2 (2)enjoy のあとの動詞は -ing 形。
(3)decide のあとは不定詞。 (4)前置詞のあとの動詞は -ing 形。「ギターをひくことが得意だ」の意味。

3 (1)「～してうれしい」は happy のあとに原因を表す副詞的用法の不定詞〈to＋動詞の原形〉を置く。 (2)something to drink＝「何か飲むもの」に hot が入り込んだ形。hot の位置に注意する。 (4)(5)動名詞・不定詞のどちらでも表せるが，それぞれ空所の数からどちらを入れるか判断する。

4 (1)「私はお金がない」「新しいかばんを買うための」の語順。 (3)remember ～ing で「～したことを覚えている」。

5 (2)How about ～ing? は「～してはいかがですか。」と勧誘の意味を表す。

覚えておこう **感情の原因を表す不定詞**

happy, sad などの感情を表す形容詞のあとに不定詞を続けて，その原因や理由を表すことができる。

・I'm happy **to** win the game.
(私は試合に勝ててうれしいです。)

・He was sad **to** hear the news.
(彼はその知らせを聞いて悲しかったです。)

第4日 比 較 ——— p.70~p.71

1 (1)イ (2)ウ (3)エ (4)イ

2 (1)fastest (2)better (3)the best
(4)faster (5)well

3 (1)Your dictionary is more useful than mine
(2)Mt. Fuji is the highest mountain in Japan
(3)Who studies the hardest in this class

4 (1)old as (2)the easiest

5 (1)○ (2)× (3)○

6 (1)August is the hottest month in Japan.
(2)My pencil isn't as[so] long as yours [your pencil].

解説

1 (1)あとに than があるので，比較級。
(2)as ～ as ...＝「…と同じくらい～」の否定文は「…ほど～でない」の意味。 (4)あとに than があるので，more をつけて比較級にする。

2 (1)あとの of the three より最上級が入ると考える。空所の前に the があることから，fastest を選ぶ。 (2)「イヌとネコでは，どちらが好きですか。」 (4)あとの than より比較級が入ると考える。 (5)as ～ as ... の形では副詞は原級のまま。

3 (1)比較級の more useful にかえる。
(2)(3)最上級にする。どちらも -est をつける。

4 (2)「英語はほかのどの教科よりも簡単」＝「すべての教科の中で英語がいちばん簡単」と考える。

5 (2)マサオは先月大阪に引っ越してきたばかりなので×。 (3)ナオミはマサオが作ったケーキについて「こんなにおいしいケーキは作れない」と言っているので○。

〈全訳〉 ナオミは15歳です。彼女は大阪で生まれて，今そこに住んでいます。彼女の友達のマサオは13歳です。彼は東京で生まれて，先月大阪に引っ越してきました。

ある日，マサオはナオミのためにケーキを作りました。彼女はそのケーキを食べて「おいしいわ！ 私はこんなにおいしいケーキを作れないわ。」と言いました。マサオは「じゃあ，教えてあげるよ。」と言いました。

6 (1)hottest は下線部のつづりに注意する。

覚えておこう **like ～ better[the best]**

「…より～のほうが好きだ」は〈like ～ better than …〉で表し，「～がいちばん好きだ」は〈like ～ the best〉で表す。

- I **like** summer **better than** winter.
  (私は冬より夏が好きです。)
- I **like** tennis **the best** of all sports.
  (私はすべてのスポーツの中でテニスがいちばん好きです。)

第5日 受け身 ―― p.72～p.73

1 (1)エ (2)①ア ②イ (3)エ (4)ア

2 (1)eaten (2)taken (3)brought

3 (1)isn't taught (2)made in
(3)When was

4 (1)That shop may be opened tomorrow
(2)Where were these desks made

5 (1)is, spoken (2)was broken by

6 (1)English is studied by many students.
(2)This book is written in easy English.

解説

1 (2)②前に don't があることから受け身の文ではないと考え，動詞の原形を選ぶ。
(4)be covered with ～で「～で覆われている」という意味。

2 (2)take は不規則動詞。take‐took‐taken
(3)bring は不規則動詞。
bring‐brought‐brought

3 (1)「教えられていません」は受け身で表す。teach は不規則動詞。teach‐taught‐taught
(2)「日本製」は「日本で作られた」の意味。make は不規則動詞。make‐made‐made
(3)「いつ」とあるので when で始める。そのあとに受け身の疑問文の語順〈be 動詞＋主語＋過去分詞 ～?〉を続ける。

4 (1)助動詞 may のあとに be 動詞の原形 be を続けて受け身の文にする。opens が不要。
(2)疑問詞のある受け身の疑問文は〈疑問詞＋be 動詞＋主語＋過去分詞～?〉の語順。did が不要。

5 (1)受け身の否定文は be 動詞のあとに not。
(2)broke は break「こわす」の過去形。主語に合わせた be 動詞 was のあとに，過去分詞 broken を続ける。

6 「受け身を用いて」とあるので，〈be 動詞＋過去分詞〉とし，時制は be 動詞で表す。 (2)「英語で」＝in English in を by にしないこと。

覚えておこう ①**by 以外の前置詞を使う受け身の文**

- be known **to** ～「～(人)に知られている」
  The singer **is known to** many people.
  (その歌手は多くの人に知られています。)
- be covered **with** ～「～で覆われている」
  The stone **was covered with** sand.
  (その石は砂で覆われていました。)
- be surprised **at** ～「～に驚く」
  →**by** を使うこともある。
  I **was surprised at**[**by**] the result.
  (私はその結果に驚きました。)

②**「〈場所〉で～される」**

The bag was made **in** France.
(そのかばんはフランスで作られました[フランス製です]。)

Many pens are sold **at**[**in**] the store.
(たくさんのペンがその店で売られています。)

第6日 現在完了形・現在完了進行形 ― p.74～p.75

1 (1)イ (2)エ (3)ウ (4)ウ (5)ア

2 (1)haven't seen[met]
(2)Have, eaten[had] (3)just arrived
(4)has, talking[speaking]
(5)have, doing

3 (1)has been, since (2)been running
(3)has been

4 (1)I have already read the book
(2)has been interested in computers
(3)How many countries have you ever visited
(4)How long have you been waiting for Ken

5 ア

6 (1)I have just finished (having[eating]) lunch.

(2)I have never seen a thing like this.

解説

1 (1)have been to ～＝「～へ行ったことがある」 (2)since ～「～以来，～から」
(3)How long ～?＝「どのくらいの間～していますか。」

2 (1)「1週間ずっと会っていない」は継続を表す現在完了の否定文で表す。 (2)「～したことがある」は〈have[has]＋過去分詞〉の現在完了で表す。「食べる」は eat または have で表す。 (3)「ちょうど」＝just (4)(5)進行中の動作が，過去からずっと続いていることを表すときは，現在完了進行形〈have[has]＋been＋-ing 形〉を使う。

3 (1)「この前の日曜日からずっと病気だ」と考え，be 動詞を使って表す。be の過去分詞は been。 (2)「1時間ずっと走っている」
(3)「2年前に亡くなった」は「2年間ずっと死んだ状態である」と表すことができる。

4 (1)read は過去分詞形でも形はかわらず read。「私はすでにその本を読んでしまいました。」
(2)be interested in ～＝「～に興味を持っている」の現在完了形。 (3)〈how many＋複数名詞〉のあとに現在完了の疑問文を続ける。「あなたは今までに何か国訪れたことがありますか。」 (4)wait for ～＝「～を待つ」「あなたはどのくらいの間，ここでケンを待っているのですか。」

5 経験用法の文。

6 (1)「ちょうど」＝just I have just eaten[had] lunch. でもよい。 (2)「一度も～ない」＝never 「このようなもの」は such a thing でもよい。

覚えておこう ①**have been to ～と have gone to ～**

・「～に行ったことがある」
have been to ～で表し，go は使わない。
Ken **has been to** New York.
「ケンはニューヨークに行ったことがあります。」

・「～に行ってしまった」
have gone to ～で表し，今はここにはいないことを含む。
Ken **has gone** to New York.
「ケンはニューヨークに行ってしまいました。」

②現在完了進行形「ずっと～している」
過去に始まった動作が，現在でも続いていることを表すときに用いられる。
〈have[has]＋been＋-ing 形〉で表す。
I **have been playing** tennis for two hours.
「私は2時間ずっとテニスをしています。」

第7日 関係代名詞・接触節・分詞修飾 — *p.76～p.77*

1 (1)イ (2)ア (3)イ (4)エ (5)ウ (6)エ

2 (1)which，○ (2)which，× (3)that，○

3 (1)who[that] (2)I saw[watched]
(3)bought for

4 (1)That's the plane which[that] I saw in the sky last week.
(2)The girl you helped at the station looked happy.
(3)Look at that singing girl.

5 (1)who[that] live in this city can use
(2)There are a lot of people who[that] need

6 (1)The woman that I met[saw] yesterday is a singer.
(2)Is that the[a] book you read yesterday?
(3)Do you know that boy playing the guitar?

解説

1 (1)先行詞(the) girl は人なので，who を選ぶ。
(2)cat を前から修飾する分詞を置き，「あの眠っているネコ」とする。 (3)先行詞(The) car は人以外のもので，すぐあとに〈主語＋動詞〉が続いているので，目的格 which を選ぶ。
(4)先行詞(the teacher)が人のときの目的格の関係代名詞はふつう that を使う。 (5)man を後ろから修飾する分詞を置き，「そこに立っている男の人」とする。 (6)「ケンによって書かれた物語」とする。

2 (1)(3)あとに〈主語＋動詞〉が続いているので目

的格。目的格の関係代名詞は省略できる。

3 (1)「中国語を話せる」が「友達」を後ろから修飾する形に。先行詞 a friend は人で主格なので，who または that を使う。 (2)「私が先週見た」が「映画」を後ろから修飾する形に。(3)「私の父のために買われた」が「かばん」を後ろから修飾する形に。空所の数から分詞を使う。buy は不規則動詞。buy-bought-bought

4 (1)先行詞は the plane。which[that]で２文をつなぐ。 (2)〈主語＋動詞〉が後ろから前の名詞に説明を加える形にする。 (3)「あの歌っている少女」とする。

5 (1)主語は people＝「人々」で，それを「この街に住んでいる」が後ろから修飾する語順になる。

6 (1)先行詞が人で，目的格なので，関係代名詞は that を用いる。 (2)「接触節を用いて」とは「関係代名詞を省略して」という意味だと考える。 (3)「あの少年」を「ギターをひいている」が後ろから修飾する形に。分詞を使って表す。

覚えておこう

①先行詞と関係代名詞

関係代名詞は，先行詞によって決まる。

・人→**who[that]**

I know a girl **who[that]** cooks well.

「私は料理が上手な少女を知っています。」

・人以外のもの→**which[that]**

I have a book **which[that]** was written by him.

「私は彼によって書かれた本を持っています。」

・人＋人以外のもの[動物]→**that**

I know the girl and the dog **that** are walking over there.

「私は向こうを歩いている少女とイヌを知っています。」

②which[that]の省略

関係代名詞のあとに〈主語＋動詞〉があるとき，関係代名詞は省略することができる。

・〈主語＋動詞〉がある→**省略できる**

I know the girl (**that**) you met yesterday.
主語 動詞

「私はあなたが昨日会った少女を知っています。」

・〈主語＋動詞〉がない→**省略できない**

I know the girl **who** is from Canada.
動詞だけ

「私はカナダ出身の少女を知っています。」

③名詞を修飾する語

-ing 形や過去分詞が名詞を修飾するとき，１語のときと，２語以上のときとで，置く位置がかわる。

・１語で名詞を修飾するとき
…名詞の前
- ・a **sleeping** dog「眠っているイヌ」
- ・a **running** man「走っている男の人」

・２語以上で名詞を修飾するとき
…名詞の後ろ
- ・a dog **sleeping near the house**
「家の近くで眠っているイヌ」
- ・a man **running in the park**
「公園を走っている男の人」

第8日 仮定法・いろいろな文構造 ― *p.*78〜*p.*79

1 (1)ア (2)イ (3)ウ (4)イ

2 (1)make (2)for (3)would, were

3 (1)私の姉[妹]はケンにケーキを作ってあげました。
(2)もし私があなただったら，あの本を買わないでしょう。
(3)私の姉[妹]はビルを怒らせました。
(4)もしあなた(たち)が彼女を手伝ったら，彼女は忙しくないでしょうに。

4 (1)could, worked (2)keep, clean

5 (1)I wish he were here
(2)will name his son Kenji

6 (1)I'm called Hiro by my friends.
(2)I wish you were my sister.

解説

1 (1)「私が映画スターだったらなあ。」という願望を表す文。実際は映画スターではないので，仮定法で表す。主語が I のときも were を使う。 (3)make ～ happy＝「～を幸せにする」(4)「もし晴れなら釣りに行くのに。」という文。If it were sunny なので，現在は晴れてはいない，ということ。

2 (1)「この本はあなたを悲しくさせるでしょう。」という文にする。 (2)〈buy＋人＋もの〉は〈buy＋もの＋for＋人〉で書きかえることができる。 (3)「もしお金持ちだったら，外国に行くのに。」という文にする。

3 (1)動詞madeのあとに２つ目的語(Kenとa cake)があるので，第４文型の文。　(2)〈If＋過去形の文 ～〉の仮定法過去の文。If I were you＝「もし私があなただったら」　(3)動詞madeのあとに目的語(Bill)と補語(angry)があるので，第５文型の文。　(4)仮定法過去の文。「もし～なら，…なのに」

4 (1)実際には一生けんめい働いていないので，車を買えない，という内容の文。仮定法過去で表す。
(2)「車をきれいに保つ」はkeepのあとに「車」「きれいな」を続ける。

5 (1)「彼がここにいたらなあ。」　(2)name＝「名付ける」「彼は彼の息子をケンジと名付けるでしょう。」

6 (1)My friends call me Hiro.を受け身にした文。　(2)「～だったらなあ。」＝I wish ～.

覚えておこう　**第３，４，５文型**

第３文型〈SVO〉，第４文型〈SVOO〉，第５文型〈SVOC〉を見分けよう。

・第３文型〈SVO〉
I **make** dinner (for you).
〈もの〉
「私は(あなたに)夕食を作ります。」

・第４文型〈SVOO〉
I **make** you dinner.
〈人〉〈もの〉
「私はあなたに夕食を作ります。」

・第５文型〈SVOC〉
I **make** you happy.
〈人〉形容詞
「私はあなたを幸せにします。」

第９日　間接疑問文・不定詞/原形不定詞の用法 — *p.*80～*p.*81

1 (1)ア　(2)イ　(3)ウ　(4)エ　(5)イ

2 (1)ウ　(2)エ　(3)ウ

3 (1)tell me how to get
(2)always helps me study Japanese
(3)how old Andy is

4 (1)of, to take　(2)me to carry
(3)who made

5 (1)where, lives　(2)where to
(3)when to

6 (1)It is easy for me to speak English.
(2)I didn't let him use my computer.

解説

1 (1)「マイクがどうやって１時間で宿題を終えたのか私は知りません。」　(2)〈疑問詞＋to＋動詞の原形〉の形。　(3)for ～＝「～にとって」　(4)〈ask＋人＋to＋動詞の原形〉の形。
(5)〈let＋人＋動詞の原形〉で「人に～させる」の意味を表す。「どうか私をお祭りに行かせてください。」

2 (1)(3)toは動詞の原形の前に入れる。
(2)動詞の原形はtoのあとに置く。

3 (1)how to get to ～「～への行き方」は道案内でよく使われる表現。「私に市役所への行き方を教えてくださいませんか。」　(2)〈help＋人＋動詞の原形〉＝「(人)が～するのを手伝う」「ヒロシはいつも私が日本語を勉強するのを手伝ってくれます。」　(3)〈how＋形容詞〉のあとに〈主語＋動詞〉を続ける。「私はアンディが今何歳なのか知りません。」

4 (1)人の性質などを表すときは〈It is ～ of＋人＋to＋動詞の原形.〉で表す。　(3)「だれが作ったのか」は間接疑問文で表すが，「だれが」を表すwhoが主語の役割をするのでwho madeとなる。

5 (1)address＝「住所」から，「彼がどこに住んでいるか」とする。　(2)「どこに行けばよいか私に教えてください。」　(3)「彼らはいつ駅に行けばよいか知っていますか。」

6 (1)〈It is ～ for＋人＋to＋動詞の原形.〉で表す。
(2)〈let＋人＋動詞の原形〉の否定文で表す。

覚えておこう　**①疑問詞が主語の間接疑問**

疑問詞のあとには動詞が続く。

・What happened?「何が起きましたか。」
→Do you know **what happened**?
「何が起きたのか知っていますか。」

・Who runs fast?「だれが速く走りますか。」
→ Do you know **who runs fast**?
「だれが速く走るか知っていますか。」

②「…するなんてAは～だ」

〈～〉に『人の性質や人柄を表す形容詞』がくるときは，It is ～ **of** A to ….の形にする。

・It is **nice of you** to give me a pen.
「ペンをくれるなんて**あなたは親切だ**。」
・It was **careless of him** to take the wrong bus.
「バスを乗り間違えるなんて**彼は不注意**だった。」

第10日 仕上げテスト ——— *p.*82~*p.*83

1 (1)エ (2)イ (3)ア (4)イ (5)エ (6)ウ
2 (1)was taken (2)more, than
(3)been practicing (4)which[that]
3 (1)when she comes home
(2)wish she were here
(3)going to help my mother do
4 (1)①エ ③ウ (2)②ウ ④ウ
(3)How long

解説

1 (1)「去年からずっと飼っている」という現在完了・継続の文。 (2)〈call＋*A*＋*B*〉＝「*A*を*B*と呼ぶ」 (3)「これは窓を掃除するために使われるものです。」という文にする。
(4)「どこで～するべきか」＝where to ～。「どこでタクシーに乗るべきか」という意味。
(6)「～するために」と目的を表す不定詞。

2 (1)受け身の文。主語のthis pictureは単数で，last yearから過去の文なので，be動詞はwas。 (2)「～よりも…」なのでthanを入れて比較級の文にする。excitingは前にmoreを置く。 (3)前にhaveがあるので，現在完了進行形の文〈have been＋動詞の -ing形〉に。been practicingを入れる。 (4)(the) busを先行詞に，あとの動詞から主格の関係代名詞whichまたはthatを入れる。

3 (1)疑問詞があるので「彼女はいつ帰宅するか。」という意味の間接疑問文を作ると考える。whenのあとに〈主語＋動詞 ～〉を続ける。
(2)「彼女がここにいたらなあ。」という文。〈I wish＋過去形の文〉＝「～だったらなあ。」
(3)be going to ～＝「～するつもりだ」を使った未来の文。「土曜日は，母が家事をするのを手伝うつもりです。」

4 (1)①thatは直前の裕太の言葉にある「床に座る」ことを指している。 ③〈It is ～ to ….〉の文。 (3)「ほとんど一日じゅう」と期間を答えているので，期間をたずねるHow longを入れる。

〈全訳〉(マイクと裕太は裕太の家にいます)
裕太：これがぼくたちのこたつだよ，マイク。
マイク：わあ！ ぼくはこたつを見るのは初めてだ。使いかたを教えてよ。
裕太：簡単さ。スイッチを入れて，中に入る。こっちにおいで，マイク。
マイク：おお，温かいね，そして床に座るのはいいね。
裕太：それはきみには特別なことかい？
マイク：うん。ふつう，ぼくたちアメリカ人はそうしないからね…。さて，きみたちはこたつで何をするの？
裕太：ぼくたちはただ座って話すだけだよ。あと，夕食後はいつもここでお茶を飲むんだ。
マイク：ほかには？
裕太：ええと，元日には，ほとんど一日じゅうこたつに座って一緒にテレビを見るよ。ぼくたちはたくさん話もするよ。
マイク：なるほど。家族と話すのは大切だね。家族間のコミュニケーションはこたつでのほうが簡単かい？
裕太：そう思うよ。こたつはたくさん話すのに役立つよ。ああ，もう1ついいことがあるよ。ぼくはここで宿題をするとき，いつも手伝ってくれる人を見つけられるんだ。
マイク：それはいいね。家族はお互いに助けあうことができるんだね。
裕太：うん，こたつについていいことを見つけたな。でも，マイク，覚えておいてほしいことがひとつあるんだ。ここで寝たら，風邪をひくよ。

国語

第1日 漢字・語句 p.103～p.102

1 (1)じんそく　(2)せっちゅう　(3)あかつき　(4)う　(5)伝統　(6)吸収　(7)厳守　(8)拝
2 (1)イ　(2)ア
3 (1)イ　(2)ウ　(3)ア　(4)エ　(5)ウ
4 (1)エ　(2)イ　(3)ア　(4)ウ
5 (1)ウ　(2)ア　(3)エ　(4)イ
6 ウ
7 (1)ウ　(2)①ウ　②ア

解説

1 (1)「迅速」は動作がはやいこと。　(2)「折衷」はいくつかの異なった考え方からそれぞれのよいところを取り合わせること。

2 それぞれの漢字の意味は次の通り。
(1)**ア**「せなか，うしろ」**イ**「そむく」
(2)**ア**「おう，になう」**イ**「いだく，心にもつ」

3 それぞれの熟語の読み方は次の通り。
(1)あさせ　(2)だいどころ　(3)もんく　(4)ゆげ　(5)ざしき

4 (3)「図る」はうまく取りはからうこと。「諮る」は(下の者に)意見を求めること。　(4)「後学」は後に自分のためになる学問。

5 (1)上の漢字が下の漢字を修飾する関係。　(2)意味が似ている漢字の組み合わせ。　(3)意味が対になる漢字の組み合わせ。　(4)下の漢字が上の漢字の目的・対象を表す組み合わせ。

6 **エ**と同様の意味のことわざは「馬の耳に念仏」である。

7 (1)「もんがまえ」で「閑」になる。　(2)①**ウ**は10画，②**ア**は12画，**イ**は9画，**エ**は11画。

覚えておこう　**二字熟語の構成**
①似た意味を重ねる。例 温暖
②反対，または対の意味を組み合わせる。例 有無
③上が主語，下が述語になっている。例 地震
④上が下の字を修飾している。例 親友
⑤上が下の字を打ち消している。例 無理
⑥下が上の字の目的を表している。例 開会
⑦長い熟語を省略しているもの。例 国連

第2日 文法 p.101～p.100

1 (1)①エ　②ア　③イ　④オ
(2)ア　(3)イ　(4)ウ
2 助詞…の・が・は・も・か
助動詞…です・ませ・ん
3 (1)ア　(2)エ　(3)ア
4 (1)イ　(2)エ

解説

1 (1)用言の識別は，言い切りの形(終止形)が「ウ段の音」になるのが動詞，「～い」となるのが形容詞，「～だ」となるのが形容動詞。活用がなく，主に用言を修飾するのが副詞。体言を修飾するのが連体詞である。　(2)動詞の活用の種類は「～ない」に接続する形で判断する。「ア段の音」なら五段活用，「イ段の音」なら上一段活用，「エ段の音」なら下一段活用。その他，「来る」はカ行変格活用，「する」「～する」はサ行変格活用。ここでは，**ア**は上一段活用，他は五段活用。

2 付属語を識別するには，まず文を文節に分けて，文節の初めに来る自立語を除き，残った付属語を助詞と助動詞に分類する。「ん」は打ち消しの助動詞「ぬ」に同じ。

3 (1)先生に対する言葉なので，自身の母については謙譲語を用いるのが正しい。　(2)**ア**・**イ**・**ウ**は「来る」，**エ**は「居る」という意味。「いらっしゃる」はこのほかに，「行く」の意味でも用いる。　(3)は「もらう」の謙譲語。自分の動作には謙譲語を用い，相手の動作には尊敬語を用いる。

4 (1)例文と**イ**は主語を示す「の」，**ア**・**エ**は体言の代わりをする「の」，**ウ**は連体修飾語を示す「の」である。　(2)例文と**エ**は動作や作用の原因を表す助詞の「に」，**ア**は形容動詞「きれいだ」の連用形の活用語尾，**イ**は逆接を表す接続助詞「のに」の一部，**ウ**は助動詞「そうだ」の連用形の一部である。

第3日 小　説 ——— *p.*99～*p.*98

1 (1)ウ　(2)ため息ついて
(3)例 エビガニの話題に興味を持った（14字）
(4)例 太郎は心を閉ざしてしまう(12字)
(5)①A…ウ　B…ア
②例 意見をいった(6字)

解説

1 (2)「彼」がエビガニの画《え》を描いている場面から，自分が捕ったエビガニに心を奪われている様子が読み取れる言葉を探す。　(3)立ち上がったあと，太郎が仲間の「うしろから背のびしてエビガニの画をのぞきこんだ」ことから考える。　(4)今までだれともうちとけなかった太郎と話していた「ぼく」が，彼の意見に反論したことを「しまった」と思ったことから考える。　(5)①「小さな鍵を感じて」(予感)→太郎と話ができるかもしれない(期待)→太郎の意見に反論してから「しまった」と思う(後悔)→太郎が自分のほうから反論してきた(喜び)となっている。②「ぼく」が太郎と普通に話ができるようになったきっかけは，何だったのか。

第4日 随　筆 ——— *p.*97～*p.*96

1 (1)ウ　(2)イ
(3)例 細心の注意と神経をもって創作していた。
(4)例 蟬のぬけ殻が実に不思議なものとして目に映ったから。
(5)例 注意して庭中の蟬のぬけ殻を集めるようになった。(23字)
(6)例 小さいものの失われた生命や，大事な役目を終え，無用になったものを大切にする心。

解説

1 (1)犀星《さいせい》がお風呂にはいっていた時に，「私」が朱塗りの小箱を開けて見たものは何だったのか。　(2)「つとめ」は「勤め」と書き，「仕事」という意味の言葉である。人間ではない「こおろぎ」の行動が，人間のように表現されているので，イが適当。　(3)直前の「その時(こおろぎをミイラにする時)の犀星の気持ち」が，犀星が文学作品を創作するときの姿勢を表していると考えられる。　(4)襖《ふすま》に止まった「蟬《せみ》のぬけ殻」を眺めて，「実に不思議なもの」と思っていることに着目する。　(5)「今まで」は「ごみと一緒にはき捨てて」いた「蟬のぬけ殻」を，次の日からどうするようになったのか。　(6)「細心の注意と神経」を持ってこおろぎのミイラを保存したり，「私」が蟬のぬけ殻を集めたことをほめてくれたことから，父の犀星がどのような心を持っていたかを考える。

第5日 説明文・論説文 ——— *p.*95～*p.*94

1 (1)海は大変危　(2)エ
(3)c　(4)ア　(5)ア
(6)例 少年少女のサルが開発した新しい行動を，年取ったオトナ(のサル)が拒否したこと。
(7)ウ

解説

1 (1)前後から，理由を表す「から・ので・ため」を含む一文を探す。　(3)海によって「生活に広がりと豊かさを与え」られた「かれら」とは，「海に入ること自体の面白さを発見した」「若いサル」のこと。したがって，海に入る若いサルについて書かれた段落のあとに入るとわかる。　(4)それぞれ，幸島《こうじま》のニホンザルについて([2]段落)→若いサルが海に入ってするようになったことについて([3]・[4]段落)→年寄りのサルたちは決して海に入ろうとしなかったことについて([5]段落)説明されている。　(6)「人間世界でも」いえることの内容をとらえる。　(7)論説文では，筆者の意見(結論)は文章の最後に書かれていることが多い。この場合も，[6]・[7]段落の内容に合うものを選べばよい。アは，[7]段落と合わないので不適。イは，[1]段落と合わないので不適。エは，本文には「生きていくことができない」とまでは書かれていないので不適。

第6日 図表・資料などの読み取り— p.93〜p.92

1 例 グラフから，言葉が通じないことや無料公衆無線LANが少ないことについては，H26年度の調査より改善されているが，多国語表示が少ないと感じる人の割合は増加していることがわかる。私が外国に行くことがあれば，やはりコミュニケーションがうまくとれるかどうかが一番不安である。だから，日本に来る外国人が安心して過ごせるようにするためには，自分でも語学の勉強を積んで，外国の人を手助けしたい。今は，音声翻訳の機械なども普及しているので，それらを積極的に活用し，旅行者へ提供できるサービスを増やすべきだ。(240字)

2 例 日本の高校生は，アメリカや中国と比べて学校生活が楽しく，授業中きちんとノートをとっているが，常に新しい知識をとり入れることが大切だと考えている生徒の割合は五一%で，アメリカや中国に比べて低い割合になっている。

　私の兄は，より専門的な英語の勉強をしたいという理由で，海外の大学に進学しようと努力している。私も兄のように，受け身の姿勢ではなく自分の将来を真剣に考え，常に新しい知識をとり入れるよう，日々意識を持っていようと思う。楽しいだけでなく，実りある学校生活を心がけたい。(237字)

解説

1 H26年度とH28年度で変化のあった項目に着目し，外国人旅行者に日本で快適に過ごしてもらうための具体的な考えをまとめる。

2 グラフを見て気づいた点については，差異の大きい項目に着目する。第二段落では自分の体験や見聞きしたことを含めて今後の学生生活で大切にしたいことをまとめる。段落構成や字数制限，誤字・脱字にも気をつける。

第7日 詩・短歌・俳句——— p.91〜p.90

1 (1)ア

(2)A…つぼみ　B…形は見える　C…ウ

2 (1)B　(2)C

(3)a…まとふ　b…エ

3 (1)a…わがこころ燃ゆ

b…しらしらと氷かがやき

(2)冬の月かな

解説

1 (1)作者は「蕾《つぼみ》」という漢字から，「雷のようなエネルギーが……こめられているという着想を得て」この詩を書いたのである。　(2)C「まだ」から，花が爆発する音がそのうちとどくだろう，と思っていることが読み取れる。

2 (1)Bの「菜の花」と「月」の黄色と，「日」の赤色の色彩の対比と共に，夕焼けの中に広がる菜の花畑の情景が描かれている。　(2)「天上の紺」と「曼珠沙華《まんじゅしゃげ》」の赤という「鮮やかな色彩の対比」があるのは，Cである。さらに「つきぬけて」という表現からも，空に向かってまっすぐ伸びる曼珠沙華の様子が想像できる。　(3)「厳しい季節」から，Dの鑑賞文だとわかる。aは，Dの句から擬人法が使われている部分を抜き出す。bは，「自らの放つ光」というたとえにふさわしいものを選ぶ。

3 (1)a「前の句と対応して力強いリズムを生み出す」こと，「心情の高まり」を表現していることを押さえる。b「視覚的に表現した」とあるので，目で捉えた様子を探す。　(2)終助詞「かな」は詠嘆や感動を表す。

覚えておこう　**主な表現技法**

①**比喩法**…たとえを使う表現。

a 直喩法(明喩法)

…「ようだ」などを使ってたとえる。

b 隠喩法(暗喩法)

…「ようだ」などを使わずにたとえる。

c 擬人法…人でないものを人に見立てる。

②**反復法**…同じ言葉や似た表現を繰り返す。

③**倒置法**…語順を入れかえて意味を強める。

④**対句法**…似た表現を対立的に並べる。

⑤**体言止め**…行の最後や結句を体言で結ぶ。

第8日 古　典①（古文）———— p.89～p.88

1 (1)こうしょう　(2)エ　(3)ウ
(4)①予　②股引の～すうる
(5)季語…雛　季節…春　切れ字…ぞ

2 (1)ウ　(2)高館　(3)だれ…杜甫　漢詩…春望
(4)ウ　(5)a…松尾芭蕉　b…ア

解説

1 (1)「-au」は「-ô」と直す。　(3)「越えん」の「ん」は,「～したい」という意思を表す助動詞である。(4)①「杉風《さんぷう》が別墅《べつしよ》に移」ったのは，この文章の作者。作者は自分のことを文中で何と言っているか。②「春立てる……取るもの手につかず」は，旅に出たくてそわそわしている作者の気持ちを表す部分なので含まない。　(5)季語は季節を感じさせる言葉。切れ字は句の意味が切れるところに使われるもの。主な切れ字は「や・かな・ぞ・けり・よ・か・つ・ぬ・たり」など。

2 (1)人の世の富貴《ふうき》や栄華のはかないことをたとえた中国の故事「邯鄲《かんたん》の夢」をふまえた表現。(2)作者は「まづ，高館《たかだち》に登」って，眼下に広がる景色を描写したのだから,「この城」は，作者が今いる場所のことだとわかる。　(3)「国破山河在」からはじまる詩は，中国の詩人・杜甫《とほ》が詠《よ》んだ「春望」という漢詩である。(4)「三代の栄耀《えいえう》一睡のうちにして」「功名一時の草むらとなる」に着目。

第9日 古　典②（漢文・漢詩）———— p.87～p.86

1 (1)□二　□　□一　(2)客心
(3)A…故郷へ早く帰りたい　B…エ

2 (1)鶏犬　(2)イ

3 (1)いわく　(2)a…大船　b…物をはかつて

解説

1 (1)レ点は，すぐ下の一字から，上に返って読む。一・二点は，二字以上隔てて，上に返って読む。　(2)「客」には，「客地」からわかるように，旅人や旅先という意味がある。　(3)A 故郷へ帰るときの旅人の気持ちを考える。B「秋風……先《ま》づ至る」や「秋までには帰るつもりだったのになあという気持ち」から考える。

2 (1)前の部分から，指示語と置きかえても意味が不自然にならないものを探す。　(2)孟子《もうし》が最も言いたかった「学問の道は他無し，其《そ》の放心を求むるのみ」と合うものは，イである。

第10日 仕上げテスト———— p.85～p.84

1 (1)心の深い部分　(2)ア
(3)例 書物の交換により自らの体験した世界を見せあうことが，家族内での個人尊重や深い相互理解につながるから。(50字)
(4)エ

解説

1 (1)「精神」は，ここでは「物事を考えたり感じたりする人間の心」という意味で用いられている。また3段落「ちょうど，個室をのぞきこまないことが……のぞきこまないほうがよいのかもしれぬ」から,「精神の個室」は見ることのできない，つまり隠された部分であることがわかる。つまり「精神の個室」とは,「人間の心の，ひとりひとりの見えない部分」という意味なのである。これと同じ意味の表現を6段落から探すと,「心の深い部分」が見つかる。　(2)——線②「その」が指している内容は，直前で述べられている「本は家庭の備品のひとつではありながら……家族共有のものではないのである」という部分である。この部分は，本は家族全員の備品でありながら，実際は個人が好きなように楽しむものだということが書かれているので，正解はアとなる。　(3)8段落「書物を交換する，というのは，じぶんの体験した異質の世界を見せあう，ということである」から，書物を交換するとはどういうことかがわかる。また，9段落「夫婦のあいだで……家族は個人を尊重しながら，相互のより深い理解への道をあゆむことができるかもしれない」から，筆者は，書物を交換することによって，家族間での個人の尊重や，相互のより深い理解が可能になると考えていることがわかる。この内容をまとめる。　(4)文章の前半で，書物とはどのようなものかを述べ，後半で，書物を交換する，という読書のあり方について提案をしている。